Kröger/Träm/Vandenbosch

Wachsen wie die Sieger

Fritz Kröger
Michael Träm
Marianne Vandenbosch

Wachsen wie die Sieger

Die Erfolgsstrategien europäischer Spitzenunternehmen

GABLER

Die Deutsche Bibliothek – CIP-Einheitsaufnahme

Kröger, Fritz:
Wachsen wie die Sieger: die Erfolgsstrategien europäischer Spitzenunternehmen / Fritz Kröger ; Michael Träm ; Marianne Vandenbosch. [Aus dem Engl. von Birgit Wünsch]. – Wiesbaden : Gabler, 1999
Einheitssacht.: Spearheading growth <dt.>
ISBN 3-409-19029-5

Aus dem Englischen von Birgit Wünsch.
Die Originalausgabe erschien unter dem Titel „Spearheading Growth“ bei Financial Times Management, © Financial Times Professional Limited 1998. Published by arrangement with Financial Times Management, a division of Financial Times Professional Limited, London.

Lektorat: Jens Schadendorf

Der Gabler Verlag ist ein Unternehmen der Bertelsmann Fachinformation GmbH.

http://www.gabler-online.de

Höchste inhaltliche und technische Qualität unserer Produkte ist unser Ziel. Bei der Produktion und Verbreitung unserer Bücher wollen wir die Umwelt schonen: Dieses Buch ist auf säurefreiem und chlorfrei gebleichtem Papier gedruckt. Die Einschweißfolie besteht aus Polyäthylen und damit aus organischen Grundstoffen, die weder bei der Herstellung noch bei der Verbrennung Schadstoffe freisetzen.

Umschlaggestaltung: Schrimpf und Partner, Wiesbaden
Satz: FROMM MediaDesign GmbH, Selters/Ts.
Druck und buchbinderische Verarbeitung: Wilhelm & Adam, Heusenstamm
Printed in Germany

ISBN 3-409-19029-5

Zur deutschen Ausgabe

„Nicht die Großen fressen die Kleinen, sondern die Schnellen die Langsamen.“ Dieser Satz beschreibt treffend unsere sich rasant verändernde Wirtschaftswelt. Megafusionen wie die von Daimler und Chrysler oder Krupp und Thyssen garantieren per se noch keinen Erfolg. Entscheidender als absolute Größe sind die Positionierung eines Unternehmens gegenüber internationalen Wettbewerbern, seine Marktnähe und Flexibilität sowie eine strikte Wertorientierung im Interesse der Aktionäre. Viele Firmen – gerade in Deutschland – ahnen noch gar nichts von diesen massiven Herausforderungen. Sie werden erst noch schmerzhaft lernen müssen: Mit den Rezepten und Strukturen der Wirtschaftswunderzeit kann man auf Dauer nicht überleben – egal ob Mittelständler oder Großkonzern.

Oft ist Restrukturierung die einzige Möglichkeit, ein Unternehmen wieder erfolgreich auf die Absatz- und Kapitalmärkte auszurichten und somit wieder eine Basis für beschleunigtes Wachstum zu schaffen. Diese Notwendigkeit ergibt sich insbesondere für börsennotierte Gesellschaften, denn die weltweit an Einfluß gewinnenden institutionellen Anleger fordern zu Recht immer lauter eine angemessene Verzinsung ihres Kapitals. Den Wert eines Unternehmens steigert auf Dauer aber nur, wer eine marktgerechte Struktur hat. Auch die Arbeitsplätze in einem solchen Unternehmen werden dann sicherer. Das ist eine vielfach bewiesene Tatsache, wenn sie auch politisch kaum opportun ist, wie der besonders in Deutschland heftig geführte Streit um Shareholder Value zeigt.

Und dennoch: Zukunftsorientierten Unternehmen bleibt nur die Möglichkeit, die Chancen der Restrukturierung zu nutzen – und die mitunter schmerzhaften Folgen zu tragen. Daß und wie man mit einer gezielten Neuausrichtung erfolgreich sein, wachsen und Werte schaffen kann, macht das vorliegende Buch eindrücklich klar. Doch die spektakulären Turnaround-Storys der vergangenen Jahre lehren auch, daß Restrukturierung kein einmaliger Kraftakt ist, mit dem ein Unternehmen für alle Zeit von der abschüssigen Bahn zurück auf die Erfolgsspur gebracht wird.

Dauerhaft ertragreiches Wachstum ist nur mit einem permanenten Wertmanagement von der Konzernspitze bis in die operativen Einheiten hinein zu erreichen. Die wichtigsten Bausteine hierfür sind klare Führungsstrukturen und -verantwortlichkeiten, ständige Portfolio-Optimierung, strenges Risikomanagement sowie erfolgs- und leistungsabhängige Vergütung gekoppelt an eine Mitarbeiterbeteiligung.

Dr. Kajo Neukirchen
Vorstandsvorsitzender der Metallgesellschaft AG (mg),
Frankfurt am Main

Vorwort

Vor einem halben Jahrtausend tat einer der wichtigsten Vertreter der europäischen Renaissance, dessen Werke uns auch heute noch inspirieren, den Ausspruch, daß die Freude des Wissens das edelste aller Vergnügen sei.

Nun nähern wir uns einem neuen Jahrtausend, ein neues Europa ist im Entstehen begriffen, und die Flinken und Fähigen können sich auf eine neue Renaissance einstellen – eine wirtschaftliche Renaissance. Die europäischen Unternehmen stehen vor der Herausforderung, Veränderungen zu antizipieren, Risiken einzugehen, Gelegenheiten zu ergreifen und die Bedeutung dessen zu begreifen, was vor ihnen liegt.

Die besten europäischen Unternehmen engagieren sich bereits in einer neuen Form des Wettbewerbs und verändern sich so, daß sie in der Lage sind, global zu operieren. Dabei treiben sie häufig durch Restrukturierung, Reorganisation und Reengineering sowie durch Innovationen ihr Wachstum voran.

Zu einer solchen Renaissance gehören Anführer – Verantwortliche, die erkennen, daß es ihre oberste Pflicht ist, Risiken auf sich zu nehmen. Ohne Risiko gibt es keine Veränderung, und ohne Veränderung wird kein Wachstum und auch kein Wert erzeugt.

Die Autoren dieses Buches greifen auf ihren reichhaltigen Erfahrungsschatz aus der Beratung zurück und zeichnen ein klares und deutliches Bild der Aufgabe „Wachstum", die den europäischen Unternehmen bevorsteht. Wichtig ist, daß sie aus der Perspektive von Europäern schreiben und die Art von praktischen Erkenntnissen anbieten, die in früheren Untersuchungen zu diesem Thema selten zu finden sind.

Auf den folgenden Seiten finden Topmanager und Unternehmer, die in ihren eigenen Firmen die wirtschaftliche Renaissance betreiben, wertvolle Erkenntnisse, die ihren Weg wesentlich erleichtern werden.

FRED G. STEINGRABER
CEO von A.T. Kearney, Chicago

Danksagung

In diesem Buch geht es um die Wirklichkeit im Unternehmen. Unsere Einsichten in diese Realität werden immer wieder von unseren Klienten neu angestoßen und vertieft. Aus diesem Grund danken wir all unseren früheren und gegenwärtigen Klienten und auch allen Teilnehmern unserer kürzlich durchgeführten Umfrage zum Thema Restrukturierungsstrategien. Unser größter Dank gebührt den Unternehmen und Personen, die es uns ermöglicht haben, einen tiefen Einblick in ihre erfolgreichen Restrukturierungsmaßnahmen zu gewinnen. Es handelt sich um die Unternehmen Adtranz, Borealis, Deutsche Bahn AG, ELIN EBG, Fiat Auto und Hüls AG.

Darüber hinaus danken wir den Teams von A.T. Kearney und IMD, die uns unterstützt haben, und Pradeep Jethi, unserem ambitionierten Verleger bei Financial Times Management.

Last, but not least bedanken wir uns bei unserer Lektorin und Projektleiterin, Frau Dr. Marianne Denk-Helmold von A.T. Kearney, für ihr Wissen, ihre Kreativität, Konstruktivität und ihre Fähigkeit, die Ruhe zu bewahren. Ohne sie wäre dieses Buch nicht zustande gekommen.

Inhalt

Zur deutschen Ausgabe 5

Vorwort 7

Danksagung 8

1 Einführung 11

Auf die Plätze – Fertig – Los:
Die Restrukturierung mit dem Ziel „Wachstum"

Auf die Plätze: Schaffen Sie ein Klima der Veränderung 15
Fertig: Entwickeln Sie eine Strategie,
mit der Sie dem Wettbewerb voraus sind 18
Los: Setzen Sie sie um – wieder und wieder 20

2 Lernen aus Erfahrung 25

Die Erkenntnisse der Top-Unternehmen in Europa

Das Erscheinungsbild zukünftiger Restrukturierungen 27
Die Lektionen der Vergangenheit 32
Der entscheidende Vorsprung der Besten 35

3 Der Wille zum Neuen 41

Anführer, Vorkämpfer und die Organisation

Seien Sie in Ihrem Unternehmen Vorbild,
demonstrieren Sie die veränderte Einstellung 46
Bekämpfen Sie die Feinde des Erfolgs 61
Fördern Sie die richtige Einstellung 79

4 Strategie ohne Geheimnisse 107

Die Konzentration auf das Wesentliche

Am Anfang steht die Vision 114
Legen Sie die Strategie fest 121
Setzen Sie auf Wachstum 141
Verlieren Sie die Realität nicht aus den Augen 153

5 Auf die Umsetzung kommt es an 163

Die Verwandlung der Strategie in Wirklichkeit

Setzen Sie die *Spearheader* als Vorkämpfer ein 166
Kommunizieren Sie mit den Stakeholdern 167
Dirigieren Sie einen schnellen Takt 178
Legen Sie eine Kadenz der Restrukturierungen fest, und erhalten Sie sie aufrecht 186
Bleiben Sie am Ball 189

6 Ein Blick nach vorn 201

Europas Unternehmen haben Zukunft!

Literaturnachweis 207

Die Autoren 209

Kapitel 1

Einführung

Auf die Plätze – Fertig – Los
Die Restrukturierung mit dem Ziel „Wachstum“

Auf die Plätze: Schaffen Sie ein Klima der Veränderung

Fertig: Entwickeln Sie eine Strategie, mit der Sie dem Wettbewerb voraus sind

Los: Setzen Sie sie um – wieder und wieder

Wie schaffen es Unternehmen wie BP, Unilever, Carrefour, Ahold und Hoffmann La Roche, ihr Wachstum stetig voranzutreiben? In Europa hört man allzu häufig schlechte Nachrichten – die Geschichten von Unternehmen, die im Wettbewerb mit dem übermächtigen Moloch Nordamerika den Kürzeren ziehen oder die von den Kostenvorteilen in den aufstrebenden Märkten in die Knie gezwungen werden. Doch die genannten Unternehmen wachsen und gedeihen. Warum? Wie?

Europäische Unternehmen wissen genau: „Europa muß endlich etwas tun." „Europa kann nicht länger an alten Gewohnheiten festhalten." „Je mehr wir darauf beharren, so weiterzumachen wie bisher, desto mehr riskieren wir, den Anschluß zu verpassen." „Europa darf sich nicht mehr nur auf sich selbst konzentrieren." „Europäische Unternehmen müssen einen Weg finden, *global* erfolgreich zu sein." Es wird von den Problemen der Restrukturierung gesprochen, von Unternehmen, die in einem verzweifelten Versuch, ihr Geschäft weiterzuentwickeln, sowohl ihre Kosten als auch ihr Personal verringert haben, ohne dadurch viel zu gewinnen. Man bewundert den Fortschritt in Nordamerika. US-Unternehmen entwickeln sich positiv, erobern immer größere Märkte und sorgen dafür, daß europäische Unternehmen im globalen Wettbewerb immer verletzlicher werden.

„Je mehr wir darauf beharren, so weiterzumachen wie bisher, desto mehr riskieren wir, den Anschluß zu verpassen."

Doch zurück zu der Frage, die zu Beginn dieses Kapitels gestellt wurde. Es gibt einige europäische Unternehmen, die trotz der angeblich *unüberwindlichen* europäischen Probleme, hinter denen sich manche anderen verstecken, spektakuläre Erfolge vorweisen können. Es gibt einen Weg, und es zeigt sich auch mehr und mehr der Wille, diesen Weg zu gehen. Trotz der Tag für Tag beschworenen Schwierigkeiten und der fehlgeschlagenen Restrukturierungen vergeht kein Tag ohne eine Ankündigung neuer Restrukturierungsvorhaben. Greifen Sie nur eine beliebige europäische Zeitung heraus, und Sie werden solche Berichte finden.

Die Kluft zwischen diesen beiden Wirklichkeiten – zwischen den Unternehmen, die in der globalen Wirtschaftsumgebung ihre Restrukturierung bewältigen, wachsen und erfolgreich sind, und denen, deren Versuche fehlschlagen oder die erst gar keine Versuche starten – hat unsere Aufmerksamkeit erregt und uns dazu veranlaßt, dieses Buch zu schreiben.

Zuerst haben wir uns einen Überblick über die Restrukturierungen in Europa verschafft. Welche Maßnahmen haben Unternehmen bisher ergriffen? Womit waren sie erfolgreich, was hat nicht funktioniert und was führte direkt in die Katastrophe? Was haben die Gewinner, die Unternehmen mit den echten Erfolgsstories, anders gemacht als die anderen? Und womit rechnen diese Unternehmen in Zukunft? In dieser Umfrage haben uns mehr als 200 Topmanager europäischer Unternehmen ihre Erfahrungen mitgeteilt. („Wir" sind A.T. Kearney und IMD, das International Institute for Management Development in der Schweiz.)

Im Zuge der Präsentation dieser Umfrage innerhalb ganz Europas haben wir ein Restructuring Affinity Council für die Manager der Führungsebene von Unternehmen gegründet, die sich ebenso wie wir für das gewaltige Potential, aber auch für die unaufhörlichen Probleme der Restrukturierung interessieren. Bisher haben wir im Rahmen dieses Affinity Councils Learning-Events in 13 europäischen Zentren veranstaltet. Während dieser interaktiven Sitzungen erhalten die Topmanager die Gelegenheit, das Thema Restrukturierung zu „brainstormen". Sie tauschen dabei ihre Ansichten darüber aus, wie Unternehmen es schaffen können, sich in der globalen Arena erfolgreich zu behaupten. Damit geben sie uns wiederum regelmäßig neue Anregungen für unsere eigenen Überlegungen im Zusammenhang mit diesem Thema.

Wir haben die Ergebnisse unserer Umfrage, die Diskussionen im Rahmen der Veranstaltungen des Affinity Councils und unsere eigenen Erfahrungen, die wir in jahrelanger aktiver Beschäftigung mit Restrukturierungen aus erster Hand gewonnen haben, zusammengefaßt, um einen eigenen Vorschlag zu entwickeln, wie europäischen Unternehmen zum Erfolg zu verhelfen ist und wie mehr Erfolgsbeispiele an die Stelle der ernüchterten, mühsam kämpfenden Mehrheit der Unternehmen treten können. Es wird Zeit, daß wir die Epoche der „Kahlschläge" hinter uns lassen. Wir dürfen die Restrukturierung nicht mehr als letztes Hilfsmittel betrachten, mit dem ein Unternehmen vor der Auflösung gerettet wird, sondern müssen sie als eine Gelegenheit erkennen, neue Horizonte zu erschließen und Wert für Aktionäre und Mitarbeiter zu schaffen. Wie aber sollen wir diese Aufgabe so in Angriff nehmen, daß wir dabei Erfolg haben?

Auf die Plätze: Schaffen Sie ein Klima der Veränderung

Schweißen Sie alle Angehörigen des Unternehmens zu einem Team zusammen. Fördern Sie eine zuversichtliche, aktive Einstellung und verbannen Sie Unbeweglichkeit und Selbstgefälligkeit aus Ihrem Unternehmen. Für viele Menschen ist der Begriff „Restrukturierung" mit schlechten Erfahrungen verbunden, die es um jeden Preis zu vermeiden gilt. Bestenfalls bedeutet eine Restrukturierung für diese Personen einfach eine Veränderung, die oft an sich schon nicht willkommen ist. Im schlimmsten Fall hat sie den Verlust des Arbeitsplatzes und eine unsichere Zukunft zur Folge. Wenn Sie in einer derart explosiven Umgebung eine Restrukturierung starten, können sich deshalb katastrophale Ergebnisse einstellen, was in der Tat bereits häufig zu beobachten war.

Es ist wichtig, an der Einstellung der Mitarbeiter zu arbeiten, bevor eine Restrukturierung begonnen wird. Zerstreuen Sie die Bedenken der Mitarbeiter, bevor deren Gedanken außer Kontrolle geraten. Dem *Management* ist inzwischen klar, daß Restrukturierungen in überschaubarer Zukunft aus den Unternehmen nicht mehr wegzudenken sind. Nun kommt es darauf an, dies auch allen anderen Mitarbeitern im Unternehmen begreiflich zu machen. Die herkömmliche Vorstellung des Begriffs Restrukturierung – die Lösung eines schwerwiegenden Problems ein- oder zweimal in der Geschichte eines Unternehmens – ist inzwischen überholt. Durch die weit verbreitete Liberalisierung und Privatisierung, durch neue Marktchancen, durch zunehmend anspruchsvollere Kunden und durch Angriffe von Wettbewerbern werden die Unternehmen viel häufiger dazu gezwungen werden, sich an veränderte Bedingungen anzupassen. Diejenigen Unternehmen, die sich anpassen, bevor die Probleme auftreten und bevor ihre Wettbewerber die Lage erkennen, verschaffen sich einen definitiven Wettbewerbsvorsprung. Sorgen Sie dafür, daß Ihr ganzes Unternehmen diese Gesamtzusammenhänge versteht und verinnerlicht. Auf diese Weise verliert die Restrukturierung das Image des bösen Wolfs und verwandelt sich statt dessen in den rettenden Prinzen.

Gefordert ist Begeisterung, nicht einfach nur Akzeptanz. Je mehr Mitarbeiter von dem Potential ihres Unternehmens überzeugt sind, desto mehr Gehirne arbeiten an der Verwirklichung dieses Potentials, und seien dazu noch so viele Restrukturierungsprozesse erforderlich. Wir untersuchen sowohl die Eigenschaften, die den Erfolgswillen bremsen, als auch die Eigenschaften, die ihn verstärken, und wir beschreiben, wie man erstere loswird und letztere fördert.

In erster Linie ist dies eine Frage der Führung. Die Unternehmensleitung muß selbst an den Erfolg glauben und mit gutem Beispiel vorangehen – mit ihr steht und fällt das gesamte Vorhaben.

Die Leitung des Unternehmens ist zwar in ihrer Funktion als Initiatorin und Vorbild der Restrukturierung von entscheidender Bedeutung, aber leider besteht sie nur aus einem oder einer kleinen Zahl von Topmanagern. Um ein ganzes Unternehmen zu mobilisieren, braucht man weit mehr Personen. Eine Gruppe von *Spearheadern* (Vorkämpfern) ist notwendig – ein fähiges, einsatzfreudiges, auf die Menschen hin orientiertes Team, das die Herzen und den Verstand der übrigen Mitarbeiter für sich gewinnen und sie durch alle Schwierigkeiten begleiten kann, die die Restrukturierung mit sich bringt.

Sie müssen eine Einstellung unterstützen, die Unbeweglichkeit, Selbstgefälligkeit und Arroganz entgegensteht, eine Einstellung, die neues Potential ans Tageslicht fördert und notwendige Veränderungen im voraus erkennt. Das Unternehmen muß immer bereit zum Handeln sein und aus Mitarbeitern bestehen, die ergebnisorientiert denken und selbst Entscheidungen treffen können.

Die sorgfältige Auswahl der Mitglieder des *Spearheader*-Teams ist ein wichtiger Anfang, denn schließlich wird der Verlauf der Restrukturierung von diesen Vorkämpfern bestimmt. Anschließend müssen die *Spearheader* die Aufgabe in Angriff nehmen, bei den Mitarbeitern die richtige Einstellung zu wecken.

Sie sollten jeden dazu anregen, auch Außenseiter nach ihrer Meinung zu befragen, zur Förderung einer objektiven Sichtweise beizutragen und nach neuen Perspektiven zu forschen. Manchmal finden Sie solche Außenseiterstandpunkte sogar im eigenen Unternehmen. Sie sollten unbedingt ein Ohr für Einzelgänger haben, die eine von der Mehrheit abweichende Meinung vertreten. Vielleicht sehen sie die Situation genau aus dem Blickwinkel, durch den das Unternehmen den angestrebten Vorsprung gewinnt. Wenn ihre ungewöhnlichen Ansichten zu oft nicht beachtet werden, hören sie irgendwann auf, diese zu äußern.

Wenn sie Erfolg haben wollen, müssen die *Spearheader* so viel kommunizieren wie nie zuvor. Gleichgültig, wo wir nachgeforscht haben, und gleichgültig, wie vehement uns das Management versichert hat, daß es sich der Bedeutung der Kommunikation wohl bewußt sei, erwies sich mangelnde Kommunikation bei näherer Untersuchung immer als einer der Hauptgründe für Probleme und Fehlschläge bei Restrukturierungen. Reine Lippenbekenntnisse nützen hier nicht das geringste. Die *Spearheader* müssen die Informationen auf eine Art und Weise weitergeben, die ihre Partner als effektiv empfinden. Dies bedeutet meistens, daß noch viel häufiger und viel ausführlicher kommuniziert werden muß, als man gemeinhin annehmen würde.

Die *Spearheader* müssen darauf vertrauen, daß das Unternehmen die Aufgabe bewältigen kann, und sie müssen dieses Vertrauen allen anderen Mitarbeitern vermitteln. Dazu ist es am besten, wenn Sie die Leistungserwartungen hoch stecken und alle erbrachten Leistungen belohnen. Dadurch ergibt sich eine positive Spirale aus Vertrauen, Erfolg und Belohnung.

British Airways

Betrachten Sie beispielsweise British Airways: Seit das Unternehmen privatisiert ist und neue Märkte erschließt, erreicht es die höchsten Margen aller europäischen Fluglinien. Der erste Schritt in diese Richtung bestand in einer radikalen Veränderung der Unternehmenskultur. Die Leute waren nicht mehr dort tätig, nur „weil man schließlich Arbeit braucht“, und sie schämten sich auch nicht mehr für ihr Unternehmen. Das Topmanagement ging mit gutem Beispiel voran, richtete Trainingsmaßnahmen ein und hielt die Mitarbeiter dazu an, das Schicksal des Unternehmens selbst in die Hand zu nehmen. Die Unternehmensleitung überzeugte die Mitarbeiter von British Airways davon, daß dem Unternehmen eine große Zukunft bevorstand und daß es zu einer hervorragenden Fluggesellschaft werden konnte, und sie schaffte es auf diese Weise, die verborgenen Energien und die Begeisterung der Mitarbeiter anzuzapfen und sie äußerst erfolgreich auf die Ziele des Unternehmens zu richten.

Last, but not least, müssen sich die *Spearheader* darüber im klaren sein, daß der Aufbau der richtigen Einstellung keine einmalige Aktion ist. Sie müssen laufend auf alle diese Punkte achten. Es geht hier um eine

Veränderung der Unternehmenskultur, bei der die bisherigen Standards in Frage gestellt, Probleme gelöst und neue Chancen gesucht werden. Es geht darum, die Menschen dahingehend zu beeinflussen, daß sie Restrukturierungen und Veränderungen akzeptieren, anstatt vor ihnen zurückzuschrecken. Änderungen der Unternehmenskultur sind tiefgreifend, und sie brauchen Zeit, um Wurzeln zu schlagen. Die *Spearheader* müssen jede Gelegenheit nutzen, um die gewünschte Kultur zu festigen.

Fertig: Entwickeln Sie eine Strategie, mit der Sie dem Wettbewerb voraus sind

Überraschenderweise halten die meisten Unternehmen Strategie und Restrukturierung streng getrennt. Doch diejenigen Unternehmen, deren Restrukturierungen sich nach strategischen Anforderungen richten, erzielen bessere Leistungen als die anderen Unternehmen, bei denen die Restrukturierung lediglich als Notlösung in einer Krisensituation angesehen wird. Unternehmen mit einer klaren strategischen Zielsetzung erreichen schneller die besten Ergebnisse.

Noch überraschender ist, daß viele Unternehmen erst gar keine wirkliche Strategie definieren. Wir halten dies für einen Fehler. Ohne Strategie muß jede Entscheidung als Grundsatzfrage betrachtet werden. Es existiert dann weder ein Filter noch ein Zusammenhang, in dem Sie bewerten könnten, was zu tun ist und was nicht. Sie werden sehr viel Energie einsetzen müssen, um dafür zu sorgen, daß alle Ihre Mitarbeiter nach neuen Chancen suchen und an einem Strang ziehen, also müssen Sie ihnen eine Richtung vorgeben, in die sie ziehen können. Wir befürworten allerdings keine hierarchisch aufgebauten Abteilungen zur Strategieplanung, die sich meist irgendwann verselbständigen und ein teures Eigenleben entwickeln. Was Sie brauchen, ist ein realitätsnaher strategischer Ansatz, bei dem überlegt wird, wie ein Unternehmen aussehen muß, um seine Wettbewerber zu überholen und die Kunden wieder eine Zeitlang zufriedenzustellen, und welche Veränderungen zu diesem Zweck erforderlich sind.

Wir sind dafür, die Strategie auf das Wesentliche zu beschränken. Was brauchen wir, um unsere Wettbewerber zu überholen? Welche einmaligen Vorteile können wir unseren Kunden bieten, und sollten wir uns eventuell um neue Kunden und neue Angebotspakete kümmern? Aus diesem Grund folgen wir dem Standpunkt, daß eigentlich nur zwei grundlegende Strategien zur Auswahl stehen: entweder die Kostenführerschaft oder eine Strategie der Fokussierung, bei der die Differenzierung von den Wettbewerbern durch die einmaligen „Offerings" erreicht wird, die Kunden und potentiellen Kunden angeboten werden. Es ist nun Ihre Aufgabe zu entscheiden, welche dieser Grundstrategien für Sie die besten Chancen eröffnet.

In ganz Europa hört man immer wieder denselben Refrain: „Wir brauchen Wachstum." Auf das Ziel des rentablen Wachstums muß Ihre Strategie vor allem anderen gerichtet sein. Ohne Wachstum können Sie die Energie, die Sie unter so vielen Mühen erzeugt haben, meist nicht aufrechterhalten. Nur Wachstum verleiht Ihnen die Freiheit, die sinnvollsten Optionen weiterzuverfolgen. Diese These können wahrscheinlich vor allem die Tausende von Unternehmen leicht nachvollziehen, die den schmerzlichen Prozeß des Downsizing hinter sich gebracht haben, nur um anschließend festzustellen, daß sie es auf diese Weise bestenfalls geschafft haben, mit der Konkurrenz schrittzuhalten, und daß ihnen in naher Zukunft ein erneuter Einschnitt bevorsteht, wenn sie weiter schrumpfen.

Welche einmaligen Vorteile können wir unseren Kunden bieten, und sollten wir uns eventuell um neue Kunden und neue Angebotspakete kümmern?

Da das Wachstum jedoch wiederum eigene Herausforderungen mit sich bringt, sollte es sich nicht ungeplant vollziehen. Stellen Sie im voraus sicher, daß Sie das angestrebte Wachstum bewältigen können, und suchen Sie nach Möglichkeiten, auf Basis der Kompetenzen zu wachsen, die Sie bereits besitzen.

Daimler-Benz

Die Schwierigkeiten von Daimler-Benz in der noch nicht weit zurückliegenden Vergangenheit sind auf eine mangelnde Fokussierung als „Technologie-Konzern" zurückzuführen. Das Unternehmen hatte eine ehrgeizige, aber diffuse Strategie gewählt und damit seine Ressourcen überstrapaziert. Man wollte unbedingt wachsen, erwählte dazu aber Gebiete, in denen nicht ausreichend Expertise vorhanden war. Nach einigen anfänglichen Erfolgen rutschte das Unternehmen dann durch seine Anstrengungen in kerngeschäftsfernen Bereichen und durch die Ausweitung auf zu viele Gebiete immer weiter abwärts. Der kürzliche Umschwung bei Daimler-Benz ist direkt auf die Entscheidung zurückzuführen, sich wieder auf das Kerngeschäft und die Kernkompetenzen zu konzentrieren, nämlich auf Entwicklung, Montage und Vermarktung von Automobilen.

Los: Setzen Sie sie um – wieder und wieder

Die Mitarbeiter stehen auf Ihrer Seite, und Sie wissen genau, was Sie erreichen wollen. Nun bleibt noch die Aufgabe, die Strategie umzusetzen. Sie müssen die Kombination aus Menschen, Strategie und Aktion finden, durch die die Träume des Unternehmens wahr werden.

Die Implementierung ist die besondere Aufgabe der *Spearheader*. Ihre *raison d'être* besteht darin, dafür zu sorgen, daß die Restrukturierung ein Erfolg wird. Die *Spearheader* müssen die Strategie vollständig verstehen, klar artikulieren und sie in eine Reihe von fokussierten Aktionen übersetzen, komplett mit Etappenzielen und Erfolgsmaßstäben.

Die Geschwindigkeit spielt dabei eine große Rolle. Diese Tatsache hat sich in unserer Grundlagenforschung, in den Diskussionen und in unserer Erfahrung als Konstante erwiesen. Unternehmen, die sich schneller restrukturieren als ihre Wettbewerber, sind auch in jedem Fall erfolgreicher. Sie verschaffen sich einen Vorsprung vor der Konkurrenz und können die Früchte der Restrukturierung schneller ernten. Durch die Verbesserung der Geschäftsergebnisse stehen ihnen zusätzliche Ressourcen zur Verfügung, so daß sie bei der Erschließung neuer Möglichkeiten einen Vorteil haben. Eine gut umgesetzte Restrukturierung wird noch besser, wenn Sie sie beschleunigen können. Darauf konzentrieren wir uns bei unseren Betrachtungen zur Implementierung: Wie können Sie die Umsetzung gut und schnell durchführen? Und das nicht nur einmal, sondern bei jeder Restrukturierung.

Um auf Ihrem Weg einer möglichst geringen Zahl von Hindernissen zu begegnen, müssen Sie dafür sorgen, daß alle interessierten Parteien, die sogenannten *Stakeholder*, beteiligt, informiert und ebenfalls begeistert sind. Dazu gehören nicht nur die Aktionäre und die Mitarbeiter, sondern jeder, der die im Gang befindliche Restrukturierung möglicherweise wesentlich beeinflussen kann – also beispielsweise auch die Kunden oder der Betriebsrat. Sie alle müssen informiert werden, und sie müssen daran glauben, daß die Restrukturierung auch für sie Vorteile bringt. Wozu sollten sie sie sonst unterstützen?

Scheuen Sie nicht vor Entscheidungen zurück, und schaffen Sie in der Organisation die Voraussetzungen dafür, daß Entscheidungen kurzfristig getroffen werden können. Wie? Sorgen Sie dafür, daß die *Spearheader*-Gruppe das Projekt und den vorgesehenen Zeitrahmen genau kennt, und richten Sie es so ein, daß sie immer schnell Zugang zu den höherrangigen Entscheidungsträgern hat. Oft ist es besser, eine Entscheidung schnell und ohne viele Formalitäten genau dann zu treffen, wenn sie anfällt, statt auf die Mühlen des formalen Entscheidungsprozesses zu warten. Die Notwendigkeit der Entscheidung und der sofortigen Handlungsfähigkeit wiegt häufig die Vorteile einer perfekten, erschöpfenden Analyse auf. Schon eine gängige Redensart bestätigt, daß es besser ist, beinahe recht zu haben als genau verkehrt zu liegen.

Es hat sich in letzter Zeit erwiesen, daß eine vereinzelte Restrukturierung nicht mehr ausreicht. Alle Personen, mit denen wir gesprochen haben, bestätigten uns, daß sie in Zukunft wiederholte Restrukturierungen erwarten. Dies stellt Sie vor neue Aufgaben. Wie ist es möglich, laufend eine Restrukturierung nach der anderen durchzuführen? Wie können Sie den Burn-out vermeiden, der sich in einigen Unternehmen nach wiederholten Restrukturierungen bei den Mitarbeitern einschleicht? Wie können Sie erreichen, daß sich die Veränderungen konsolidieren, wenn die nächste Umwälzung bereits beginnt, bevor die vorhergehende vollständig abgeschlossen ist? Sie wollen unsere Antwort in dieser Zwangslage wissen? Nun, planen Sie die *Kadenz* Ihrer Restrukturierungen.

Kadenz bedeutet die Einführung eines Rhythmus, eines Zyklus für die Restrukturierungen. Legen Sie einen Zyklus fest, der sowohl die hektische Aktivität während der Restrukturierung als auch eine anschließende Ruheperiode umfaßt. Während der Ruhephase können die neuen Systeme, Arbeitsweisen und Geschäftszweige Wurzeln schlagen. Sie verschafft den Mitarbeitern die notwendige Atempause, denn sie können nicht unbegrenzt die Doppelbelastung verkraften, die eine Restrukturierung zusätzlich zur täglichen Arbeit mit sich bringt. Wenn Sie für die Restrukturierungen einen solchen Rhythmus, eine solche Kadenz einrichten, können alle Beteiligten die notwendigen Pausen einlegen. Dies ist auch ein weiteres wichtiges Argument für die schnelle Abwicklung der Restrukturierung. Durch eine schnelle Restrukturierung gewinnen Sie mehr Zeit für die erwünschte Ruhephase. Zwischen dem Ende eines Restrukturierungsprojekts und dem Beginn des nächsten brauchen Sie eine gewisse Zeit. Sie brauchen eine Atempause, damit Sie überlegen können, welche Chancen sich in der folgenden Runde von Verbesserungen bieten. Wenn Sie laufend in Bewegung bleiben, haben Sie keine Zeit, darüber nachzudenken, wohin Sie überhaupt unterwegs sind.

Kvaerner

Der vielseitige norwegische Konzern Kvaerner, zu dessen Geschäftsbereichen unter anderem Schiffsbau-, Hoch-, Tief- und Anlagenbau, aber auch Prozeßtechnologie usw. gehören, hat in seine Restrukturierungen eine Kadenz integriert. Auf Konzernebene führt fast ständig irgendein Geschäftszweig eine Restrukturierung durch, aber das Unternehmen achtet sorgfältig darauf, daß jeder einzelne Geschäftszweig zwischen den Restrukturierungen wieder Atem schöpfen kann. Es werden laufend neue Unternehmen zur Übernahme bewertet, doch nach jeder dieser Übernahmen nimmt sich der Konzern die Zeit, dafür zu sorgen, daß das neue Unternehmen erfolgreich integriert wird. So wird den Mitarbeitern nach den Anstrengungen, die eine solche Aktion mit sich bringt, die nötige Erholungspause gewährt.

Wir beschreiben hier unsere Vorstellungen von der besten Art und Weise, eine Restrukturierung zum Erfolg zu führen. Diese gründen sich auf unsere und die Beobachtungen von Hunderten von leitenden Managern in ganz Europa, die festgestellt haben, was praktikabel ist und was nicht. Dabei richten wir unser spezielles Augenmerk auf erfolgreiche Unternehmen, um zu verstehen, wie ihr Erfolg zustande gekommen ist. Kurz zusammengefaßt läßt sich festhalten, daß die besten Restrukturierer mit Überzeugung, schnell und zielbewußt arbeiten. Wir haben uns genauer mit diesen Eigenschaften befaßt, denn uns geht es auch um die Frage, wie sie sich innerhalb einer Organisation fördern lassen. Anschließend haben wir sie in Konzepte eingearbeitet, die Sie bei Ihrer nächsten Restrukturierung anwenden können.

Wir fordern die Topmanager in ganz Europa auf, ihre eigenen Strategien und Geschäftsabläufe zu prüfen. Haben Sie die Herausforderungen der Zukunft bereits erkannt? Hat Ihr Unternehmen bereits die richtigen Schritte unternommen, um den Herausforderungen zu begegnen? Wird Ihr Unternehmen es auch schaffen, die Strategie umzusetzen? Wie kann sich Ihr Unternehmen an die Notwendigkeit wiederholter Restrukturierungen anpassen? Wenn Sie die Konzepte in diesem Buch durcharbeiten und die Vorgänge in Ihrem Unternehmen mit der idealen Situation vergleichen, erhalten Sie sicherlich erstaunliche Hinweise auf mögliche Verbesserungen. Und wenn Sie diesen Hinweisen folgen, rückt die Möglichkeit, eines von Europas Vorzeigebeispielen zu werden und damit Europa insgesamt zum Erfolg zu verhelfen, für Sie ein gewaltiges Stück näher.

Wir beschreiben hier unsere Vorstellungen von der besten Art und Weise, eine Restrukturierung zum Erfolg zu führen.

Kapitel 2
Lernen aus Erfahrung

Die Erkenntnisse der Top-Unternehmen in Europa

- Das Erscheinungsbild zukünftiger Restrukturierungen
- Die Lektionen der Vergangenheit
- Der entscheidende Vorsprung der Besten

Eine hervorragende Informationsquelle für die in diesem Buch vorgestellten Gedanken bildete die sehr ausführliche Umfrage, bei der wir europäische Manager von Unternehmen wie Ansaldo, AGIV, BASF, Bayer, DuPont de Nemours, Fiat, Philip Morris Europe, Thyssen, Veba usw. befragten. IMD und A.T. Kearney führten diese Untersuchung gemeinsam durch, um die Tricks und Trends zu ergründen, die sich bisher bei Restrukturierungen abzeichneten, und – was noch wichtiger ist – die sie in Zukunft bestimmen werden. Was können Unternehmen tun, um ihre bis dato schlechten Ergebnisse zu verbessern? Können sie von den Unternehmen lernen, die vor ihnen erfolgreich waren? Welche Fehler passieren am wahrscheinlichsten, und wie können sie in Zukunft vermieden werden? Wie sehen die Topmanager die zukünftige Entwicklung der Restrukturierung?

Was können Unternehmen tun, um ihre bis dato schlechten Ergebnisse zu verbessern?

Durch die Umfrage haben wir die Meinungen und Erfahrungen der wichtigsten europäischen Unternehmen in zahlreichen verschiedenen Industriezweigen kennengelernt. Insgesamt haben wir 211 Antworten erhalten, und ein wesentlicher Anteil von ihnen stammt von Topmanagern großer Unternehmen.

Das Erscheinungsbild zukünftiger Restrukturierungen

Häufigkeit

Die Tage, in denen eine Restrukturierung eine einmalige Anpassung darstellte, sind vorbei. In diesem Punkt sind sich beinahe alle Teilnehmer unserer Umfrage einig: 90 Prozent von ihnen gehen davon aus, daß sie in ihren Geschäftseinheiten im Lauf der kommenden zehn Jahre eine Folge von Restrukturierungsprojekten durchführen müssen (siehe Abbildung 2.1).

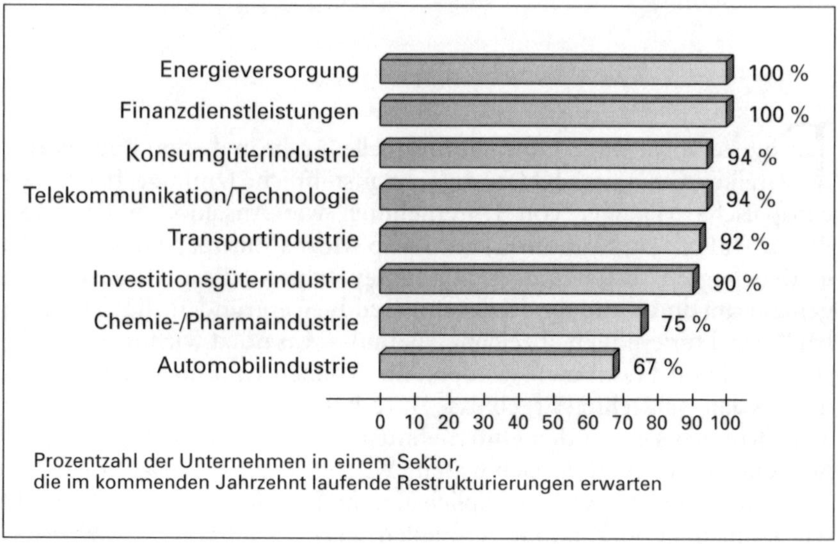

Abbildung 2.1: Alle Industriesektoren erwarten fortgesetzte Restrukturierungen

Aus dieser Statistik lassen sich drei Dinge ablesen. Erstens beginnt das Management jetzt endlich, die Restrukturierung nicht mehr so sehr als Reaktion auf eine Notfallsituation, sondern als aktive Maßnahme zu betrachten. Zweitens müssen die Unternehmen von der „Kahlschlag"-Mentalität abrücken, von der die Restrukturierungen in der Vergangenheit beherrscht waren. Die Unternehmen werden einfach nicht mehr in der Lage sein, ihre Kosten und ihr Personal über die kommenden zehn Jahre hinweg weiterhin in so drastischem Maß zu verringern wie bisher. Drittens überwiegt das Bedürfnis nach Erhaltung der Wettbewerbsfähigkeit durch Restrukturierung die Bedenken, die durch frühere fehlgeschlagene Restrukturierungsprojekte hervorgerufen wurden. Die Vorstände haben sich ganz klar für die Restrukturierung als das Mittel entschieden, mit dem sie den Herausforderungen der Zukunft begegnen wollen.

Globalisierung

Womit wird sich die Restrukturierung beschäftigen? Alle Sektoren, mit Ausnahme der Energieversorger, gaben an, daß die *Globalisierung* in ihren Augen die größte Herausforderung darstellt, die sie in Zukunft erwartet (siehe Abbildung 2.2).

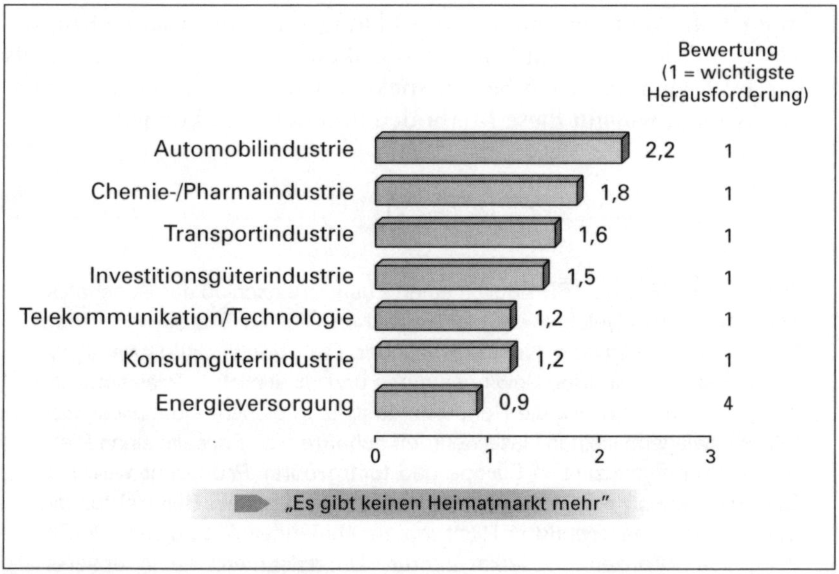

Abbildung 2.2: Die Globalisierung ist eine wichtige Antriebskraft

Hier unterscheidet sich die Automobilindustrie, die wohl einen der am stärksten globalisierten Industriezweige bildet, deutlich von den anderen. Sie legt wesentlich mehr Gewicht auf die Globalisierung als die übrigen Sektoren. Vielleicht erkennen die Unternehmen in der Kraftfahrzeugindustrie einfach klarer als alle anderen, welch schwierige Aufgabe die Globalisierung darstellt, gerade weil sie schon so viele Erfahrungen in diesem Bereich gesammelt haben. Möglicherweise haben diese Erfahrungen ihnen aber auch gezeigt, daß die Globalisierung so große Vorteile mit sich bringt, daß sie sie in Zukunft sogar noch stärker betonen wollen. Wie dem auch sei, die Leiter der europäischen Unternehmen haben klar erkannt, daß sie in Zukunft über die Grenzen Europas hinaus blicken müssen. Wie es in einer der Antworten sehr eloquent formuliert wurde: *„Es gibt keinen Heimatmarkt mehr.“*

Gegenseitige Abhängigkeit

Auch andere Grenzen werden in Zukunft nicht mehr so deutlich gezogen: die Grenzen zwischen den einzelnen Unternehmen. Immer mehr von ihnen streben danach, Allianzen einzugehen. Es wird erwartet, daß Übernahmen, Joint-Ventures und die Entwicklung von gemeinsamen Kompetenzen mit Zulieferern und Kunden in Zukunft häufiger vorkommen als bisher. Im folgenden sehen Sie ein spektakuläres Beispiel aus Skandinavien, das zeigt, wie gut diese Methoden funktionieren können.

Borealis

Borealis A/S wurde 1994 durch einen Zusammenschluß der Geschäftsbereiche der Polyolefine der norwegischen Ölfirma Statoil und ihrem Gegenstück in Finnland, Nesté, gegründet. Die Polyolefinindustrie ist zyklisch, hat sehr niedrige Gewinnspannen und ist ähnlichen Preisschwankungen ausgesetzt wie die Rohstoffindustrie. In diesem Industriesektor mit überwiegend kleinen Unternehmen schaffte sich Borealis einen Platz als größter Produzent in Europa und fünftgrößter Produzent weltweit. Dies war jedoch nur der erste Schritt. Borealis ist ein Beispiel für die Verlagerung des Trends in Richtung zunehmender Aktivitäten zur Bildung von Allianzen und Joint-Venture-Unternehmen, die in unserer Umfrage zutage trat. In dem Bestreben, den Gewinn zu erhöhen und die Beziehungen zu den Kunden zu festigen, hat Borealis enge, partnerschaftliche Beziehungen zu seinen wichtigsten Kunden und Zulieferern entwickelt. Bei jedem dieser Kunden sowie bei Borealis selbst werden jeweils funktionsübergreifende Teams gebildet, die in den Bereichen Marketing, Technologie und Logistik zusammenarbeiten und ihr Fachwissen gemeinsam nutzen. Dasselbe Prinzip wird auch bei den Zulieferern angewendet, so daß sich auf beiden Seiten hohe Einsparungen ergeben. Mitte 1997 konnte Borealis einen Konzernbetriebsgewinn von 118 Millionen ECU vorweisen. Dies bedeutete einen starken Anstieg im Vergleich zu dem Gewinn von 24 Millionen ECU im ersten Halbjahr 1996. Die engen Beziehungen zu Kunden und Lieferanten spielten bei dieser Verbesserung eine wesentliche Rolle.

Wenn man die Quote der Fehlschläge bei Unternehmensfusionen und Übernahmen in der jüngsten Vergangenheit betrachtet, die bei zwei von drei liegt, ist dieser Erfolg um so beeindruckender. Allianzen, Joint-Ventures und andere Arten von Partnerschaften werden zumindest zum Teil dazu beitragen, die herausfordernden Probleme der Globalisierung zu überwinden (siehe Abbildung 2.3).

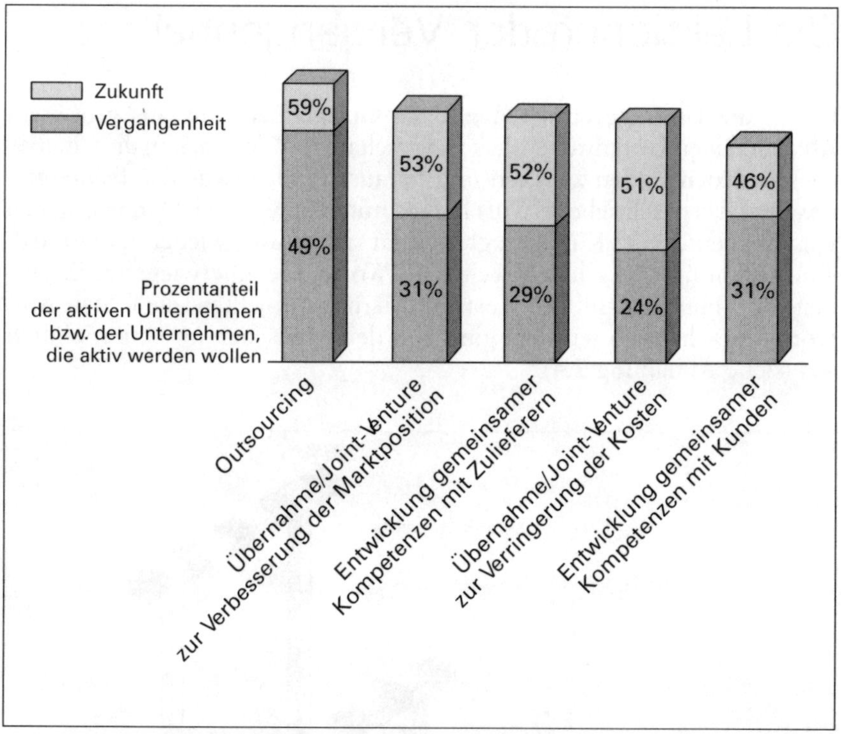

Abbildung 2.3: Die Aktivitäten im Zusammenhang mit Fusionen und Allianzen nehmen zu

Im Zuge dieser Zunahme von Allianzen wird es möglicherweise zu einem Wettbewerb unter den geeigneten Partnern kommen. Es wird immer wichtiger, sich zu überlegen, woran man gute Partner für eine Allianz erkennt und wie ein Unternehmen sich selbst als attraktiven Partner für eine Allianz präsentiert. Sie müssen einen guten Partner wählen, und Sie müssen erreichen, daß Sie von einem guten Partner als ebensolcher erkannt und ausgewählt werden. Schließlich ist eine schlechte Allianz meist schlimmer als gar keine.

Die Lektionen der Vergangenheit

Durch die Umfrage erhielten wir die Gelegenheit, uns aus größerem Abstand einen Gesamtüberblick zu verschaffen. Wir erhielten die Chance, zwischen den Zeilen zu lesen und herauszufinden, was die Teilnehmer uns über das geschriebene Wort hinaus mitteilen wollten. Und was haben wir dabei entdeckt? Kurz gesagt – es hat sich einmal wieder gezeigt, daß Taten mehr für sich selbst sprechen als Worte. Die überwiegende Mehrheit der Hindernisse bei Restrukturierungsprojekten, die in den Antworten beschrieben wurden, ging von den Menschen im Unternehmen aus (siehe Abbildung 2.4).

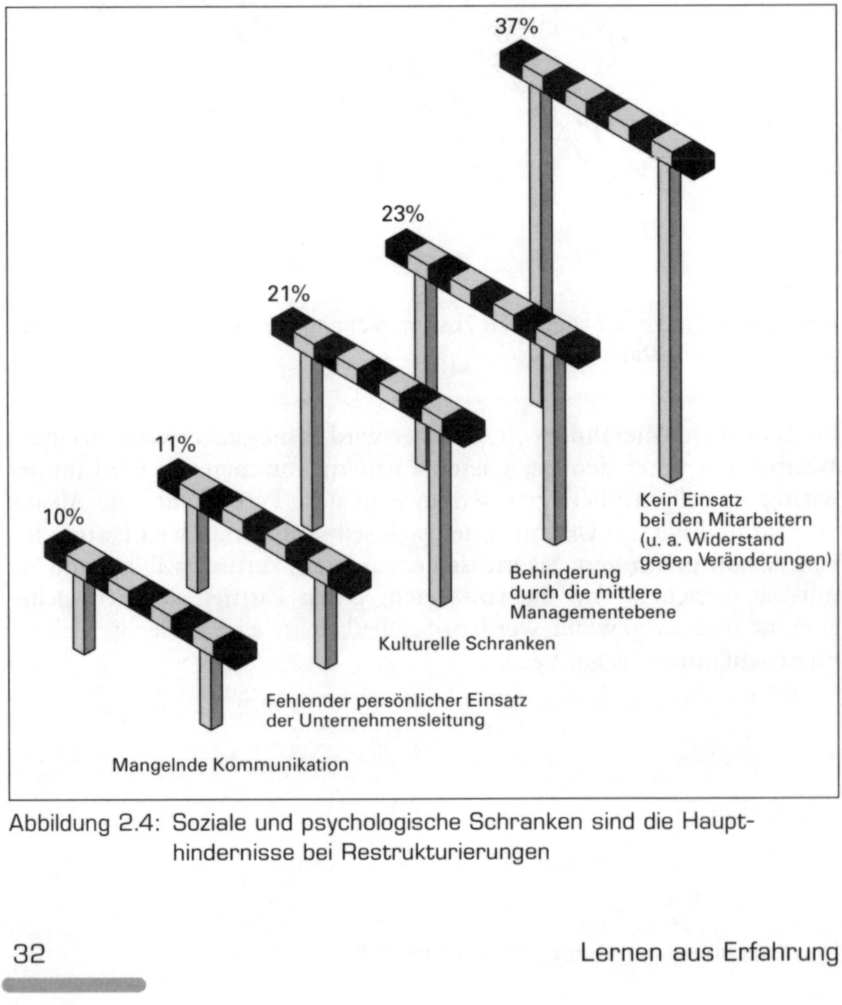

Abbildung 2.4: Soziale und psychologische Schranken sind die Haupthindernisse bei Restrukturierungen

Es ist zweifellos von entscheidender Bedeutung, diese menschlichen Probleme in den Griff zu bekommen. Doch obwohl die meisten Unternehmen angeben, daß die Mitarbeiter ein wesentlicher Erfolgsfaktor für die Restrukturierung sind (nur der Einsatz der Unternehmensleitung wird als noch wichtiger betrachtet), haben viele von ihnen Schwierigkeiten in diesem Bereich. Ein Grund dafür mag wohl sein, daß sie zwar die Wichtigkeit der Mitarbeiter nach außen hin betonen, diesen Worten aber keine Taten folgen lassen.

Diese Ergebnisse der Studie bestätigen unsere täglichen Beobachtungen. Es wird immer behauptet, daß die Mitarbeiter wichtig sind, aber die Unternehmensleitung untermauert diese Behauptung nicht durch entsprechende Aktionen. Erinnern wir uns doch kurz noch einmal an die Restrukturierungshindernisse: Die Angaben über den mangelnden Einsatz der Unternehmensleitung und die vernachlässigte Kommunikation beruhten größtenteils auf einer Selbsteinschätzung der Topmanager. Wenn wir die mittleren und unteren Ebenen der Organisationen ebenfalls befragt hätten, hätte sich das Problem möglicherweise als noch gravierender dargestellt.

ELIN EBG

Im Anschluß an eine Fusion ist die schnelle Integration der daran beteiligten Unternehmen von entscheidender Bedeutung. In dieser Hinsicht bietet uns das österreichische Unternehmen ELIN EBG, das aus dem Zusammenschluß der Unternehmen ELIN Energieanwendung und Elektro Bau AG hervorgegangen ist, eine Erfolgsgeschichte ersten Ranges. ELIN EBG ist heute das führende Unternehmen für kundenspezifische elektrotechnische und elektronische Systeme, Anlagen und Dienstleistungen in Österreich.

Vier wichtige Schritte haben zu diesem Erfolg beigetragen:

1. Es bestand bereits ab dem Tag, an dem die Fusion bekanntgegeben wurde, eine vorläufige neue Organisationsstruktur. Bei Fusionen entstehen fast immer Unsicherheiten, und die Menschen (Kunden, Zulieferer, Banken und Mitarbeiter) fragen sich, was die Fusion wohl für sie bedeutet und wie sie funktionieren wird. Wenn die Organisationsstruktur schon zum Zeitpunkt der Ankündigung der Fusion feststeht, werden viele dieser Fragen beantwortet, bevor sie überhaupt entstehen.

2. Auch die maßgebenden Mitglieder der obersten beiden Führungsebenen der Organisation waren zum Zeitpunkt der Bekanntgabe der Fusion bereits bestimmt. Hier sorgte ELIN EBG dafür, daß von Anfang an ein funktionierendes Unternehmen vorhanden war. Es gab nicht nur leere Kästchen in einem Organisationsdiagramm, die noch gefüllt werden mußten. Die entsprechenden Leute standen bereit, um die Angelegenheiten in dem fusionierten Unternehmen in die Hand zu nehmen und die Fragen aller anderen an der Fusionierung beteiligten Personen zu beantworten.
3. Es wurde auch sofort eine Strategie zum Key-Account-Management umgesetzt. Der Kunde ist eine der Parteien, die bei einer Fusion am stärksten betroffen sind. Es kommt häufig vor, daß der Kunde auf Informationen wartet (oder zu einem anderen Anbieter wechselt), während das Unternehmen noch damit beschäftigt ist, die internen Prozesse zu regeln. ELIN EBG stellte hingegen sicher, daß die Kunden weder Bedenken noch Grund zur Abwanderung hatten, indem das Unternehmen sofort nach der Ankündigung der Fusion von sich aus Kontakt zu allen wichtigen Kunden aufnahm. Die Kunden wußten immer, welche Ansprechpartner ihnen zur Verfügung standen und was die Fusion für sie bedeutete.
4. Es wurde umgehend ein vorläufiger Geschäftsplan für das fusionierte Unternehmen entworfen. Auch hier handelte ELIN EBG schnell und entschieden, um dafür zu sorgen, daß die Synergien, die man sich von der Fusion erwartete, sich auch tatsächlich einstellten.

Es kommt häufig vor, daß Unternehmen am Ende von Fusionsverhandlungen erleichtert aufatmen und vergessen, daß die wirkliche Arbeit mit dem Tag der Unterzeichnung des Vertrags erst beginnt. Die beiden Unternehmen, die sich zu ELIN EBG vereinigten, führen einen Teil ihres Erfolgs darauf zurück, daß sie den Problemen, die sich nach einer Fusion ergeben, so hohe Aufmerksamkeit gewidmet haben und daß sie sich der Tatsache bewußt waren, daß die professionelle Ankündigung einer Fusion alleine noch nicht bewirkt, daß sie auch erfolgreich verläuft.

Daraus ziehen wir den Schluß, daß es ein Wettbewerbsvorteil sein kann, wenn das Management im Umgang mit der menschlichen Seite der Restrukturierung etwas mehr Geschick beweist. Ein Unternehmen, das in diesem Bereich eine gute Lösung findet, kann Restrukturierungsprojekte besser, reibungsloser und schneller durchführen als Wettbewerber mit weniger Fingerspitzengefühl.

Die zweite wichtige Lektion aus der Vergangenheit lautet, daß es sich nur schwer an der Kostenorientierung rütteln läßt, die in der Vergangenheit die Grundlage der meisten Restrukturierungen bildete. Unabhängig davon, was die Teilnehmer unserer Umfrage als Ziel der Restrukturierung angaben, kamen immer wieder die gleichen alten Leistungsmaßstäbe ans Tageslicht. Wie stark wurden die Kosten verringert? Wie viele Mitarbeiter konnten wir freistellen? Wie sehen die Produktivitätsziffern aus? Natürlich sind diese Fragen alle von Bedeutung, aber wenn Sie sich ausschließlich darauf konzentrieren, werden sich Ihre Mitarbeiter auch nur mit diesen Themen beschäftigen. Wenn die Maßnahmen nur von den Kosten bestimmt werden, lassen sich die Menschen nur schwer dazu bewegen, sich Gedanken über die Erschließung neuer Märkte zu machen.

Der entscheidende Vorsprung der Besten

Auf dieses Thema haben wir bei unserer Auswertung der Umfragedaten die meiste Zeit verwendet. Warum haben manche Unternehmen es geschafft, ihre Ergebnisse um 70 Prozent zu verbessern (im Vergleich zu der Zeit vor der Restrukturierung), während andere immer nur hinterherhinken? Knapp unter 10 Prozent der Teilnehmer an der Umfrage – die Unternehmen mit den besten Leistungen – konnten derartig hohe Werte erreichen, und wir haben einige aussagekräftige Unterschiede zwischen diesen Stars und dem Rest der Restrukturierer ausgemacht.

Warum haben manche Unternehmen es geschafft, ihre Ergebnisse um 70 Prozent zu verbessern (im Vergleich zu der Zeit vor der Restrukturierung), während andere immer nur hinterherhinken?

Schneller, höher, stärker

Die Unternehmen mit den besten Resultaten führten ihre Restrukturierungen mit höherer Geschwindigkeit (schneller) durch, waren stärker wachstumsorientiert (höher) und legten mehr Wert auf Strategie und Fokussierung als diejenigen, die von ihnen übertroffen wurden (stärker).

Geschwindigkeit

Die Unternehmen mit den höchsten Leistungen wandten für alle Phasen der Restrukturierung weniger Zeit auf und schlossen den gesamten Prozeß durchschnittlich 30 Prozent schneller ab als ihre weniger erfolgreichen Gegenstücke.

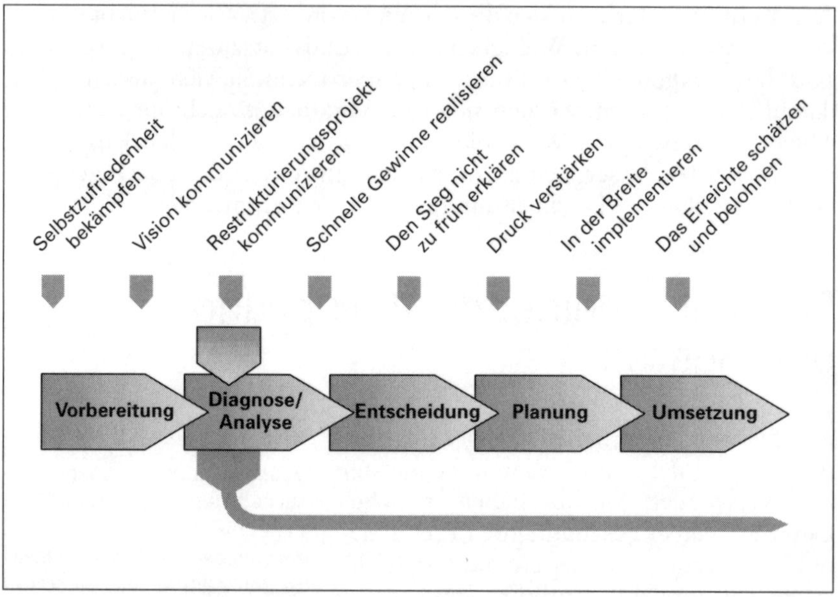

Abbildung 2.5: Die Durchführung einer Restrukturierung verlangt ungeteilte Aufmerksamkeit

Wenn die Restrukturierung schnell durchgeführt wird, bleibt die Begeisterung der Beteiligten erhalten, es werden schneller bessere Ergebnisse erreicht, und Sie erhalten einen Vorsprung vor langsameren Konkurrenten.

Wie unterscheiden sich schnelle Unternehmen von den langsamen? In den Ergebnissen der Umfrage zeigte sich, daß die Fokussierung ein wichtiger Differenzierungsfaktor zwischen den schnellen und langsamen Unternehmen war. Außerdem neigen langsame Restrukturierer dazu, sich intern auf den Aufbau von Kompetenzen zu konzentrieren, während diejenigen, die die Restrukturierungen schneller durchführen, die notwendigen Kompetenzen kurzfristig extern erwerben. Darüber hinaus zeigte sich ein wesentlicher Unterschied zwischen den beiden Gruppen auch in der Beteiligung der Mitarbeiter.

Wie bereits erwähnt, ist es sehr wichtig, die Mitarbeiter aktiv in den Prozeß einzubinden. Was haben also die schnellen Restrukturierer unternommen? Sie konnten eine relativ starke Beteiligung der Mitarbeiter in den frühen Phasen der Restrukturierung verzeichnen, in denen die Probleme definiert und die Optionen erarbeitet wurden, praktisch keine Beteiligung während der Phase, in der die Entscheidung über den einzuschlagenden Kurs gefällt wurde, und wieder ziemlich viel Beteiligung bei der Umsetzung der Restrukturierungslösung. Im Gegensatz dazu zeigte sich bei den langsameren Unternehmen nur sehr wenig Beteiligung der Mitarbeiter in den ersten Phasen der Restrukturierung. Die Botschaft? Es ist einfacher, die Mitarbeiter in den frühen Phasen für die Restrukturierung zu gewinnen. Wenn sie bereits zur Identifizierung der Probleme beigetragen haben, arbeiten sie meist auch an der Umsetzung der Lösungen überzeugter mit.

Unilever

Niall FitzGerald, der Vorstandsvorsitzende von Unilever, demonstriert gerade seinem Unternehmen und den Aktienmärkten, wie man aus der Beschleunigung der Restrukturierung Nutzen zieht. Er übernahm seinen Posten im September 1996 und war entschlossen, die Refokussierung von Unilever auf das Kerngeschäft zu forcieren. Alle Geschäftsbereiche, die nicht in die Kernkategorien paßten, wurden unverzüglich aufgegeben. Unter der Leitung von FitzGerald nahm die Geschwindigkeit der Refokussierung zu. In den Kommentaren von Analysten heißt es, daß Unilever inzwischen tatsächlich schlanker und stärker fokussiert ist. Auch das Bargeldpolster von 5 Milliarden ECU, das Unilever Ende 1997 angesammelt hatte, hat Kommentare hervorgerufen: „Dies ist die Belohnung der Restrukturierung – das zusätzliche Bargeld, das neue Geschäfte ermöglicht", äußerte sich Richard Newboult, ein Analyst bei Lehman Brothers in London, gegenüber dem *Wall Street Journal* im Februar 1998.

Fokussierung

Die Unternehmen mit den höchsten Leistungen waren stärker fokussiert als die anderen. Auf die Frage, welche Bedeutung die Konzentration auf das Kerngeschäft für die Restrukturierung hat, gaben die leistungsstärksten Unternehmen ihr beinahe dreimal soviel Gewicht wie die weniger erfolgreichen Unternehmen.

Die Unternehmen, die die Restrukturierung schneller durchführten, unternahmen weniger vereinzelte Aktionen, berücksichtigten eine geringere Zahl von Stakeholdern und konzentrierten sich nur auf ganz bestimmte Leistungsmaßstäbe. Mit anderen Worten definierten sie genau, was sie erreichen wollten, und ließen sich während des Prozesses nicht von ihrem Ziel ablenken.

Doch worauf genau konzentrierten sich die führenden Unternehmen? Ihre Restrukturierungsvorhaben waren stärker auf Wachstum ausgerichtet als die der weniger erfolgreichen Unternehmen. Neue Vermarktungschancen waren den Unternehmen mit den höchsten Leistungen 3,5mal wichtiger. Sie legten doppelt so viel Wert auf eine bahnbrechende Innovation des Unternehmens, auf Globalisierung und auf das Bedürfnis, sich zu vergrößern. Sie ließen sich leichter auf Übernahmen oder Joint-Venture-Unternehmen und auf den Vorstoß in neue Märkte ein, dagegen bestand nur eine geringe Wahrscheinlichkeit, daß sie Kapazitäten abbauen würden. Die Kosten sind und bleiben zwar für die meisten ein entscheidender Faktor, doch die führenden Unternehmen haben erkannt, daß man sich in der heutigen Situation nicht mehr gesundschrumpfen kann.

Die Konzentration auf Wachstum weist auf einen strategischen Ansatz der Restrukturierung hin. Die Unternehmen mit den schlechteren Ergebnissen führten häufiger taktische oder opportunistische Aktionen durch, wie beispielsweise den Abbau von Arbeitsplätzen und die Einführung neuer IT-Systeme. Die Wahl zwischen kurzfristigen Interimslösungen beziehungsweise Projekten zum reinen Zeitgewinn und der Entwicklung einer langfristigen, strategischen Richtung für ein Unternehmen haben die erfolgreichen Unternehmen nach unserer Umfrage eindeutig entschieden und haben sich hier langfristig als Sieger erwiesen.

Neues Management

Dem Puzzle fehlt noch ein weiteres Teil. Bei den Unternehmen mit den höchsten Leistungen lag stärkeres Gewicht auf einem Führungswechsel oder auf Personaländerungen im Management als bei den übrigen Unternehmen, die sich an der Umfrage beteiligten.

Bei 75 Prozent der leistungsstärksten Unternehmen hatte vor Beginn der Restrukturierung ein Eigentums- oder Führungswechsel stattgefunden, während dies bei nur 32 Prozent der übrigen befragten Unternehmen der Fall war (siehe Abbildung 2.6). Das soll nicht heißen, daß das vorhandene Management ein Unternehmen nicht erfolgreich neu erfinden oder seinen Industriesektor neu definieren könnte. Es bedeutet aber, daß es sich zumindest Gedanken in die Richtung machen muß, was ein neues Management wohl ändern würde.

Bei den Unternehmen mit den höchsten Leistungen lag ein stärkeres Gewicht auf Führungswechsel oder Personaländerungen im Management als bei den übrigen Unternehmen, die sich an der Umfrage beteiligten.

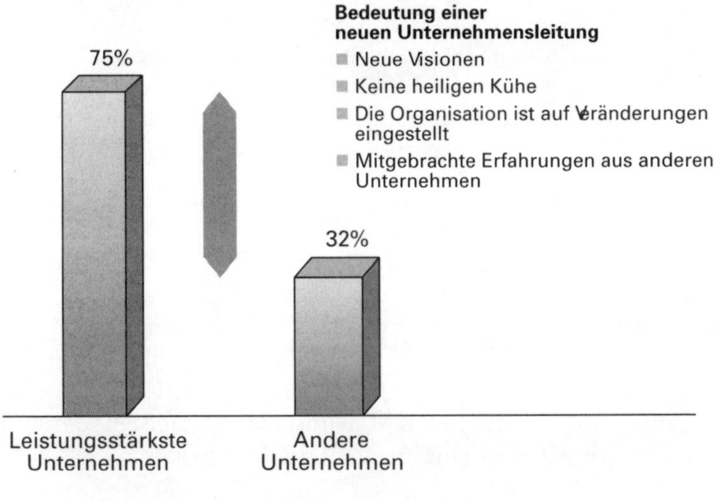

Prozentanteil der Unternehmen mit neuem Eigentümer oder Management vor Beginn der Restrukturierung

Abbildung 2.6: Ein neues Management öffnet einem Unternehmen die Augen

Die überwältigende Schlußfolgerung aus unserer Umfrage lautet, daß der Unterschied zwischen den Menschen, die bei ihren Restrukturierungen erfolgreich sind, und allen anderen darin besteht, daß sie ihr Leben nach ihren Grundsätzen richten. Eine Restrukturierung erfordert Hingabe, und sie erfordert Entscheidungen, die manche lieber verzögern würden. Sie erfordert das, was die leistungsstärksten Unternehmen bewiesen haben – die Fähigkeit, Aufgaben zügig und entschlossen zu erledigen.

Kapitel 3

Der Wille zum Neuen

Anführer, Vorkämpfer und die Organisation

Seien Sie Vorbild, demonstrieren Sie die veränderte Einstellung

Bekämpfen Sie die Feinde des Erfolgs

Fördern Sie die richtige Einstellung

„Es war schwierig, die Mitarbeiter davon zu überzeugen, daß eine Änderung der Unternehmenskultur überlebensnotwendig war."

„Persönliche Beweggründe und Unsicherheiten waren unsere größten Hindernisse."

„Gute Geschäftsergebnisse waren die größte Barriere gegen Veränderungen."

Die meisten Hindernisse, auf die Unternehmen bei ihrer Restrukturierung stoßen, haben mit den Menschen und ihrer Einstellung zu tun. Die Restrukturierung kommt nicht in Schwung, weil die Mitarbeiter sich nicht dafür einsetzen, weil sie die Notwendigkeit der Restrukturierung nicht sehen, weil sie ihre alten Gewohnheiten nicht aufgeben können oder einfach weil der Restrukturierung der geeignete Anführer fehlt.

Für eine erfolgreiche Restrukturierung ist der Einsatz der Vorstandsebene unerläßlich.

Das größte Hindernis für eine Restrukturierung ist der Widerstand der Mitarbeiter, besonders auf der Ebene des mittleren Managements. Der Grund dafür liegt zum Teil in der früher häufig angewandten „Kahlschlag"-Methode. Angesichts einer Restrukturierung, bei der sie am Ende eventuell ohne Verantwortung und Einfluß dastehen oder sogar ihren Arbeitsplatz verlieren, erscheint der Widerstand als durchaus vernünftige Option. Wenn die Mitarbeiter und mittleren Manager bereits einmal die Hauptbetroffenen von konsequenten Kostenreduktionen und Downsizing waren, überrascht es nicht, wenn sie mit der nächsten Runde nichts mehr zu tun haben wollen. Ihre Angst ist jedoch nicht der alleinige Grund dafür, daß Manager und Mitarbeiter sich nur schwer in eifrige Restrukturierer verwandeln lassen. Auch Unbeweglichkeit und Selbstgefälligkeit spielen eine Rolle. Es ist einfach leichter für sie, so weiterzumachen wie bisher – besonders, wenn die bisherige Methode scheinbar funktioniert hat. Damit sie sich von alten Traditionen lösen, müssen sie zuerst erkennen, daß das Festhalten am Status quo im Unternehmen zum Ruin führen könnte.

Restrukturierungen werden auch durch kulturelle Barrieren am Erfolg gehindert. Es ist schwierig, eine Kultur zu verändern, weil Menschen dazu gebracht werden müssen, ihre Vorstellung von ihrer eigenen Person und ihrem Umfeld zu ändern. Die Komplikationen nehmen noch zu, wenn zwei verschiedene Unternehmenskulturen oder sogar zwei ethnische Kulturen verschmolzen werden sollen: Die Menschen wollen reflexartig ihr Terrain gegen Eindringlinge verteidigen.

In Zukunft werden diese kulturellen Barrieren möglicherweise sogar noch höher. Durch die zunehmende Zahl von Fusionen und Allianzen und durch die Globalisierung werden immer mehr Unternehmen in die Lage kommen, daß sie zwei Kulturen zu einer verschmelzen müssen.

Leider funktioniert eine solche einschneidende Veränderung nicht ohne Druck. Deshalb ist für eine erfolgreiche Restrukturierung der Einsatz der Vorstandsebene unerläßlich. Von dieser Ebene werden klare Signale erwartet. Wenn die Unternehmensleitung mit sich selbst nicht im reinen ist und diese Signale vermissen läßt, können die ihr unterstehenden Mitarbeiter ebenfalls auf keinen grünen Zweig kommen. Wenn die Unternehmensleitung nicht voll hinter der Restrukturierung steht, fehlen meist auch die notwendigen Ressourcen und die Aufmerksamkeit, so daß die Restrukturierung zwangsläufig leidet.

AEG

Nehmen Sie zum Beispiel die AEG, ein großes, altes, deutsches Unternehmen, das über 150 Jahre bestand. Ihre Auflösung im Jahr 1996 war eine direkte Folge der Unfähigkeit des Managements, sich auf eine eindeutige und sinnvolle Strategie für das Unternehmen zu einigen und diese konsequent in die Tat umzusetzen. Die ersten Probleme zeigten sich bereits Anfang der 70er Jahre, aber die vielen Anstrengungen der obersten Führungsebene, die AEG zu reorientieren, waren nur halbherzig und schlugen stets fehl. Man hatte keine klaren Vorstellungen davon, was getan werden mußte, und ließ auch nicht die nötige Überzeugung erkennen. Aus diesem Grund konnte sich die mittlere Managementebene dem Prozeß entgegenstellen. Dies war der Anfang eines langen, qualvollen Sterbens.

Eine zielbewußte und einsatzbereite Führung fungiert als Ruder für eine Restrukturierung – ohne diese Führung kann die Restrukturierung nur allzu leicht vom Kurs abkommen. Doch wenn wir ehrlich sind, müssen wir uns eingestehen, daß zwischen der Unternehmensleitung und den Mitarbeitern eine große Kluft besteht, und diese Kluft muß überbrückt werden. Eine Gruppe von Vorkämpfern – von uns als *Spearheader* bezeichnet –, die aus allen Teilen des Unternehmens einberufen wird, kann diese Brücke schlagen. *Spearheader* sind aus zwei Gründen ein wichtiger Bestandteil erfolgreicher Restrukturierungen:

- *Grund 1:* Durch ihre Mitwirkung betrachten sie das Projekt von einem neuen Standpunkt aus, und diese neue Perspektive sorgt dafür, daß sie das Projekt unterstützen.
- *Grund 2:* Ohne ein enggeknüpftes Netz zur Unterstützung des Managements, dessen Mitglieder die Mitarbeiter im Betrieb in ihrer Sprache ansprechen können, ist keine Bewegung möglich.

Die Liste der größten Hindernisse einer Restrukturierung wird vollständig, wenn wir die Kommunikation erwähnen. Mangelnde Kommunikation liegt den meisten anderen Problemen zugrunde. Wenn die mittlere Managementebene Widerstand leistet oder wenn von den Mitarbeitern keine Unterstützung kommt, liegt das meist daran, daß sie nicht genug am Restrukturierungsprozeß beteiligt wurden oder daß sie das Gefühl haben, nicht zu wissen, was vorgeht. Kulturelle Barrieren können nur durch Kommunikation und Interaktion überwunden werden. Der Wunsch alleine zaubert sie nicht weg. Die Anstrengungen, die notwendig sind, um alle Angehörigen des Unternehmens an einem Strick ziehen zu lassen und damit auch noch ein Problem förmlich aus dem Unternehmen herauszuziehen, werden sehr häufig unterschätzt, so daß die Restrukturierung am Ende viel mehr Probleme zu überwinden hat, als es eigentlich nötig wäre.

Kommunikationsprobleme

In Erwartung einer Fusion zwischen zwei konkurrierenden Elektrotechnikunternehmen stellte das Topmanagement eines der beiden Unternehmen ein ausführliches Kommunikationspaket zusammen, da man sich bewußt war, daß die Mitarbeiter viele – auch kritische – Fragen stellen würden. Das Paket war professionell entworfen und von einer Kommunikationsagentur präsentiert worden, wobei alle Punkte angesprochen wurden, die nach Auffassung des Topmanagements wichtig waren. Die Unternehmensleitung war sehr stolz auf ihre Voraussicht und ihre Anstrengungen. Um so schockierter war man, als nach einer internen Meinungsumfrage festgestellt wurde, daß die meisten Mitarbeiter trotz dieser wohlüberlegten Informationspolitik immer noch das Gefühl hatten, nicht zu wissen, was vorgeht.

Die Kommunikation ist deshalb ein Problem, weil diejenigen, die in der Bringschuld stehen, leicht in die Überzeugung verfallen, alles Notwendige getan zu haben. Dies ist jedoch ein sehr einseitiger Standpunkt. Sie haben erst dann wirklich alles Notwendige geleistet, wenn die Menschen, mit denen Sie kommunizieren, auch dieser Meinung sind.

Welcher rote Faden zieht sich durch alle diese Beschreibungen der Restrukturierungshindernisse? Es ist die Zurückhaltung der Menschen, die sie daran hindert, sich mit Begeisterung in die Erneuerung eines Unternehmens zu stürzen. Es ist schwer, für etwas zu arbeiten, an das man nicht glaubt. Es ist schwer, eine Restrukturierung durchzuführen, wenn die Hauptbeteiligten nicht von ihrer Notwendigkeit überzeugt sind. Es ist schwer, neues Potential zu entdecken, wenn man mit dem zufrieden ist, was man hat.

Wenn Sie aus der Restrukturierung den maximalen Nutzen ziehen wollen, müssen Sie die Menschen aus ihrer Lethargie aufrütteln und in ihnen den Funken der Kreativität entzünden. Entwickeln Sie den Willen zum Sieg, und zwar innerhalb der gesamten Organisation. Eine offene, einsatzbereite und aktive Haltung ist die beste Grundlage einer erfolgreichen Restrukturierung. Eine Restrukturierung verlangt Einsatz, harte Arbeit, Hartnäckigkeit und vorausschauendes Denken. Wenn Sie nur so tun als ob, können Sie das Potential, das in Ihrem Unternehmen steckt, nicht vollständig freisetzen.

Seien Sie in Ihrem Unternehmen Vorbild, demonstrieren Sie die veränderte Einstellung

> *„Die größten Feinde jeder Restrukturierung sind die leitenden Manager, die sich gegen die Veränderung stellen."*

Es gibt praktisch keine Möglichkeit, eine Führungspersönlichkeit vom Erfolg oder Mißerfolg der von ihr geführten Gemeinschaft zu trennen. Denken Sie nur einmal an die Schnelligkeit, mit der John Major nach der großen Wahlniederlage der konservativen Partei in Großbritannien abgelöst wurde. Und wer mußte gehen, als die deutsche Fußballnationalmannschaft keinen Erfolg mehr hatte? Natürlich der Bundestrainer, und nicht die Spieler. Dasselbe gilt auch in der Unternehmenswelt – ob es Ihnen gefällt oder nicht. Als Topmanager sitzen Sie auf dem Schleudersitz. Wenn die Mitarbeiter nicht von der eigenen Arbeit überzeugt sind, deutet dies auf ein Führungsproblem hin: die Unfähigkeit, zu kommunizieren und zu motivieren, oder die Unfähigkeit, das richtige Personal auszuwählen. Wenn die Wettbewerber Marktanteile übernehmen, liegt dies auch an der Unternehmensleitung: Sie kann die sich entwickelnden Marktbedingungen nicht deuten, ist selbstzufrieden oder schafft es nicht, die Organisation schnell genug zu mobilisieren. Unternehmensleiter müssen der Tatsache ins Auge blicken, daß alle ernsthaften Probleme ihres Unternehmens zumindest teilweise ihnen angelastet werden.

Dies klingt zwar sehr hart, doch es ist berechtigt, der Führung so viel Verantwortung zuzuschreiben. Denken Sie einmal darüber nach: Niemand hat so viel Einfluß auf alle Mitarbeiter im Unternehmen, und niemand kann sie daher so stark lenken. Unternehmensleiter können entweder alle Entscheidungen alleine treffen oder die Entwicklung ihrer Mitarbeiter fördern, so daß sie eigene Entscheidungen fällen können. Topmanager können nach neuen Ideen Ausschau halten oder den Status quo erhalten. Die Entscheidungen der Führung und die Methoden, nach denen sie vorgeht, formen die Einstellung der Menschen im Unternehmen, und der Erfolg eines Unternehmens spiegelt oft die Arbeit der Führungsebene wider. Dies wird sogar noch deutlicher, wenn Sie einmal überlegen, wie unwahrscheinlich es ist, daß ein Unternehmen mit einer schwachen Führungspersönlichkeit an der Spitze große Erfolge erringt.

Bei einer Restrukturierung ist es noch viel unwahrscheinlicher, daß sich der Erfolg ohne starke Führung einstellt. In einer tagtäglichen Krisensituation kann ein Unternehmen mit starken Systemen und gut ausgebildeten Mitarbeitern das Geschäft eine gewisse Zeit lang aufrechterhalten. Eine Restrukturierung instabilisiert die Unternehmenssituation jedoch nachhaltig. Sie stellt die Art und Weise, in der das Geschäft abläuft, auf den Prüfstand. In der Restrukturierungssituation fordern wir das Management nicht auf, das zu perfektionieren, was schon immer getan wurde, sondern es muß die eingefahrenen Muster und die Bequemlichkeiten der Vergangenheit hinter sich lassen. Ohne die nötigen Anstöße halten Unternehmen und Menschen jedoch an den Bequemlichkeiten fest, und diese Anstöße müssen von der Unternehmensleitung kommen. Wenn das Topmanagement jedoch mit dem Status quo zufrieden ist, wie es bei der Mehrheit der Manager und Mitarbeiter in West- und Mitteleuropa der Fall ist, besteht für niemanden im Unternehmen ein Anreiz zur Veränderung.

Seien Sie ein starkes Vorbild

„Diese Restrukturierung war ein Flop, weil sich die Unternehmensleitung selbst nicht nach den eigenen Anweisungen richtete."

Eine echte Führungspersönlichkeit lebt nach ihren Prinzipien. Sie ehrt das Privileg der Führung, indem sie es niemals als gegeben hinnimmt. Ihre Vision, ihre Konzentration auf ihre Ziele und ihre Entschlossenheit kommen direkt von Herzen. Das bedeutet, daß Sie als Unternehmensleiter Kontakt zu Ihren Mitarbeitern aufnehmen und sie verstehen, und daß Sie offen für die Erkenntnisse sind, die Sie über diese Kontakte gewinnen. Ein echter Leiter ist ein Führer, ein Zuhörer, ein Unterstützer, ein Visionär, ein Anbieter von Perspektiven und ein Entscheider.

Wenn ein Unternehmen eine Restrukturierung durchführt, steht das Topmanagement im Rampenlicht.

Die Unternehmensleitung bestimmt die Richtung. Wenn ein Unternehmen eine Restrukturierung durchführt, steht das Topmanagement im Rampenlicht. Die Mitglieder senden dabei zwei Arten von Botschaften aus. Erstens sagen sie, wofür sie stehen und was sie unterstützen, und zweitens handeln sie so, daß erkennbar wird, wie stark sie sich der Sache tatsächlich verpflichtet fühlen. Alle blicken auf die Führung, um die neuen Prioritäten erkennen zu können, was immer sie sein mögen.

„Wenn Sie nur – oder immer zuerst – auf die finanziellen Ergebnisse achten, dann tun dies auch Ihre Leute auf allen Ebenen. Wenn Sie sich dagegen auf die Qualität der Produkte oder des Kundendienstes, auf Wachstum, auf neue Märkte oder Innovation konzentrieren, werden auch die Mitarbeiter Ihrem Beispiel folgen."[1]

Wenn Sie eine echte Führungspersönlichkeit werden wollen, müssen Ihre Worte und Taten vollkommen übereinstimmen. Ihre Botschaften müssen der Wahrheit entsprechen. Da Restrukturierung Veränderung bedeutet, ist die auf tiefster Überzeugung beruhende Einheit von Wort und Tat in dieser Situation noch viel wichtiger. Wenn Sie eine Veränderung bewirken und erreichen wollen, daß Ihre Mitarbeiter Richtungen verfolgen, in die sie noch nie geblickt haben, und Wege gehen, an die sie noch nie gedacht haben, kommt Ihrem Beispiel als Anführer ganz besondere Bedeutung zu.

Damit die Gedanken und Taten der Leitung zu dieser Übereinstimmung kommen, müssen die Topmanager selbst an ihre Ziele glauben. Die

Notwendigkeit der Veränderung muß ihnen in Fleisch und Blut übergehen. Für Sie wird es ebenso schwer sein wie für Ihre Mitarbeiter, vieles von dem aufzugeben, was Sie aufgebaut haben. Selbst diejenigen, die in der Lage sind zu *sagen*, daß eine Veränderung notwendig ist, werden es schwer finden, diese Veränderung tatsächlich zu *leben*. Eine neue Unternehmensleitung fühlt sich naturgemäß weniger an die „guten alten Zeiten" gebunden.

> *„Der vielleicht gewichtigste Widerstand gegen Veränderungen rührt daher, daß die Unternehmensführer ihre eigenen früheren Entscheidungen und Verhaltensweisen nun für falsch erklären müssen, um eine Veränderung herbeizuführen ... Psychologisch gesehen ist es für die Menschen sehr schwer, sich zu ändern, wenn sie an der Schaffung der Probleme beteiligt waren, die jetzt gelöst werden müssen."* [2]

Wenn Sie diese Schwierigkeit überwinden wollen, dürfen Sie nicht zurückschauen, sondern nur nach vorne blicken. Veränderungen werden in einem Unternehmen notwendig, weil es unter neuen Bedingungen erfolgreich sein muß. Sie suchen nach einer Möglichkeit, einen Vorsprung zu gewinnen, und Sie müssen sich an neue Verhaltensweisen gewöhnen, aber das liegt nicht daran, daß Sie sich früher geirrt haben. Restrukturierung bedeutet keineswegs, daß vergangene Fehler korrigiert, sondern daß in der heutigen Zeit andere Prioritäten gesetzt werden müssen. Die Unternehmensleitung besitzt in dieser Situation eine Vorbildfunktion, ob Sie wollen oder nicht.

Bertelsmann

Bertelsmann, das größte Medienunternehmen der Welt, ist ein lebendes Beispiel für die positive Wirkung, die ein neuer Vorstandsvorsitzender auf sein Unternehmen haben kann. Unter der Leitung von Mark Wössner hat sich dieses vorher unflexible, konservative Unternehmen in den Shootingstar der Branche verwandelt und ist nun – unter Thomas Middelhoff – ein Unternehmen, dessen Arbeitsplätze bei jungen, aufstrebenden Mitarbeitern sehr begehrt sind. Wössners nach vorne gerichteter, sicherer und charismatischer Ansatz zeigt sich innerhalb des gesamten Unternehmens, und dies nicht, weil er es so befiehlt, sondern weil die Mitarbeiter es ihm nachtun.

Die Mitarbeiter bemerken Unstimmigkeiten sofort, denn diese geben ihnen einen Grund, nichts zu tun oder sich wieder in den gemütlichen Kokon zurückzuziehen, aus dem Sie sie herausholen wollen. Sie dürfen nicht von Ihrem Standpunkt abweichen. Alle von Ihnen stammenden Botschaften müssen in derselben Tonart liegen, und Ihre Handlungen müssen mit diesen Botschaften übereinstimmen. Sie sind ohne Frage das wichtigste Vorbild.

Wenn Sie konsequent handeln, werden die Mitarbeiter dem von Ihnen gebotenen Beispiel folgen. Wenn Ihre Worte und Taten jedoch widersprüchlich sind, dienen Sie trotzdem als Vorbild, aber ein solches Vorbild können die Leute nach Gutdünken so verwenden, wie es in ihre Vorstellungen paßt – auch als Rechtfertigung für ihren Rückfall in alte Gewohnheiten.

Eine Restrukturierung gerät unweigerlich in Schwierigkeiten, wenn das Topmanagement seine Vorbildfunktion nicht erfüllt. Denken Sie doch daran, wie schwer es war, die Leute während Ihrer letzten Aktion zur Unterstützung zu bewegen.

- Lag das Problem zum Teil an Ihnen selbst?
- Haben Sie widersprüchliche Botschaften ausgesandt?

Fragen Sie sich selbst, ob Sie in eine der folgenden Fallen, die in der Abbildung 3.1 auf der nächsten Seite aufgelistet sind, getappt sind.

Wie heißt es so schön? Taten sagen mehr als Worte. Wenn der Vorstand sich auf die Kosten konzentriert, handeln die Mitarbeiter ebenso, selbst wenn zehn Newsletter zirkulieren, in denen sie aufgefordert werden, den Fokus auf die Kunden zu richten. Ein Topmanager, der eine Gehaltskürzung akzeptiert und zweiter Klasse reist, erhält sicherlich mehr Unterstützung für eine Einsparungsinitiative als einer, der sein eigenes Gehalt erhöht, während gleichzeitig Mitarbeiter entlassen werden.

Was auch immer Sie *sagen*, die Leute werden eher darauf achten, was Sie *tun*.

Worte der Geschäftsleitung	**Taten der Geschäftsleitung**
Die Mitarbeiter sind unsere wichtigste Ressource.	Zu Beginn der Restrukturierung wird Personalabbau angekündigt.
Wir zählen auf ihre Ideen und ihre Hilfe, mit denen wir die nächste Stufe des Erfolgs erreichen werden.	Der Strategie- und Umsetzungsplan wird bekanntgegeben, doch außer dem Geschäftsleitungsteam wurde niemand dazu befragt.
Unsere wichtigste Aufgabe besteht darin, Wert für den Kunden zu erzeugen: Langfristig erreichen wir dadurch hohen Absatz.	Es wird verlangt, daß bestimmte Kostenvorgaben erreicht werden, ohne Rücksicht auf die dazu notwendigen Einschränkungen.
Wir müssen neue Fähigkeiten erwerben.	Das Budget oder die Zeit für Trainingsmaßnahmen wird beschränkt.
Wir wollen die Kommunikationskanäle für beide Richtungen öffnen.	Die Geschäftsleitung ist für die Mitarbeiter nie zu sprechen und kommuniziert nur per Newsletter.
Wir müssen gewisse Risiken eingehen, wenn wir einen echten Durchbruch erzielen wollen.	Die kleinsten Fehler werden sofort bestraft.
Das Wichtigste ist Teamwork.	Die Leistung des einzelnen wird belohnt.

Abbildung 3.1: Worte und Taten der Geschäftsleitung

Elf Aquitaine

Sehr bald nach seinem Amtsantritt demonstrierte Philippe Jaffré, der unkonventionelle Leiter von Elf Aquitaine, seine Bereitschaft, der Verpflichtung als Vorbild nachzukommen. Jaffré selbst und dreißig seiner leitenden Manager waren Absolventen der französischen École Nationale d'Administration (ENA), die auch als *énarques* bezeichnet werden. Alle Absolventen der ENA erhalten gesicherte Arbeitsplätze und später Pensionen als Beamte auf Lebenszeit. Sie übernehmen immer wieder vorübergehende Posten als Angestellte in staatseigenen Unternehmen. Jaffrés Aufgabe bestand darin, Elf zu privatisieren, und er stellte seine leitenden Manager vor die Wahl, entweder bei Elf zu bleiben oder ihre Privilegien als *énarques* zu behalten.

„Jaffrés Forderung rief einen Aufschrei der Empörung in den höheren Beamtenrängen hervor, doch alle Manager von Elf entschieden sich dafür, bei ihm zu bleiben. ‚Es hatte eine kleine Revolte unter den Beamten zur Folge', gibt Jaffré zu, aber er hält gleichzeitig daran fest, daß es sich gelohnt hat, auf dieser moralischen Forderung zu beharren. ‚Es gehört zu den Aufgaben eines Managers, Mitarbeiter zu entlassen. Wie kann man aber diesen Leuten in die Augen sehen, wenn man als *énarque* selbst sicher vor Arbeitslosigkeit ist? Wir mußten dafür sorgen, daß wir mit allen anderen Mitarbeitern bei Elf im selben Boot saßen.'"[3]

Philippe Jaffré hatte erkannt, daß der einzelne sich zwar nach seinen Absichten beurteilen kann, die anderen ihn jedoch immer an seinen Taten messen. Gute Führungspersönlichkeiten fordern ihre Mitarbeiter daher auf, ihnen Feedback zu liefern. Sagen Sie Ihren Mitarbeitern, daß Sie ihre Kritik hören wollen, daß sie Sie unter Druck setzen sollen, damit Sie Ihren eigenen Idealen entsprechen. Und wenn Sie dann jemand auf bestimmte Fehler aufmerksam macht, dürfen Sie nicht den Boten bestrafen, sondern müssen Ihr Verhalten ändern. Jan Leschly, der Vorstandsvorsitzende von SmithKline Beecham, dem leistungsstarken Pharmaunternehmen, das durchschnittlich mehr als zehn Millionen ECU Umsatz und 1,5 Millionen ECU Gewinn macht, drückt dies treffend so aus:

> *„Ich kann niemanden gebrauchen, der gedankenlos das nachplappert, was ich für richtig oder falsch halte."*[4]

Seien Sie offen, ausgeglichen und entschieden

„Unsere neue Unternehmenskultur ist aktiver und stärker am Kunden orientiert, besonders in den operativen Einheiten."

90 Prozent der leitenden Manager in Europa gehen davon aus, daß sie ihre Geschäftseinheiten in den kommenden zehn Jahren laufend restrukturieren müssen. Alle erwarten einen unausweichlichen Trend zu Veränderungen, und sie sehen die Restrukturierung als das Mittel, diese Veränderungen herbeizuführen. Um diese wiederholten Restrukturierungen bewältigen zu können und gleichzeitig das Tagesgeschäft weiterzuführen, brauchen die Topmanager eine breite Perspektive und die Fähigkeit, komplexe Sachverhalte zu durchschauen und zu vereinfachen. Es zeichnet sich heute schon ab, daß diese zweifache Rolle für die meisten Unternehmensleiter in Zukunft unabdingbar sein wird. Darüber hinaus müssen sie objektiv beurteilen, wann eine Veränderung notwendig ist und wann man besser den alten Kurs beibehalten sollte. Die Entwicklung einer veränderungsbereiten Organisation ist eine Sache, aber die Forcierung von unnötigen Änderungen ist etwas völlig anderes. Wenn Sie nur noch von einer Veränderung zur nächsten hetzen, kommen Sie zwischendurch möglicherweise nicht lange genug zum Stillstand, um die Ergebnisse der ersten Änderung voll auszuschöpfen.

Starke Führungspersönlichkeiten entscheiden sich nicht für die Veränderung, weil dies gerade „in" ist, sondern weil sie eine bestimmte gewünschte Wirkung hat. Wenn Sie die Wettbewerbsumgebung Ihres Unternehmens nicht gut genug kennen, können Sie gar nicht feststellen, ob eine Veränderung überhaupt erforderlich ist und wie sie am besten aussehen sollte. Sie können dann weder Ihren Mitarbeitern die richtigen Anweisungen geben, noch können Sie dafür sorgen, daß sie die richtigen Fähigkeiten besitzen.

Echte Führungspersönlichkeiten stellen sich diesen Konflikten und Widersprüchen. Ein guter Anführer paßt seine Methoden der Situation an und spielt manchmal die starke Autoritätsperson und manchmal den Anfeuerer. Zu anderen Zeiten kehrt er die Rolle des ergebnisorientierten und sehr konzentrierten Feldmarschalls heraus, und dann ist er wieder der begeisterte Erfinder, der nichts für unmöglich hält. Daraus ergibt sich das Yin und Yang – die Fähigkeit, nicht nur Teile zu sehen, sondern das Bild in seiner Gesamtheit zu überblicken; die Fähigkeit, den Wald *und* die Bäume zu erkennen und zu wissen, wann man sich auf das eine oder das andere konzentrieren muß. Der Ausgleich zwischen dem Druck der täglichen Managementaufgaben und der Restrukturierung ist einer der wichtigsten Balanceakte. Wenn Sie eine der beiden Aktivitäten überbetonen, kann das Unternehmen seine Ziele nicht erreichen. Sie müssen verhindern, daß *„die Restrukturierung ein Problem darstellt, weil sie die ‚Business-as-usual-Prozesse' stört"*.

Starke Unternehmensleiter fühlen den Pulsschlag ihres Unternehmens, weil sie sich häufig mit Mitarbeitern innerhalb der ganzen Organisation unterhalten. Sie können die entstehenden Anforderungen abschätzen (intern und extern), weil sie das dazu nötige Wissen und die Erfahrung besitzen. Sie haben den Mut, schwierige Entscheidungen zu treffen. Die Teilnehmer unseres Restructuring Affinity Councils äußerten die Meinung, daß genau dieser Mut zur Entscheidung häufig fehlt. Sie gaben an, daß die Topmanager aus Furcht vor den Konsequenzen ihre Entscheidungen während des gesamten Restrukturierungsprozesses im allgemeinen zu langsam treffen und daß sich das Fehlen starker, entscheidungswilliger Führungskräfte hinderlich auf die Entwicklung einer Strategie auswirkt. Die Botschaft des Affinity Councils ist unmißverständlich: Für eine erfolgreiche Restrukturierung braucht ein Unternehmen Führungskräfte, die vor allem bereit sind, Entscheidungen zu treffen.

In dieser Eigenschaft als oberste Entscheidungsinstanz können Sie sich jedoch nicht einfach in Ihrem Sessel zurücklehnen und Befehle erteilen. Sie als Führungskraft haben zwar die breitere Perspektive, aber die Mitarbeiter, die tagtäglich in einem speziellen Bereich arbeiten, haben oft mehr Fachwissen und Ideen. Sie sollten sich möglichst viel Input von allen Mitarbeitern im Unternehmen holen. Es wäre doch absurd, wenn diese ihre Intelligenz nur zur Befolgung Ihrer Anweisungen einsetzen würden. Sie haben ein Interesse daran zu erfahren, was Ihre Mitarbeiter denken, und Sie wollen doch auch, daß sie ihre Fähigkeiten möglichst umfassend einsetzen.

Aus diesem Grund kann eine effektive Führung – besonders in Restrukturierungssituationen – nicht in Isolation gedeihen. Als die Führungskraft – oder als eine der Führungskräfte – müssen Sie dafür sorgen, daß Sie den Kontakt zu den Mitarbeitern nicht verlieren und daß Sie sich fest auf eine möglichst große Gruppe von Personen verlassen können, die Ihnen nicht nur Feedback und offene Kritik liefern, sondern auch Ihr Restrukturierungsprojekt unterstützen.

Lassen Sie die *Spearheader* die Mitarbeiter vereinen, und achten Sie auf alle Details

> *„Es hat so gut funktioniert, weil wir die mittlere Managementebene stärker einbezogen und ihnen mehr Verantwortung übertragen haben als je zuvor."*

Die Führungskräfte bilden die Grundlage jeder Restrukturierung, und sie spielen auch während der gesamten Umwandlung eine wichtige PR-Rolle. In der Umfrage zum Thema Restrukturierung wurden sie als wichtigster Erfolgsfaktor identifiziert. Eine ebenso wichtige Funktion kommt den Topmanagern bei der Auswahl der *Spearheader* zu, die die Restrukturierung leiten. Die lange Liste der Probleme mit Mitarbeitern, von denen die meisten Restrukturierungen verzögert werden, sendet eine deutliche Botschaft aus: Für eine Restrukturierung sind Vorkämpfer erforderlich, die die Mitarbeiter vereinen und das Unternehmen erfolgreich in die Zukunft lenken.

Außerdem wird die Unternehmensleitung durch die gleichzeitige Belastung des Tagesgeschäfts und der Restrukturierung bis an ihre Grenzen strapaziert. Kein Topmanager, und sei er noch so charismatisch und energiegeladen, kann die Restrukturierung alleine leiten. Bei einer Restrukturierung, die allein von einer Führungskraft oder von einer Gruppe im Topmanagement abhängt, besteht die Gefahr, daß die Mitarbeiter zu stark beansprucht werden und daß die Restrukturierung nicht von den nützlichen Beziehungen profitieren kann, die sich innerhalb der Organisation entwickelt haben. Eine Restrukturierung erfordert viel Zeit und Aufmerksamkeit für Details, und ein gut ausgewähltes *Spearheader*-Team kann beides aufwenden und so die Energie und Vision der Unternehmensleitung vervielfachen.

Lassen Sie die Geschwindigkeit von den *Spearheadern* vorgeben

Die *Spearheader* führen den Rest der Organisation durch die Restrukturierung. Sie fungieren als Anführer, aber das bedeutet nicht, daß sie sich an der Spitze der traditionellen Funktionshierarchie des Unternehmens befinden müssen. Sie sind eine speziell ausgewählte Gruppe von Personen, die wissen, was getan werden muß, die bei Bedarf die Grenzen innerhalb der Organisation überschreiten, die die Botschaft verbreiten und die alles, was sie beginnen, auch zu Ende führen.

Die *Spearheader* der Restrukturierung haben die Aufgabe, die übrige Organisation zu mobilisieren und die Restrukturierung voranzutreiben. Sie schaffen die Voraussetzungen dafür, daß die Restrukturierung auch wirklich stattfindet. Sie sorgen dafür, daß die Restrukturierung alle Ebenen des Unternehmens erfaßt, fördern neue Gedanken und die neue Kultur und erkennen und lösen Probleme so früh wie möglich. Sie bilden das Verbindungsglied zwischen der Unternehmensleitung und dem Rest der Organisation.

Die *Spearheader* füllen eine ganze Reihe von Rollen aus. Sie arbeiten zusammen mit der Organisation den genauen Kurs der Restrukturierung aus. Sie müssen den Rest der Organisation zur *Zusammenarbeit* mobilisieren, aber das bedeutet nicht, daß sie den anderen Mitarbeitern den Weg erleichtern sollen. Das Ziel ist eine Organisation, in der alle aktiv sind – alle müssen nach neuen und besseren Möglichkeiten Ausschau halten und nicht nur den Vorkämpfern hinterherlaufen. Die *Spearheader* bilden eine innovative, einsatzbereite Truppe, die auf jede Hierarchie verzichtet und sich ganz auf die Erledigung ihrer Aufgaben konzentriert – ein Team, das auf allen Ebenen der Organisation Respekt und Vertrauen genießt und das die Energie, die Vision und den Einsatz mitbringt, um die Organisation durch die Restrukturierung zu begleiten. Die Förderung der Veränderungsbereitschaft und die Durchführung der Restrukturierung – das sind die Aufgaben des *Spearheader*-Teams.

Suchen, trainieren und motivieren Sie leistungsfähige Mitarbeiter für das *Spearheader*-Team

Diese Gruppe muß die nötigen Ressourcen, Fähigkeiten und Befugnisse besitzen, um die Restrukturierung durchzuführen und zu vollenden. Zur Auswahl des geeigneten Teams müssen Sie die interpersonelle Dynamik im Unternehmen genau kennen. Ermitteln und beurteilen Sie die vorhandenen Machtkonstellationen – wodurch lassen sie sich wohl in eifrige Befürworter der Restrukturierung verwandeln? Wer wird es schaffen, einflußreiche Gruppen für sich zu gewinnen? Das Team muß und soll auch nicht nur aus Managern der obersten Ebenen bestehen. Zur Förderung einer aktiven und einsatzbereiten Einstellung ist es am besten, wenn sich das *Spearheader*-Team aus Mitarbei-

Zur Auswahl des geeigneten Teams müssen Sie die interpersonelle Dynamik im Unternehmen genau kennen.

tern verschiedener Hierarchiestufen im Unternehmen zusammensetzt. In Abbildung 3.2 sehen Sie die fünf Eigenschaften, die ein *Spearheader*-Team braucht, um seine Aufgabe erfüllen zu können: funktionale Führungskraft, Positionsmacht, Glaubwürdigkeit, Erfahrung und die Fähigkeit, in die Zukunft zu blicken. Sie verleihen dem Team seine Basis: die formelle und – was noch wichtiger ist – die informelle Autorität, die notwendig ist, um innerhalb des Unternehmens effektiv arbeiten und die Restrukturierung durchführen zu können. Suchen Sie aber nicht nach Supermenschen, die alle fünf Eigenschaften in sich vereinen, sondern nach einem Team von fähigen Personen, das diese Merkmale in sich kombiniert.

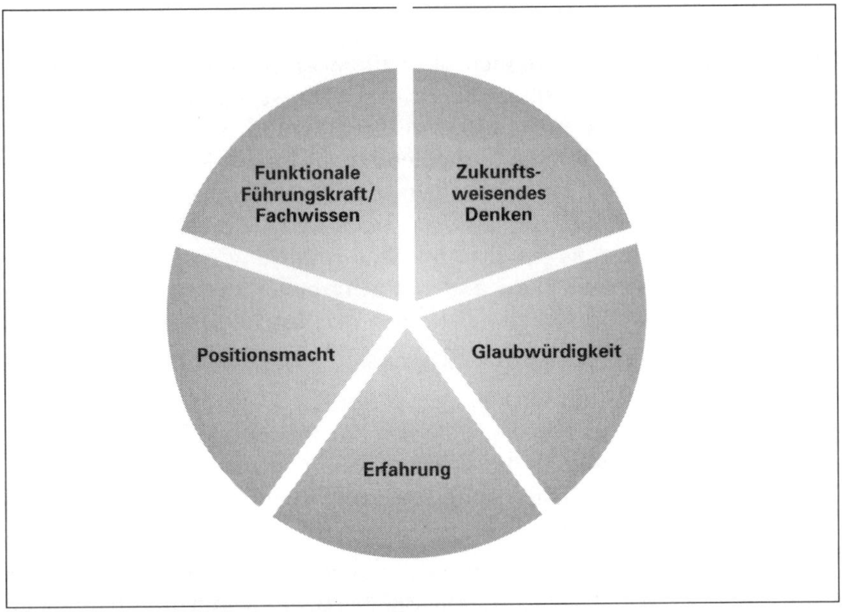

Abbildung 3.2: Die *Spearheader* (als Gruppe) benötigen fünf Haupteigenschaften

Das Mitglied mit der Positionsmacht ist eine Person, die in der normalen Hierarchie Autorität besitzt. Diese Rolle sollte der Geschäftsführer/Vorstandsvorsitzende/leitende Direktor übernehmen. Er beweist dadurch einmal mehr sein persönliches Engagement für die Restrukturierung, und außerdem löst er das Problem des schnellen Zugangs zum leitenden Management bei notwendigen Entscheidungen, durch das viele Restrukturierungen behindert werden. Wer auch immer diese Rolle übernimmt, sollte unbedingt daran denken, daß die hierarchische Autorität, die er in die Gruppe einbringt, nur dazu dient, dem Team innerhalb der Organisation Glaubwürdigkeit zu verleihen. Sie darf ihn nicht dazu verleiten, die anderen Mitglieder des Teams einzuschüchtern oder einzuengen.

Welche „Experten" das Team braucht, zeigt sich meist dann, wenn die vorläufige Richtung der Restrukturierung einmal feststeht. Der Experte stellt dem Team das Fachwissen für einen wichtigen Bereich der Restrukturierung zur Verfügung. Da das *Spearheader*-Team für die Restrukturierung verantwortlich ist, müssen die Mitglieder sowohl die Ressourcen als auch die Fähigkeiten besitzen, die zur Führung der übrigen Organisation erforderlich sind.

Demnach müssen sie also auch über alle nötigen Kenntnisse verfügen, damit sie in der Lage sind, die richtigen Entscheidungen zu treffen, beispielsweise über die organisatorischen Grundlagen und über den Informationsbedarf. Noch entscheidender sind diese Kenntnisse jedoch für das Ansehen des Teams innerhalb der Organisation. Wenn im Zuge einer Restrukturierung beispielsweise neue Märkte erschlossen werden sollen, muß mindestens ein Teammitglied Erfahrung im Bereich Marketing haben, sonst zweifeln die anderen Mitarbeiter an den Führungsqualitäten des Teams und stehen daher auch der Restrukturierung skeptisch gegenüber.

Die Teammitglieder müssen in der gesamten Organisation möglichst großes Vertrauen genießen. Es sollte sich um anerkannte Meinungsführer im Unternehmen handeln, die sich durch harte Arbeit Respekt verdient haben, immer ihr Wort halten und sozial kompetent sind. Diese Menschen rufen das Gefühl hervor: „Wenn er/sie zu dem Team gehört, dann ist es sicher gut." Sie sind beliebt, fähig und glaubwürdig. Je mehr solcher Mitglieder Sie gewinnen können, desto besser. Diese Personen sind geübte Teamarbeiter und spielen daher auch für die Arbeit des *Spearheader*-Teams eine wichtige Rolle.

Darüber hinaus braucht das Team auch eine Person, die schon seit langem zu dem Unternehmen gehört, die weiß, wie es früher ausgesehen hat und aus welchem Grund sich die Dinge so entwickelt haben, wie sie heute sind. Diese Person kennt die Geschichte und Kultur des Unternehmens gut genug, um den *Spearheadern* verständlich zu machen, was gut funktioniert, was geändert werden muß und wie sich die Änderungen am besten herbeiführen lassen. Der erfahrene *Spearheader* bewahrt das Team davor, Änderungen nur um ihrer selbst willen durchzuführen, und er bildet das Bindeglied zwischen Vergangenheit und Zukunft. Er ist für den Rest der Organisation sehr wichtig, denn die Auswahl eines Mitarbeiters mit längerer Erfahrung im Unternehmen signalisiert, daß die Tradition nicht durchwegs abgelehnt wird.

Schließlich muß noch ein wirklich zukunftsorientiertes Mitglied mit einem Gespür für die möglichen Entwicklungen des Unternehmens in das Team aufgenommen werden. Es ist sehr wichtig, daß die *Spearheader* den richtigen Blick für die Zukunft besitzen, und diese Person sorgt dafür, daß die vorausschauende Perspektive das ihr gebührende Gewicht erhält. Eines der Argumente der Gegner einer Restrukturierung lautet, daß sie dem Unternehmen auf lange Sicht ohnehin nichts nützt. Die zukunftsorientierte Person setzt diesen Skeptikern überzeugende Argumente entgegen und beweist, daß das Unternehmen sehr wohl wieder in Form gebracht werden kann.

Die Auswahl des richtigen *Spearheader*-Teams für ein bestimmtes Projekt ist ein schwieriger Balanceakt. Ebenso wie die Topmanager des Unternehmens als Vorbild dienen und ihre Handlungen der übrigen Organisation signalisieren, was wichtig und unwichtig ist, werden auch die *Spearheader* als eine Gruppe von Vorbildern betrachtet. Wenn das Team reibungslos zusammenarbeitet und alle notwendigen Eigenschaften in sich vereint, zeigt sich, daß das Topmanagement wirklich hinter den von ihm vertretenen Plänen steht.

Ein Team mit diesen Eigenschaften, also mit dem Willen zum Erfolg und mit der Fähigkeit zur Zusammenarbeit, ist unschlagbar. Wenn jedoch bei einem Team die „Chemie" nicht stimmt, werden die *Spearheader* selbst und auch das Programm, für das sie ausgewählt wurden, kaum je ihre Ziele erreichen. Da die Wirkung dieser Gruppe nicht unterschätzt werden darf, sollte immer wieder geprüft werden, ob sie das in sie gesetzte Vertrauen auch verdient. Wenn eine solche Gruppe zwar existiert, aber nicht stark genug ist, können alle ihre Anstrengungen sabotiert werden, wie das folgende Beispiel zeigt.

Blockade der Restrukturierung

Ein europäischer Hersteller von High-Tech-Geräten plante eine Restrukturierung. Der neue Leiter des Unternehmens akzeptierte ein vom mittleren Management vorgeschlagenes *Spearheader*-Team, das ein Projekt zur Integration der Zulieferkette entwickeln und durchführen sollte. So wurden die *Spearheader* aus den verschiedenen funktionalen Gruppen zusammengestellt, die zur Integration der Zulieferkette zusammenarbeiten mußten. Da viele dieser Gruppen jedoch danach strebten, die Restrukturierung zu blockieren, weil sie ihren bisherigen Verantwortungsbereich nicht verlieren wollten, entsandten sie schwache und ineffektive Kandidaten in das *Spearheader*-Team. Die Anstrengungen der *Spearheader* wurden vereitelt, und das Projekt verlief erfolglos, da das Team nicht genügend Einfluß besaß, um die Mitarbeiter zu überzeugen. Im Moment sieht es so aus, als würde das Unternehmen die negativen Auswirkungen des Projekts nicht überstehen.

Die Unternehmensleitung hat die wichtige Aufgabe, die *Spearheader* für jedes Restrukturierungsprojekt auszuwählen und zu unterstützen. Da vom Management immer öfter verlangt wird, sowohl das Tagesgeschäft als auch die Restrukturierung zu leiten, ist es sinnvoll, Manager heranzubilden, die beides können. Durch die Mitgliedschaft in einem *Spearheader*-Team erhalten Mitarbeiter wertvolle Erfahrung mit Restrukturierungen. Die *Spearheader* lernen, wie sich innerhalb der bestehenden Einschränkungen in einem Unternehmen und mit eingeschränkter formeller Autorität Ergebnisse erzielen lassen. Das Team sollte jedoch immer wieder aufgelöst und neu gebildet werden, damit die Mitglieder den Kontakt zur Praxis und zum normalen Geschäftsbetrieb des Unternehmens nicht verlieren. Praxiswissen ist besonders für die Strategieentwicklung von großer Bedeutung. Die Mitwirkung der *Spearheader* garantiert, daß die Strategie auch umgesetzt werden kann und daß sie Rücksicht darauf nimmt, was sich innerhalb des verfügbaren Zeitrahmens erreichen läßt.

Ein *Spearheader* zu werden sollte ein erstrebenswertes Ziel sein. Es sollte als Belohnung für erfolgreiches Arbeiten verstanden und ein unverzichtbarer Teil der Karriere vielversprechender Mitarbeiter im Unternehmen werden. Da die *Spearheader* eine schwere Last tragen müssen, sollte sich die Arbeit für sie auch lohnen. Auf der anderen Seite müssen die leitenden

Manager wissen, ob das Team gute Arbeit leistet. Dies bedeutet, daß sich die Bezahlung an der Leistung orientieren sollte und daß Sie darauf achten müssen, daß diese Leistung auch gemessen wird. Gute Leistungen sind leicht zu beschreiben: Sie umfassen alles, was zur effektiven Implementierung der Restrukturierung innerhalb eines vernünftigen Zeitraums notwendig ist. Besonderes Augenmerk müssen Sie darauf richten, ob die Organisation nach der Restrukturierung genau so funktioniert, wie Sie es erwartet haben. Es zählt nicht nur die Restrukturierung selbst. Auch wenn Sie der Meinung sind, daß sie umgesetzt wurde und alles gut funktioniert, hat sie die wahre Prüfung erst dann bestanden, wenn die Veränderungen Fuß gefaßt haben.

Bekämpfen Sie die Feinde des Erfolgs

> *„Die Leute wollten ihre alten Vorstellungen von unserer Position auf dem Markt und bei den Kunden nicht aufgeben."*

In einer sich schnell wandelnden Welt hat ein Verharren in den gewohnten gedanklichen Bahnen oft schlimme Folgen. Wir werden geradezu überschwemmt: Anspruchsvollere Kunden, Liberalisierung, neue Märkte, neue Wettbewerber, die in unsere Märkte eindringen, konvergierende Technologien und Industriezweige, explodierender Zugang zu Informationen. Alte Formeln verhelfen nicht mehr Jahr für Jahr zu neuem Erfolg, wie es in der Vergangenheit der Fall war. Neue, aggressive Wettbewerber machen es immer gefährlicher, sich auf alten Lorbeeren auszuruhen. Neue Märkte bringen Wachstumsmöglichkeiten für diejenigen Unternehmen, die sich anpassen können. Konvergierende Technologien werden dafür sorgen, daß konventionelle Geschäftspraktiken schnell veralten. Allianzen, Fusionen und Joint-Ventures werden als Möglichkeit zur weltweiten Ausdehnung immer beliebter, und im Zuge einer Fusion oder einer Übernahme von anderen Einheiten müssen beide Partner bestimmte vertraute Kulturen und Prozesse aufgeben.

Welche Haltung ist für den gesamten Prozeß einer Restrukturierung am hilfreichsten? Welche Einstellung ist dazu erforderlich? Wie läßt sich eine Haltung heranbilden – eine neue Sichtweise des Unternehmens und der Welt, in der es operiert – die das Unternehmen und seine Mitarbeiter dazu veranlaßt, ihre Gelegenheiten bestmöglich auszuschöpfen? Die Feinde einer veränderungsbereiten Einstellung heißen Selbstgefälligkeit und Arroganz, Engstirnigkeit und Unbeweglichkeit im Denken und Handeln, Verzögerung, Furcht und Unsicherheit. Konzentrieren Sie sich statt dessen auf deren Gegenteile, denn sie sind der Schlüssel zum Erfolg: Eigenschaften und Perspektiven, die einem Unternehmen bei der Restrukturierung zu den gewünschten Resultaten verhelfen. Sie haben darüber hinaus einen weiteren unschätzbaren Vorteil: Wenn die Mitarbeiter einer Organisation stets nach besseren Möglichkeiten suchen, sich für neue Ideen begeistern und aktiv, flexibel und mutig sind, profitiert davon nicht nur eine Restrukturierung, sondern die Gesundheit des Unternehmens insgesamt.

Bekämpfen Sie Selbstgefälligkeit und Unbeweglichkeit

Selbstgefälligkeit macht Unternehmen blind für die Notwendigkeit einer Restrukturierung

„Wir hatten Schwierigkeiten, das gesamte Management davon zu überzeugen, daß eine Restrukturierung notwendig war.“

Hersteller von Investitionsgütern

„Wir können niemanden von der Notwendigkeit der Veränderung überzeugen.“

Telekommunikation

„Nach der ersten Restrukturierung war das Unternehmen finanziell gesehen wieder gesund. Daraufhin war es schwierig, den Leuten klarzumachen, daß wir immer noch Veränderungen nötig hatten, um langfristig im Geschäft zu bleiben.“

Transportwesen

„Die alten Niederlassungen in der Heimat weigerten sich, die veränderte globale Situation zu akzeptieren.“

Hersteller von Investitionsgütern

„Manche Unternehmen und Personen glaubten, daß die Gefahr von selbst verschwinden würde, wenn sie sich nur einen guten Grund dafür ausdenken konnten, warum sie nicht teilnehmen mußten.“

Chemie-/Pharmaindustrie

Selbstgefälligkeit entwickelt sich zwar aus den Triumphen der Vergangenheit, aber sie ist auch gleichzeitig die Vorläuferin von Krisen. Man hört so oft von Unternehmen, die unglaubliche Erfolge errungen haben, sich dann aber auf ihren Lorbeeren ausruhen und plötzlich von hungrigen Wettbewerbern überrascht werden. Durch die rosarote Brille des Erfolgs lassen sich näherrückende Gefahren nicht sehr deutlich erkennen, und alle Menschen glauben gerne daran, daß die guten Zeiten kein Ende haben.

Wenn Sie einmal an der Spitze stehen, werden Sie zur Zielscheibe für alle anderen. Die Wettbewerber suchen nach Möglichkeiten, um Ihren Vorsprung zu übertreffen, und die Klügeren unter ihnen werden dies nicht nur durch Nachahmung versuchen. Erfolg kann die Menschen zu dem Glauben verleiten, daß sie die Spielregeln bestimmen können. Die deutsche Maschinenbauindustrie ist ein klassisches Beispiel für Selbstgefälligkeit, die unweigerlich in die Krise führt.

Der deutsche Maschinenbau

Die deutsche Maschinenbauindustrie dominierte die Welt vom Beginn des Wirtschaftswunders bis in die 80er Jahre hinein. Die Unternehmen produzierten maßgeschneiderte Maschinen nach äußerst anspruchsvollen Spezifikationen in kompromißloser Qualität. Sie verfielen dem Glauben, daß diese Anpassung an individuelle Kundenwünsche und ihre unschlagbare Qualität sie unverwundbar machten, und standen den sich wandelnden Anforderungen der Kunden distanziert und wenig entgegenkommend gegenüber. Das Verhältnis von Qualität/Komplexität und Kosten begann, sich zugunsten der Kosten zu verschieben, doch die deutsche Industrie verschloß ihre Augen vor dieser Tatsache. Die Japaner nahmen ihre Chance wahr und füllten die Lücke mit standardisierteren Produkten, und in den späten 80er Jahren ging der Anteil der deutschen Maschinenbauindustrie auf dem Weltmarkt sehr stark zurück.

Unbeweglichkeit ist eine subtilere Form der Selbstgefälligkeit. Aus der Psychologie wissen wir, daß der Mensch seine Erfolge meist den eigenen Anstrengungen zuschreibt, während er die Schuld für Fehlschläge normalerweise bei anderen sucht. Von den Fertigungshallen bis hin zum

Topmanagement trägt daher jeder Erfolg dazu bei, uns mehr und mehr in der Ansicht zu bestätigen, daß wir genau das Richtige tun. Wissenschaftler haben herausgefunden, daß Unternehmen oft jahrelang an veralteten Annahmen festhalten und selbst überwältigende Beweise für eine Änderung der Spielregeln ignorieren. Ein Verantwortlicher für Restrukturierungen drückt dies mit den Worten aus: *„Die Menschen glauben an ihre alten Methoden!"* Wir neigen dazu, immer wieder dieselbe Strategie zu wiederholen, mit der wir zuerst erfolgreich waren. Das bedeutet, daß ein Unternehmen, das seine Unbeweglichkeit überwindet, sich einen gewaltigen Vorteil verschafft.

Hinsichtlich der Unbeweglichkeit auf nationaler Ebene beschleicht die meisten Europäer zumindest ein leicht unbehagliches Gefühl. In der *Herald Tribune* wurde beispielsweise folgendes berichtet:

> *„Während andere Länder sich auf das globale Unternehmertum einstellen ... tendiert Frankreich immer noch dazu, Innovationen als Bedrohung seiner Wirtschaft, ja seiner Identität anzusehen ... Pierre Birnbaum, ein Politikwissenschaftler, drückt dies so aus: ‚Unser Problem liegt darin, daß wir noch keine Möglichkeit der Modernisierung gefunden haben, bei der wir gleichzeitig unsere imaginäre Gemeinschaft erhalten können.' Mit anderen Worten, wie schafft man den Sprung in die Welt des Internet und bleibt gleichzeitig Franzose?"*[5]

Ähnliche Klagen sind auch in der Zeitschrift *The Economist* zu lesen:

> *„Während eines Großteils des letzten Jahrzehnts stellte Europas Geschichte auch gleichzeitig seine größte Bürde dar. In der zweiten Hälfte der 80er Jahre, als die USA die schmerzhafteste Strukturänderung seit 50 Jahren durchmachten, wollte Europa davonkommen, ohne etwas zu unternehmen. Die Unternehmen hielten an ihren alten Management-Hierarchien, an uralten Diversifikationen und an überholten Praktiken fest. Sie blieben in ihren Märkten verhaftet und waren durch allumfassende Regulierung eingeschränkt. Europa erschien als eine Festung, die nicht so sehr die Japaner, sondern vielmehr jedwede Veränderung abwehren sollte ... Das größte Problem bei der Bewältigung der Alkoholsucht ist nach Meinung vieler, daß man nicht zugeben will, ein Alkoholiker zu sein. Mit diesem Problem war Europa in den vergangenen zehn Jahren die ganze Zeit beschäftigt."*[6]

Wie lautet nun die Lösung, mit der Sie Unbeweglichkeit und Selbstgefälligkeit ausmerzen können?

- Schaffen Sie in Ihrem Unternehmen eine Atmosphäre, die jeden Mitarbeiter dazu anspornt, immer besser zu werden.
- Akzeptieren Sie den Status quo nicht.
- Seien Sie stolz auf Ihre Erfolge, lernen Sie daraus, und suchen Sie sofort nach der nächsten Gelegenheit zur Verbesserung.

Royal Dutch

„1994 verdiente Royal Dutch/Shell mehr als sieben Milliarden ECU, also 33 Prozent mehr als im Jahr zuvor. Das Komitee der leitenden Direktoren war dennoch der Meinung, daß die aggressive Geschwindigkeit der Veränderungen in der Wirtschaft das Unternehmen schließlich überholen würde, wenn nicht rechtzeitig Maßnahmen ergriffen würden. Sie wollten das Unternehmen verändern, bevor sie dazu gezwungen wurden ...

[Sie erkannten] die Notwendigkeit von bahnbrechenden Leistungen in einer immer stärker vom Wettbewerb bestimmten Welt. In einer Reihe von Workshops formulierten sie mehrere spezifische Bedrohungen, die innerhalb der Organisation eine Schockwirkung haben und Energien mobilisieren sollten.“[7]

Shell bekämpft die Selbstgefälligkeit. Das Unternehmen hat erkannt, daß Erfolge nicht ewig anhalten. Es verwendet Erfolge nicht als Entschuldigung für das Nichtstun, sondern stärkt durch sie das Vertrauen darauf, in Zukunft noch bessere Leistungen erbringen zu können.

Shell hat begriffen, daß irgend jemand immer eine bessere Idee haben oder einen Markt auf neue Weise betrachten wird, und daß daher die Fähigkeit und die Bereitschaft zur Anpassung für ein Unternehmen von entscheidender Bedeutung sind.

Merzen Sie Arroganz aus

Arroganz ist die gefährlichere Kusine der Selbstgefälligkeit. Selbstgefälligkeit erwächst aus dem Gefühl, daß man erfolgreich ist und sich deshalb nicht zu verändern braucht. Arroganz kann dagegen viel trügerischer sein: Sie glauben, daß Sie sich alles erlauben können, weil Sie der Beste sind, *und* daß alles, was Sie tun, nur richtig sein kann. Ein selbstzufriedenes Unternehmen wird lediglich im Schlaf überrascht, doch Arroganz führt zu dramatischen Gesten, die das ganze Unternehmen in Gefahr bringen. Bei dem Marktführer für Premium Pilsener in Deutschland schlug der Erfolg in Arroganz um.

Brauereikönig

Das Unternehmen war auf dem heimischen Markt so erfolgreich, daß es die Marktpreise diktieren konnte. Alle Aktivitäten des Unternehmens oder auch seines Vorsitzenden waren für eine Schlagzeile gut. Also begann der Vorsitzende, sich für unbesiegbar zu halten, und gelangte zu der Ansicht, daß er all des Beifalls würdig war, der ihm zuteil wurde. Er ließ die Brauerei mit Marmorverzierungen ausstatten und dekorierte die Wände in der Hauptniederlassung mit zahlreichen teuren modernen Kunstwerken. Damit nicht genug: Er hielt sich für so stark, daß er seinen Markt selbst bestimmen konnte. In dem Glauben, daß er seinen Kernmarkt, auf dem sein Produkt bisher immer gekauft worden war, nie verlieren würde, bewegte er sich langsam fort von ihm, hin zu einem elitäreren Markt. Während er sich selbst und seine Erfolge feierte, entwickelten seine Konkurrenten eifrig billigere Produktionsmethoden und umwarben den im Stich gelassenen Kernmarkt des Marktführers.

Durch Arroganz wurde dieses Unternehmen zur Aufgabe der Prinzipien verleitet, die seinen Erfolg begründeten, und diese Arroganz hatte ihren Preis. Der Marktanteil des einst dominanten Unternehmens ist inzwischen stark geschrumpft. Der Brauereikönig ist aber bei weitem nicht der einzige, der sich ungezügelt seinem Größenwahn hingab. Arroganz fällt in erfolgreichen Unternehmen häufig auf fruchtbaren Boden.

Daimler-Benz

Daimler-Benz hat sich erst kürzlich von dem unglücklich gewählten Ziel Edzard Reuters erholt, das Unternehmen zu dem weltweit führenden Technologiekonzern zu machen. Eine Zeitlang verleiteten die großen Erfolge im Bereich der Automobilherstellung ihn und seine Gefolgsleute zu dem Glauben, daß das Unternehmen mit allem, was es anpackte, nur erfolgreich sein konnte. Der gegenwärtige Vorstandsvorsitzende Jürgen Schrempp muß nun die harten Entscheidungen fällen, die notwendig sind, um diese arrogante Haltung zu korrigieren und das Unternehmen auf seine ursprünglichen Stärken zurückzuführen. In nur etwas mehr als einem Jahr hat sich das Unternehmen dafür entschieden, den niederländischen Flugzeughersteller Fokker bankrott gehen zu lassen, es hat Dornier, einen weiteren Flugzeughersteller, verkauft, die Tochtergesellschaft für Elektrogeräte, AEG, aufgelöst und den Geschäftsbereich Eisenbahnverkehr in ein Joint-Venture mit ABB umgewandelt.

Erfolg duldet keine Arroganz. Die Unternehmensleitung muß an einer realistischen Einschätzung des Unternehmens und seiner Stärken festhalten, ohne die bisherigen Erfolge aufzubauschen.

Fördern Sie neues Potential zutage

Der Ausbruch aus alten Denkweisen ist kein Luxus, sondern eine Notwendigkeit, aber er fällt oft schwerer, als anzunehmen wäre. Während der letzten Jahre haben die meisten Unternehmen großes Geschick im Bereich der Kostenreduzierung entwickelt, und nun finden sie es schwierig, dieses Rezept nicht zur Lösung aller Probleme einzusetzen. Unsere Forschungen haben ergeben, daß 40 Prozent der Unternehmen beinahe blind für alle Themen zu sein scheinen, die über die Kosten hinausgehen. Selbst diejenigen, deren Restrukturierungsziele auf die bessere Erfüllung der Kundenwünsche und auf das Verfolgen neuer Marktgelegenheiten gerichtet waren, wandten Lösungen an, bei denen die Kosten gekürzt werden, und maßen ihren Erfolg weitgehend an der erreichten Kosten-

> Der Ausbruch aus alten Denkweisen ist kein Luxus, sondern eine Notwendigkeit.

reduzierung und Produktivitätsverbesserung. Im Topmanagement hat sich zwar die Erkenntnis durchgesetzt, daß die Probleme weit über die Kosten hinausgehen, aber es gab bisher kaum erfolgreiche Versuche, die Restrukturierungen an diese Erkenntnis anzupassen. Unsere Ansicht lautet dagegen, daß man in der heutigen Welt die Kosten zwar nie ignorieren darf, aber wenn die Überlegungen allein auf dieses Thema beschränkt bleiben, wird dadurch auch das Wachstumspotential beschnitten.

In drei Vierteln der Unternehmen, die bei Restrukturierungen die besten Leistungen erbrachten, hatte kurz vor Beginn der Restrukturierung der Eigentümer oder die Unternehmensleitung gewechselt. Das zeigt, daß offensichtlich in vielen Fällen neues Blut notwendig war, um die Unternehmen zu veranlassen, ihre bisherige Denkweise in Frage zu stellen und über die alten Verhaltensmuster hinauszublicken. Das bestehende Management ist oft in Eigeninteressen und früheren Entscheidungen gefangen und kann die radikalen Veränderungen, die für neue, hervorragende Leistungen auf dem Markt erforderlich wären, weder erkennen noch unterstützen. Stellen Sie einmal den Manager, der ohne angestammte Privilegien und mit neuen Ideen ganz von vorne beginnt, den Managern gegenüber, die von den weniger erfolgreichen Restrukturierern beschrieben werden. In einem Unternehmen *„war die Selbstschutzhaltung der leitenden Manager das größte Hindernis, dem die Restrukturierung gegenüberstand"*, in einem anderen waren es die *„eingefahrenen Vorstellungen der Muttergesellschaft"*. Die Muttergesellschaft war an ihre Art der Geschäftsausübung gewöhnt und blickte nicht über ihren Tellerrand hinaus. Im Gegensatz dazu erzielten andere Unternehmen bei Restrukturierungen ganz außergewöhnliche Resultate, was zum Teil unbedingt der Offenheit der Geschäftsleitung zu verdanken ist.

Offenheit und Sensibilität für neue Ideen müssen auf allen Ebenen einer Organisation vorhanden sein, aber die Signalwirkung dafür kommt von ganz oben. Als wir in unserem Affinity Council die Frage stellten, wie ein bestehendes Management es schaffen könnte, dieselben Erfolge zu erzielen, die in unserer Umfrage durch ein neues Management erreicht wurden, antwortete ein Investmentbanker kurz und bündig: „Das können Sie vergessen. Der einzige Weg zu guten neuen Ideen führt über ein neues Management." Der Aktienmarkt scheint mit dieser Ansicht übereinzustimmen. Die Ankündigung eines Wechsels in der Geschäftsleitung löst meist einen Kursanstieg aus. Dies war auch der Fall, als Daimler-Benz an

Jürgen Schrempp übergeben wurde und als Peter Brabeck bei Nestlé das Ruder übernahm.

Dieses Phänomen beschränkt sich nicht allein auf Unternehmen. Auch die letzten Wahlergebnisse in Großbritannien hatten einen großen Stimmungsaufschwung und einen Schub an der Börse zur Folge. Die konservative Regierung war zu lange an der Macht gewesen und konnte nur noch wenig neue Ideen beisteuern, und die Wähler und die Märkte waren zur Veränderung bereit.

Wenn Sie als bestehender Manager eines Unternehmens Ihre Position behalten wollen, müssen Sie wirklich ernsthaft nach den besten Möglichkeiten zur Umwandlung Ihres Unternehmens suchen. Sie müssen sein Potential freisetzen und alle sich ergebenden Chancen nutzen. Laden Sie Fachleute oder andere Manager zu Diskussionsrunden ein, besichtigen Sie die Standorte anderer Unternehmen mit offenen Augen, lesen Sie die Wirtschaftspresse, und hören Sie auch auf die Ideen neu eingestellter Linienmanager.

Offenheit ist besonders für das Topmanagement in zweifacher Hinsicht wichtig (siehe Abbildung 3.3). Der Leiter eines Unternehmens muß sowohl die geistigen Fähigkeiten besitzen, die ihn die enorme Vielfalt der vor ihm liegenden Probleme erkennen lassen, als auch die emotionale

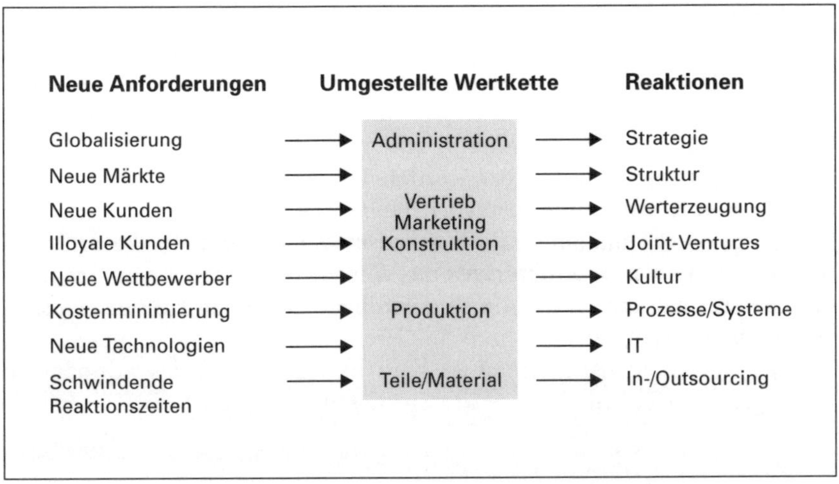

Abbildung 3.3: Offenheit ist notwendig, um mit der explosionsartig zunehmenden Komplexität fertig zu werden

Offenheit, die ihm sagt, daß er keine heiligen Kühe akzeptieren darf. Er steht von vielen Seiten her unter Druck, und die Wahrscheinlichkeit, daß er mit schlafwandlerischer Sicherheit die Zukunft meistert, indem er immer wieder die Vergangenheit reproduziert, ist äußerst gering. Unternehmer müssen statt dessen die zukünftigen Anforderungen bewußt vorhersehen und planen, wie sie darauf reagieren können. Das Management wird nicht mehr nur entweder von den Kosten oder von den Wettbewerbern unter Druck gesetzt, sondern von beiden gleichzeitig, und zusätzlich treten noch zahlreiche weitere Probleme auf.

Als Führungskraft müssen Sie die Signale des Marktes und des Unternehmens absorbieren. Starke Führungspersönlichkeiten haben erkannt, daß sich dies am besten mit Hilfe der ganzen Organisation bewerkstelligen läßt. Eine offene und kritische Haltung innerhalb der Organisation trägt dazu bei, dem Management die Anforderungen, Gefahren und Möglichkeiten nahezubringen. Als Leiter des Unternehmens müssen Sie über sich hinauswachsen und immer mehr Ideen und Probleme in sich aufnehmen, damit Sie die Mitarbeiter besser führen und auf dem laufenden halten können. Wenn Sie die nächste sprudelnde Einnahmequelle entdecken wollen, müssen Sie über die offensichtlichen Möglichkeiten hinausblicken, denn es gibt nicht mehr viele Orte, an denen die Goldstücke für jeden sichtbar herumliegen.

Intellektuelle Fähigkeiten werden in Europa seit Jahrhunderten hoch geschätzt, was sich sehr deutlich in den Bildungssystemen zeigt, doch es wurde mehr Wert auf enges und nicht auf weitgefaßtes Denken gelegt. In die Tiefe reichendes Fachwissen wurde einem breiten Grundwissen vorgezogen, so daß meist nur ein enger Blickwinkel erfaßt wird und Möglichkeiten und Bedrohungen außerhalb des eigenen Blickwinkels Gefahr laufen, nicht entdeckt zu werden. Die Methoden, die schon immer angewendet wurden, werden auch heute noch scheinbar automatisch bevorzugt. Das Management in Europa muß einerseits aus dieser Tradition ausbrechen, aber andererseits die Vorteile der reichhaltigen Traditionen der europäischen Industrie als Grundlage nutzen, auf der es von jetzt an aufbaut:

> *„Manche betrachten die Betonung der ‚Kontinuität' in Europa als Zeichen der Stärke. Sie verweisen auf die Aushöhlung des mittleren Managements in den USA und argumentieren, daß die amerikanischen Unternehmen nur noch von einer neuen Mode im Management zur nächsten hetzen. Europäische Unternehmen handeln dagegen*

gezügelter und weniger destruktiv ... Die besten Unternehmen in Europa schaffen es, die Professionalität des Managements in den USA, seine Disziplin und Flexibilität mit einer durch und durch europäischen Verpflichtung zum Konsens und zur Kontinuität zu verbinden. Europa wird sich nur langsam und ruckweise anpassen. Solange die europäischen Unternehmen jedoch flexibel und offen für Veränderungen sind, werden sie aus ihrer Vergangenheit Kraft schöpfen."[8]

Die europäischen Unternehmensleiter sollten also die Tradition nicht einfach abschaffen, und sie dürfen in ihrem Streben nach stetiger Verbesserung auch nicht einfach asiatische oder amerikanische Verhaltensweisen kopieren. Betrachten Sie statt dessen deren Stärken und prüfen Sie, welche von ihnen Sie anpassen können. Als die Japaner begannen, europäische High-Tech-Produkte zu kopieren, ließen sie dabei die Komplexität außer acht, die wir in Europa als unerläßlich für den Kunden ansehen. Unsere Aufgabe in Europa besteht nun darin, die japanische Abneigung gegen Komplexität zu übernehmen, ohne dabei jedoch unsere unerreichte Qualität zu vernachlässigen. Dies klingt vertraut, aber wenn Sie sich etwas umsehen, werden Sie feststellen, daß noch nicht viele europäische Unternehmen an dieser Aufgabe arbeiten.

Sehen Sie notwendige Veränderungen voraus

Sie können entweder warten, bis die Probleme auf Sie zukommen, oder Sie können sich bereits frühzeitig mit ihnen beschäftigen. Natürlich ist es in einer verzweifelten Situation leichter, die Menschen davon zu überzeugen, daß gehandelt werden muß. Ein wohlhabendes Unternehmen ist oft zu lethargisch für Entscheidungen, in einer Krise bleibt dagegen meist keine Zeit dafür. Das Management kann in einer Krisensituation meist geradliniger handeln, weil allen bewußt ist, daß es ums Ganze geht, aber da in dieser Lage keine Wahl mehr bleibt, wird meist nur kurzfristig „die Blutung gestillt", und es kann nicht darum gehen, neue Möglichkeiten zu erschließen. Wenn Sie schnelle und tiefgreifende Veränderungen erwarten und sehen, daß der Wettbewerb immer drängender wird, müssen Sie vorausschauend handeln und die Probleme lösen, sobald sie sich abzeichnen, und nicht erst, wenn ein Notfall eingetreten ist. Niemand kann es sich heute leisten, längere Zeit stillzustehen. Die Frage ist nur, ob Sie bereits handeln, bevor die Krise eintritt, oder ob Sie warten, bis die Probleme deutlich sichtbar werden.

British Airways

British Airways hat sich für den aktiven Ansatz entschieden. Durch eine schwierige, aber über alle Maßen erfolgreiche Restrukturierung in den 80er Jahren verwandelte sich diese Fluglinie aus einer der schlechtesten in eine der besten, und ihr Leiter, Sir Colin Marshall, ist entschlossen, diese Position zu halten. Im Herbst 1996 kündigte er ein weiteres Restrukturierungsprogramm an, bei dem nun durch Outsourcing aller Bereiche, die nicht zum Kerngeschäft gehören, der Fokus des Unternehmens ausgerichtet werden soll.

Airbus Industrie befindet sich dagegen in einer etwas delikateren Situation.

Airbus Industrie

Die Fusion von Boeing und MacDonnell Douglas zeigt deutlich, daß Airbus eine schwierige Zukunft bevorsteht. Eine zusätzliche Schwierigkeit ist, daß das Unternehmen von Personen aus mehreren verschiedenen Kulturkreisen geführt wird, die alle ihre eigenen Vorstellungen davon haben, was das Unternehmen tun sollte und was nicht. Es wird interessant sein zu beobachten, ob dieses Unternehmen mobilisiert werden kann und eine erfolgreiche Strategie zum Umgang mit seinem gestärkten Konkurrenten findet oder ob es abwarten und nur auf die von Boeing kommenden Herausforderungen reagieren wird.

Dies alles bedeutet unter dem Strich: Je früher Sie notwendige Veränderungen erkennen und entsprechende Maßnahmen ergreifen, desto besser ist es für Sie. Wenn Sie Verschiebungen auf dem Markt vorhersehen – oder sogar bewirken –, haben Sie mehr Zeit, um Ihre Möglichkeiten einzuschätzen und Reaktionen zu planen. Eine Restrukturierung auf der Grundlage kluger Voraussicht solcher externen Entwicklungen und einer realistischen Bewertung der verborgenen Fähigkeiten eines Unternehmens wird viel wahrscheinlicher erfolgreich verlaufen als eine schwierige Restrukturierung, die nur in Reaktion auf eine drohende Übernahme oder auf die Empörung der Aktionäre durchgeführt wird.

Reaktive Restrukturierung bedeutet den Kampf ums nackte Überleben

„Die Restrukturierung wurde durchgeführt, um unsere relative Marktposition zu bewahren."

Automobilindustrie

„Wir haben eine Restrukturierung durchgeführt, weil unser wichtigstes Produkt die Hälfte seines Marktanteils verloren hatte."

Hersteller von Investitionsgütern

„Unsere Restrukturierung war erfolgreich – das Unternehmen hat überlebt!"

Chemie-/Pharmaindustrie

Aktive Restrukturierung bedeutet Vorbereitung auf die Zukunft

„Wir haben eine Umgebung geschaffen, in der sich das Unternehmen besser entwickeln kann."

Hersteller von Konsumgütern

„Wir wollen eine positive Atmosphäre erzeugen, in der sich gute Ideen entwickeln können."

Energieversorgung

„Just do it." Chemie-/Pharmaindustrie

„Ein Gefühl der Dringlichkeit erzeugen." Transportwesen

Die ganze Organisation muß nach neuen Ideen und Veränderungen der Situation Ausschau halten. Dazu ist nicht nur eine Kultur der Offenheit, sondern auch eine gewisse Erwartungshaltung notwendig. Wenn die Mitarbeiter nicht wissen, daß Sie auf ihre Ideen warten, werden sie Ihnen auch nicht erzählen, was sie beschäftigt. Sie sollten ein Verbesserungsprogramm entwerfen und den Mitarbeitern eine gewisse Zeit und eigene Ressourcen zur Verfügung stellen, damit sie selbst Nachforschungen anstellen können. 3M hat damit großen Erfolg. „Post-it" ist auf diese Weise entstanden. Europa muß ähnliche Erfolgsstorys hervorbringen.

Wenn der nötige Erfolgswille vorhanden ist, wird zwar im Unternehmen nach erforderlichen Veränderungen gesucht, und Probleme werden möglichst von vornherein vermieden, aber unnötige Veränderungen werden nicht unterstützt. Dies ist ein delikater Balanceakt, und es ist wichtig, die selbstgefälligen Stimmen herauszufiltern, wenn Sie den Bedarf nach Veränderungen abwägen.

Das Unternehmen muß bereit zum Handeln sein

Organisationen müssen flexibler, anpassungsfähiger und besser rekonfigurierbar werden, damit sie auf alle Herausforderungen und Veränderungen vorbereitet sind. Das bedeutet, daß auch die Menschen, aus denen eine Organisation besteht (auf allen Ebenen), diese Eigenschaften erwerben müssen. Die Zeiten, in denen die Mitarbeiter einfach immer wieder dieselben Aufgaben durchführten, manchmal ihr ganzes Arbeitsleben lang, sind endgültig vorüber. Die starren Strukturen und das unflexible Denken, die bis vor kurzem die meisten Unternehmen beherrschten, waren nur in Umgebungen angebracht, in denen sich die Veränderung nur langsam vollzog. Und ebenso wie Erfolg zu Selbstgefälligkeit führt, hat er auch oft mangelnde Flexibilität zur Folge.

Mangelnde Flexibilität

Im Verlauf einer Restrukturierung in einem Unternehmen direkt nördlich von Berlin stellte das Management fest, daß 122 Schweißer nicht mehr gebraucht wurden. Durch einen glücklichen Zufall expandierte zur selben Zeit ein Unternehmen im Süden Berlins, das 160 neue Schweißer suchte. Es wurden Arrangements getroffen, damit die Schweißer aus dem Norden ihre Positionen in den Betrieb im Süden transferieren konnten. Die Bezahlung und die Arbeitsbedingungen blieben gleich, als Alternative stand ihnen die fast sichere Arbeitslosigkeit bevor. Wie viele Schweißer nahmen wohl das Angebot an? Nur zwei. Alle übrigen zogen die Arbeitslosigkeit der Arbeit in einem neuen Unternehmen unter neuen Bedingungen vor.

Nun, da sich die Veränderungen immer schneller vollziehen, wird es Zeit, sich mehr auf Informationen, auf die eigene Urteilsfähigkeit, Phantasie, Kreativität und Innovationskraft zu stützen. Es wird Zeit, sich nicht mehr auf alte Strukturen, Prozeduren und sichere Häfen zu verlassen. Sie und Ihre Mitarbeiter müssen bereit und fähig sein, die Arbeit an veränderte Situationen anzupassen. Mit einer flexiblen, offenen Haltung können die Mitarbeiter Ihnen helfen, die veränderten Situationen wahrzunehmen. Verlassen Sie sich dabei auf die Leute an der vordersten Front, denn sie sind dem Markt am nächsten. Nutzen Sie die Erkenntnisse und Beobachtungen Ihrer Vertriebsmannschaft, anstatt ihnen vorzuschreiben, was sie wissen und sehen sollten. Finden Sie heraus, was Ihre Leute denken, anstatt ihnen zu sagen, was sie denken sollen. Das bedeutet eine große Veränderung gegenüber den Zuständen der „guten alten Zeit". Nicht nur die Mitarbeiter müssen umdenken, sondern auch ihre Vorgesetzten. Die Abkehr von der alten Befehls- und Kontrollmentalität bedeutet, daß Fehler passieren werden, aber ein Unternehmen, das diese Art von Fehlern nicht macht, forscht wahrscheinlich nicht entschlossen genug nach seinem wahren Potential. Und ein Unternehmen, das starr in seiner Struktur verhaftet bleibt, riskiert ein noch schlimmeres Schicksal – die Unfähigkeit zur Anpassung.

Nun, da sich die Veränderungen immer schneller vollziehen, wird es Zeit, sich mehr auf Informationen, auf die eigene Urteilsfähigkeit, Phantasie, Kreativität und Innovationskraft zu stützen.

Siemens

Im Laufe seiner Wachstumsjahre stützte sich Siemens bei der Kontrolle seiner Geschäftsabläufe immer stärker auf definierte Prozesse. Das Unternehmen legte sich auf eine richtige Art und Weise der Durchführung der Operationen fest – in der Zeit stetigen Wachstums durch den Verkauf von massenproduzierten Gütern war dies durchaus sinnvoll –, und es stellte immer mehr Personal ab, das nur die Aufgabe hatte, dafür zu sorgen, daß diese Prozesse eingehalten wurden. Diese Orientierung hin zur Kontrolle hatte jedoch zur Folge, daß mehr Menschen beschäftigt waren, als eigentlich notwendig gewesen wäre, und sie förderte eine engstirnige Denkweise. Der traditionelle Ansatz erschwerte das Schritthalten mit den auf Geschwindigkeit basierenden Veränderungen, die in Japan eingeführt wurden, so daß Siemens viel höhere Kosten hatte als alle Konkurrenten. Der Vorstandsvorsitzende Heinrich von Pierer unternahm etwas gegen diese Traditionen und beschloß, daß das Unternehmen seine alten Methoden aufgeben und sich in Benchmarking-Prüfungen mit anderen vergleichen mußte. Zudem rief er unabhängige Geschäftseinheiten ins Leben, die das Recht und die Pflicht hatten, eigene Gewinne zu erwirtschaften. Das Wachstums- und Restrukturierungsprogramm des Unternehmens, TOP, zwingt jede Geschäftseinheit dazu, die Verantwortung für das eigene Wachstum und die Änderung in der Unternehmenskultur zu übernehmen. Die Mitarbeiter werden nicht mehr nach der Dauer ihrer Betriebszugehörigkeit und ihrem Rang, sondern nach Leistung bezahlt. Siemens ist dabei zu lernen, daß das Erbe früherer Starre dringend überwunden werden muß – das Unternehmen hat begriffen, daß es keine andere Wahl hat, als sich laufend zu verändern.

Eine starre Unternehmenskultur stellt auch diejenigen Unternehmen vor eine harte Probe, die ihre Produkte und Dienstleistungen auf neuen Märkten verkaufen wollen. Das stets innovative Unternehmen Ikea hat bei seinem Vorstoß auf den nordamerikanischen Markt mehrere wertvolle Lektionen gelernt.

IKEA

„Der Eintritt von Ikea in den nordamerikanischen Markt sollte eigentlich ganz einfach vor sich gehen. Das Unternehmen hatte seine Methoden in Europa weitgehend perfektioniert und wählte gute Standorte für die ersten Läden in den USA. Doch es kam nicht zu den erwarteten Absätzen. Der Unternehmensleiter Anders Moberg machte sich auf den Weg gen Westen, um selbst nach der Ursache zu forschen. Die europäischen Produktlinien waren für den US-Markt nicht attraktiv, weil die Amerikaner ihre Wohnungen nicht so einrichten wie die Europäer. Die Betten waren zu schmal, die Gläser zu klein (kein Platz für Eiswürfel), und die Kunden konnten ihre Pullover in den flachen, schmalen Schrankschubladen nicht unterbringen. Ikea erkannte ebenso wie Siemens, daß es seine starre Weltsicht verändern mußte. Das Unternehmen paßte daraufhin seine Produktlinie mit großem Erfolg an den amerikanischen Markt an."[9]

Das Topmanagement läutet die Alarmglocken. In allen Industriezweigen wird damit gerechnet, daß bei den heutigen schnell veränderlichen Märkten und Kunden laufend Restrukturierungen durchgeführt werden müssen. Doch weder diese Botschaft noch ihre Konsequenzen sind bis in die unteren Ebenen der Organisationen vorgedrungen. Weil die Mitarbeiter bereits schmerzhafte Downsizing-Prozesse hinter sich haben, glauben sie immer noch daran, daß es sich bei der Restrukturierung um eine einmalige Maßnahme gehandelt hat. Sie neigen zu der Ansicht, daß nur Unternehmen, die sich in Schwierigkeiten befinden, das Recht zu einer Restrukturierung haben. Die Mitarbeiter identifizieren einen „*Konflikt zwischen beeindruckenden Gewinnsteigerungen und kontinuierlichen Restrukturierungsmaßnahmen*", und sie beharren auf der Ansicht, daß „*zu viele Restrukturierungsprogramme*" durchgeführt werden. Diese Meinung muß sich ändern. Restrukturierungen sind notwendig, um die Unternehmen vorwärts zu bringen, damit sie neuen Herausforderungen begegnen und Gewinnmöglichkeiten schaffen können. Sie sind nicht mehr nur Notfallreparaturen für Unternehmen, die sich in einer Krise befinden, und sie sind nicht mehr nur eine einmalige Maßnahme gegen alle Übel. Außerdem besteht auch kein Grund mehr, Angst vor ihnen zu haben, denn sie bilden schließlich eine Möglichkeit, Fortschritt zu erzeugen. Wenn alle Unternehmen öfter Restrukturierungen durchführen, werden sich Ihre Wettbewerber schnell und wesentlich verändern, und Sie müssen mit ihnen Schritt halten. Alle müssen akzeptieren, daß es notwendig ist, die Unternehmen und ihre Zukunftsaussichten laufend zu verbessern.

Lernprozesse tragen zu größerer Flexibilität bei. Mit neugierigen Menschen sind Sie gut bedient: Menschen, die nie auslernen und die erpicht darauf sind, neue Methoden, Konzepte und erweiterte Verantwortungsbereiche kennenzulernen. Indem sie mehrere Aufgabenbereiche im Unternehmen kennenlernen, können sie sich leichter anpassen, wenn die Anforderungen an ihren eigenen Arbeitsbereich sich ändern. Eine Sekretärin, die wirklich zuhört und die Anrufe, die sie entgegennimmt, auch bewußt wahrnimmt, könnte in Diskussionen über Kundendienst sicherlich wertvolle Beiträge einbringen. Ein Buchhalter, der nicht nur wissen will, wieviel ein Kunde für die Produkte des Unternehmens bezahlen muß, sondern der sich auch dafür interessiert, warum der Kunde sie überhaupt kauft, kommt von selbst auf die Idee, daß die Anzahl der Kundendiensttelefonate ein genauso wichtiger Leistungsindikator ist wie der Gewinn pro Stück. Wenn Ihre Mitarbeiter sich selbständig über neue Technologien, neue Auslieferungssysteme und neue Marktbereiche informieren, können sie – und damit auch Ihr Unternehmen – sich leichter anpassen. Außerdem bringt Neugier oft Ideen und Konzepte hervor, die Sie in Ihrem Unternehmen möglicherweise anwenden können. Menschen, die nach neuem Wissen streben und lieber flexibel bleiben, als sich an alten Richtlinien, Hierarchien und Prozessen festzuklammern, erbringen sowohl beim Restrukturierungsprozeß als auch im normalen Tagesgeschäft bessere Leistungen.

Haben Sie Mut zu ergebnisorientierten Entscheidungen

Restrukturierung bedeutet harte Arbeit, ebenso wie eine Anpassung an externe, marktbasierende Denkweisen. Die Leute, einschließlich der Stakeholder außerhalb des Unternehmens, reagieren darauf zunächst meist skeptisch. Aus diesem Grund genügt es nicht, den Restrukturierungsplan einfach nur aufzustellen und zu verkünden. Die Restrukturierung ist ein aktiver Vorgang, zu dem Sie Menschen benötigen (aus allen Ebenen), die nicht nur bereit zum Handeln sind, sondern die es tatsächlich tun. Viele Restrukturierungsprozesse kommen nie richtig in Schwung, weil die Menschen zögern, die anfängliche Analyse zu Ende zu bringen und den ersten Schritt zu unternehmen. Der perfekte Plan scheint immer wieder zum Greifen nahe, und sie suchen immer weiter und verbessern und analysieren, ohne jemals an ein Ziel zu gelangen. Andere dagegen handeln völlig planlos, weil sie glauben, daß jede Art von Aktion die Probleme lösen wird. Nur wenige unternehmen den schwierigeren Schritt, wirklich wirkungsvolle Maßnahmen zu ergreifen. Eine aktions- und entscheidungsorientierte Haltung ist nicht nur zur Durchführung der Restrukturierung selbst erforderlich, sondern auch um dafür zu sorgen, daß die richtige Restrukturierung in Angriff genommen wird. Das Ziel sind nicht einfach irgendwelche Aktionen, sondern effektive Maßnahmen.

Fehlender Mut

Der ehemals weltweit führende Hersteller von Brillengestellen gründete seinen Ruf auf das modische Design seiner Gestelle, das ihn von den anderen, mehr auf die Funktionalität konzentrierten Herstellern differenzierte. Der ursprüngliche Eigentümer des Unternehmens tappte in die Falle der Arroganz und konzentrierte sich mehr auf sein Privatleben als auf seine Geschäfte. Darunter litt das Unternehmen und mußte schließlich verkauft werden. Der neue Mann an der Spitze kannte sich mit Kostenkontrolle besser aus als mit der Kreativität, von der das Unternehmen lebte. Sein vorsichtiges Wesen verleitete ihn zu dem Versuch, die Probleme des Unternehmens durch eine Senkung der Kosten zu lösen, denn dies schien ihm der sichere, vertraute Weg zu sein. Das Unternehmen hätte jedoch statt dessen eine mutige Investition in neue Modeentwürfe nötig gehabt, um den Vorteil der Kreativität aufrechtzuerhalten, der ihm ursprünglich zu seiner Position als Marktführer verholfen hatte. Durch die Konzentration auf die Kosten und den fehlenden Mut zur Investition in das Design wurde schließlich jedes Wachstum erstickt, und das Unternehmen erreichte seine ehemals herausragende Position nie wieder.

Percy Barnevik, der ehemalige Vorstandsvorsitzende des überaus erfolgreichen Unternehmens ABB, meint zu diesem Thema:

> *„Man muß mutig vorgehen. Die ‚Analysefalle' muß unbedingt vermieden werden – schwere Entscheidungen kann man nicht dadurch umgehen, daß man sie endlos studiert. Man darf sich nicht erlauben, eine ein- oder zweijährige ‚Erholungspause' mit lauter kleinen Veränderungen einzulegen. Eine lange Reihe von Veränderungen zieht das Leiden nur unnötig in die Länge."*[10]

Die Handlungsbereitschaft ist das letzte Glied, das Sie zum Schmieden einer starken Einstellung für die Restrukturierung benötigen. Sie ist das letzte Teil des mentalen Puzzles, das die Restrukturierung zum Erfolg führt.

Fördern Sie die richtige Einstellung

> *„Unbeweglichkeit war unser größtes Hindernis"*

In ganz Europa ist man inzwischen zu der Erkenntnis gelangt, daß häufig die geistige Einstellung der beteiligten Personen daran Schuld ist, wenn sich trotz der Probleme in einem Unternehmen oder sogar in einem ganzen Industriezweig nichts verändert. In vielen Fällen hat sich gezeigt, daß es eine sehr schwere Aufgabe ist, auf allen Ebenen eine Veränderung herbeizuführen. Es ist aber durchaus möglich, und Sie sollten es tun – je früher, desto besser.

Beginnen Sie sofort. Warten Sie nicht, bis Sie vor einem Notfall stehen und zur Restrukturierung gezwungen sind. Bauen Sie in Ihrer gesamten Organisation eine positive, offene und aktive Zukunftsperspektive auf, so daß jeder einzelne bereit für Veränderungen ist oder – noch besser – so daß jeder einzelne dazu beiträgt, Veränderungsbedarf zu erkennen. Die Einstellung und der Geist in Ihrem Unternehmen liegen dem gesamten Restrukturierungsprozeß zugrunde. Behalten Sie sie also vor, während und nach jeder Restrukturierung im Blick. Kommen Sie immer wieder auf sie zurück, und überlassen Sie sie nicht dem Zufall, denn die Einstellung Ihrer Mitarbeiter bildet den Antrieb für alles, was in Ihrem Unternehmen geschieht.

Die Einstellung, die Sie in Ihrem Unternehmen fördern, trägt auch zur Erneuerung der Haltung in Ihrem Land und in ganz Europa bei. In der

Presse wird regelmäßig über die wirtschaftlichen Schwierigkeiten in Europa berichtet, und diese werden größtenteils der unnachgiebigen Regulierung, den unflexiblen Arbeitskräften und dem unangebrachten Nationalismus der Regierungen zugeschrieben. Einige Länder haben aber bereits begonnen, dieses Muster zu durchbrechen. Besonders die Niederlande haben einen Weg zwischen rechts und links gefunden. Die Gewerkschaften haben einen gewissen Grad an finanzieller Disziplin akzeptiert, und als Gegenleistung waren die Unternehmen bereit, neue Investitionen zu tätigen und Arbeitsplätze zu schaffen. Die Regierung hat mittlerweile die Gesetzgebung gelockert, um unter anderem mehr Teilzeitarbeit zu ermöglichen. Auch Dänemark hat es den Unternehmen leichter gemacht, neue Arbeitskräfte ein-, aber auch auszustellen, und dadurch die Schaffung von Arbeitsplätzen gefördert.

Länder spiegeln ihre Bevölkerung und ihre Unternehmen wider. Es sind Anzeichen dafür erkennbar, daß sogar in den stärker in der Vergangenheit verhafteten Ländern eine positive, problemlösende Mentalität ihre Wirkung entfaltet. Das Beispiel von Philippe Jaffré und Elf Aquitaine hat andere staatliche Unternehmen zur Nachahmung angeregt, so daß deren Topmanager nun ebenfalls auf ihren Sonderstatus verzichten mußten. Ende 1996, als Jacques Chirac Druck auf Air France ausübte, um die Fluggesellschaft dazu zu bewegen, den Auftrag für Boeing zurückzuziehen und ihn statt dessen an Airbus Industrie zu vergeben, ließ sich der Leiter des Unternehmens, Christian Blanc, nicht davon abbringen, daß die Boeing-Flugzeuge aus Wettbewerbsgründen unverzichtbar seien. Als er sogar seinen Rücktritt androhte, falls die Regierung seiner Entscheidung nicht zustimmte, wurde sie akzeptiert. Der Leiter von Usinor Sacilor, dem größten Stahlproduzenten Europas, der 1996 privatisiert wurde, bemerkt dazu:

> *„Die Politiker haben gelernt, daß die Lage immer schlechter wird, je länger man versucht, Zeit zu gewinnen. Die Welt läßt sich nicht aufhalten."*[11]

Die nach vorne gerichtete, kundenorientierte Einstellung, die in einigen europäischen Unternehmen bereits Wurzeln schlägt, wird ebenfalls zu einer Veränderung der politischen Landschaft beitragen, und die nationalen Seelen werden wieder anfangen zu glauben, daß Europa eine Weltmacht sein kann.

Aber wo beginnen? Der beste Ansatzpunkt ist das Topmanagement. In unserer Umfrage wurden die Beteiligung und der Einsatz der Unternehmensleitung als wichtigster Erfolgsfaktor von Restrukturierungsprozessen genannt. Wenn Sie in Ihrer Eigenschaft als Mitglied des Topmanagements Ihre Perspektive nicht erweitern, ist es Ihnen sehr wahrscheinlich auch ziemlich gleichgültig, ob der Rest des Unternehmens dies tut. Wenn Sie selbst nur ein sehr enges Gesichtsfeld haben und nur zögernd neue Maßnahmen ergreifen, besteht die hohe Wahrscheinlichkeit, daß Sie gar nicht bemerken, welche Einstellung in Ihrem Unternehmen herrscht. Der Wille zum Erfolg muß ganz oben angesiedelt sein, wenn er wirklich auf das gesamte Unternehmen übergreifen soll.

Jeder in der Organisation kann sich auf unterschiedlichem Niveau engagieren. Das Topmanagement sollte in den Bereichen Offenheit, Kommunikation, hohe Erwartungen und Begeisterung den Ton angeben. Bei der Beurteilung der Einstellung innerhalb Ihrer Organisation sollten Sie überlegen, was feststeht und was verändert werden kann. Alle Blockierer müssen verschwinden, denn sie beeinflussen die Einstellung der übrigen Mitarbeiter in der Organisation und können dadurch die Restrukturierungsanstrengungen zunichte machen.

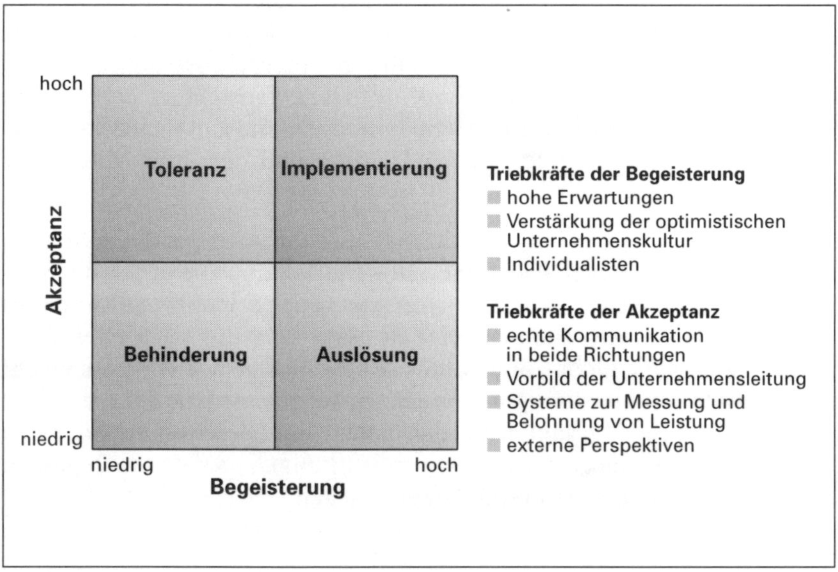

Abbildung 3.4: Die Einstellung hängt sowohl von der Begeisterung als auch von der Akzeptanz ab

Sie dürfen jedoch nicht vergessen, daß ein Mensch, den Sie heute noch als Widerstand betrachten, sich morgen schon ganz anders verhalten kann. Die praktische Umsetzung der von uns beschriebenen Gedanken kann dazu führen, daß sich frühere Gegner in Befürworter verwandeln, die selbst neue Maßnahmen auslösen und einführen. Es gibt keinen einfachen Schlüssel, mit dem Sie sich durch diese Matrix bewegen können. Den entscheidenden Unterschied erreichen Sie nur durch eine Kombination von Methoden, die einheitlich und gewissenhaft verfolgt werden müssen.

Wie streuen Sie die Saat der auf Veränderung ausgerichteten Einstellung aus, und was benötigen Sie, um diese Saat im Lauf der Zeit zu kultivieren und zu erneuern? Es ist eine Kunst, die jeweils für den Einzelfall geeigneten Anreize auszuwählen. Ermitteln Sie zuerst, in welchem Planquadrat der in Abbildung 3.4 gezeigten Matrix Ihr Unternehmen sich befindet. Finden Sie heraus, ob es entweder an Akzeptanz oder an Begeisterung mangelt oder ob Sie beides noch fördern müssen. Wir haben eine ganze Reihe von Möglichkeiten entdeckt, wie Sie eine problematische Mentalität in Ihrem Unternehmen angreifen und an ihrer Stelle eine begeisterte und motivierte Einstellung hervorrufen können. Es gibt verschiedene Maßnahmen, die die Entwicklung unterschiedlicher Aspekte Ihrer eigenen Haltung und der Ihrer Mitarbeiter fördern.

Eine positive Einstellung wirkt sich nicht nur auf die Restrukturierung, sondern auch auf das normale Tagesgeschäft aus.

Eine neue Einstellung entwickelt sich nur schrittweise. Es gibt kein Wunderheilmittel gegen eine ungesunde Einstellung. Die meisten Unternehmen hatten sehr lange Zeit, um die heutige Unbeweglichkeit zu erreichen; daher wird auch einige Zeit nötig sein, um sie wieder abzubauen. Zögern Sie nicht länger. Eine positive Einstellung wirkt sich nicht nur auf die Restrukturierung, sondern auch auf das normale Tagesgeschäft aus. Je früher Ihre Organisation den neuen Energieschub erhält, desto schneller können Sie von den positiven Wirkungen profitieren. Beginnen Sie also sofort damit, den Grundstein zu legen.

Suchen Sie nach neuen Perspektiven: Finden Sie heraus, was Außenstehende denken

Der Glaube, daß alles in Ordnung ist, kann sich negativ auf ein Unternehmen auswirken. Es besteht scheinbar kein Grund für die Entwicklung neuer Methoden und noch viel weniger Grund, über eine Restrukturierung nachzudenken. Es liegt in der menschlichen Natur, die eigenen Erfolge überzubewerten und die Schwächen zu verharmlosen. Außenstehende lassen sich in dieser Hinsicht jedoch nicht so leicht etwas vormachen. Sie betrachten Ihr Unternehmen objektiver und vergleichen es mit anderen Unternehmen, mit denen sie zu tun haben – nicht nur mit Wettbewerbern, sondern auch mit Unternehmen in völlig anderen Geschäftszweigen. Sie können beurteilen, ob und in welchem Maß Sie die Erwartungen übertreffen beziehungsweise erfüllen und in welchen Bereichen noch Mängel herrschen.

Pfleiderer

Der Vorstandsvorsitzende von Pfleiderer, eines sehr erfolgreichen holzverarbeitenden Unternehmens, schreibt einen Teil seines Erfolges dem beharrlichen Anhören der Meinung von Außenstehenden zu. In den letzten Jahren rühmt sich das Unternehmen zweistelliger Ertragssteigerungen, und außerdem errang es in vier seiner Produktlinien die Technologieführerschaft. Der Vorstandsvorsitzende legt Wert darauf, daß er und sein Unternehmen regelmäßig von Außenstehenden beurteilt werden. Er schwört darauf, daß er es diesen externen Perspektiven verdankt, daß das Unternehmen über seinen traditionellen Horizont hinausblickt und daß er das Unternehmen davon überzeugen kann, die gegenwärtigen Leistungen immer wieder zu übertreffen.

Die Beweislage zugunsten von externem Input ist sehr überzeugend. Natürlich darf darüber das interne Wissen nicht vernachlässigt werden, denn das könnte sich als gefährlich erweisen. Dennoch liegen klare Vorteile darin, über den eigenen Hinterhof hinauszublicken und andere zu fragen, was sie bei einem Blick in diesen Hinterhof erkennen.

Philips

Unternehmen wie beispielsweise Philips versuchen, möglichst viel Input von ihren Kunden zu erhalten und selbst Beschwerden in positive Kontakte zu verwandeln. Auf diese Weise können Philips und seine Kunden neue Ansätze entwickeln, und Philips kann die Beziehungen zu seinen Kunden und Zulieferern verbessern.

Aus diesem Grund waren wir sehr überrascht, die Meinungen der Mitglieder unseres Restructuring Affinity Councils zum Thema der Bekämpfung der Selbstgefälligkeit zu erfahren. Weniger als 30 Prozent verwiesen auf externen Input als bestes Mittel, neue Denkweisen auszulösen. Leistungsmessung und Zielsetzung spielen zwar eine wichtige Rolle bei der Verstärkung der Entwicklung der Unternehmenseinstellung, aber woher sollen die Ziele kommen? Wenn sie von oben diktiert werden, werden sie zwar meist befolgt, aber es fehlt der nötige Einsatz. Die Mitarbeiter arbeiten dann zwar auf die Ziele hin, weil es sich auf ihre Bezahlung auswirkt, aber sie werden sich nicht so sehr anstrengen, selbst neue Richtungen ausfindig zu machen. Was Sie erreichen wollen, ist aber nicht Gehorsam, sondern eine Einstellung, bei der die Mitarbeiter freiwillig Beiträge einbringen. Indem Sie alle Mitarbeiter in Ihrer Organisation neuen Ideen und Perspektiven aussetzen, regen Sie ihre Denkprozesse an und können von ihrer Kreativität profitieren.

Dieser Herausforderung können Sie auf drei verschiedene Arten begegnen: Sie können entweder Manager und Fachleute der Konkurrenz einstellen, Benchmarkings durchführen oder mit anderen Unternehmen, die in gewisser Hinsicht vergleichbar sind, Gespräche führen. Dies ist leichter gesagt als getan. Wenn Sie neue Mitarbeiter einstellen, werden diese sich mit ihren neuen Ideen zunächst einmal unbeliebt machen, so daß sie von der Unternehmensleitung unterstützt werden müssen, ohne dadurch jedoch einen Sonderstatus zu erhalten. Die Unternehmensleitung muß gleichzeitig deutlich machen, daß nicht nur Kritik erwünscht ist, sondern konstruktiver und praktischer Input. Dieser Input sollte am besten gleich in Zusammenhang mit internen Projekten erfolgen und erprobt werden, die möglicherweise sogar einen motivierenden Einfluß auf die alten Haudegen im Team ausüben, die die Dinge bisher nur aus ihrem einseitigen Blickwinkel betrachtet haben.

Wenn Sie lieber keine neuen Mitarbeiter einstellen, um externes Wissen und Urteilsfähigkeit ins Unternehmen zu bringen, stehen Ihnen auch noch zahlreiche weitere Informationsquellen zur Verfügung – Zulieferer, Gläubiger, ja sogar Vorstandsmitglieder, die Erfahrungen in anderen Unternehmen gesammelt haben. Wenn Sie nach Fehlern suchen, kann Ihnen niemand besser erklären, was Sie falsch machen, als ein verärgerter Kunde. Input von außen hat zweifache Vorteile. Einmal wird Ihr Unternehmen bewertet, und außerdem erfahren Sie, was außerhalb Ihres Unternehmens vorgeht. Aus Gründen der Einfachheit konzentrieren sich Unternehmen meist sehr stark auf interne Angelegenheiten, aber bahnbrechende Veränderungen – mit Ausnahme von Einsparungen – können Sie nur sehr schwer erreichen, wenn Sie nicht wissen, was sich in der Außenwelt abspielt.

Regen Sie alle Ebenen Ihrer Organisation an, direkte Kontakte zu allen möglichen externen Quellen zu knüpfen. Selbst eine hingeworfene Bemerkung oder ein Gespräch, das eine unerwartete Wendung nimmt, kann neue Gelegenheiten aufzeigen. Was nehmen andere an Ihrem Unternehmen, Ihrem Markt und Ihren Wettbewerbern wahr, das Ihnen bisher entgangen ist? In Ihrem Unternehmen gibt es beispielsweise wahrscheinlich standardisierte Methoden zur Bewertung von Wettbewerbern und Marktgelegenheiten. Wenn Sie erfahren, wie dies in anderen Unternehmen gehandhabt wird, eröffnen sich Ihnen möglicherweise neue Wege. Die Informationsquellen, die sie verwenden, deren Interpretation der Marktbedingungen – durch all diese frischen Perspektiven erhält Ihr Unternehmen einen neuen Blickwinkel, der bei der Untersuchung der eigenen Position hilfreich sein kann.

Auch Benchmarking ist eine gute Methode, sich anderen Unternehmen gegenüber zu öffnen. Sie lernen dadurch neue Ideen kennen, und Ihre Aufmerksamkeit wird in neue Richtungen gelenkt. Wenn ein anderes Unternehmen höhere Leistungen erzielt, müssen Sie noch lange nicht dessen Prozesse imitieren, aber Sie können ihnen zumindest Hinweise auf Verbesserungsmöglichkeiten entnehmen. Benchmarking kann auch über die Unternehmen in Ihrem eigenen Industriezweig hinausgehen. Lassen Sie sich ruhig auch einmal durch den Ablauf ähnlicher Prozesse in anderen Industriezweigen inspirieren.

Wenn Sie sich externen Perspektiven aussetzen, erreichen Sie dadurch folgendes:

- Eine objektive Beurteilung der Leistung: Die Selbstgefälligkeit wird angegriffen, denn es zeigt sich meist, daß offensichtlich noch viel Raum für Verbesserung besteht.
- Eine objektive Beurteilung der Wettbewerber auf dem Markt: Auch hier wird gezeigt, wo noch Verbesserungsmöglichkeiten offenliegen.
- Eine neue Sichtweise der Tatsachen: Menschen mit Erfahrungen in unterschiedlichen Industriezweigen bieten Ihnen oft ganz neue Standpunkte. Innerhalb des eigenen Bereiches sehen wir oft vor lauter Bäumen den Wald nicht mehr. Ein außenstehender Beobachter kann uns neue Anstöße geben.

Metallgesellschaft

Im Fall der Metallgesellschaft wurde der Ruf nach einem Retter von außen lauter, nachdem das Unternehmen einen wirtschaftlichen Zusammenbruch erlitt. Die neuen Perspektiven von Kajo Neukirchen waren bereits für Klöckner Humboldt Deutz und für die frühere Hoesch AG, bei denen er lebensrettende Restrukturierungen durchgeführt hatte, der Schlüssel zum Überleben gewesen. Er setzte seine Erfolge auch bei der Metallgesellschaft fort. Das frühere Management in allen diesen Unternehmen hatte die Probleme nicht vorhergesehen und fand alleine keinen Weg aus den Schwierigkeiten. In allen Fällen bahnte der Außenstehende einen Weg zurück zum Erfolg.

Doch auch der Input eines Außenstehenden kann alleine keine dauerhafte Änderung der Mentalität bewirken, wie die folgende Situation in einem Engineering-Unternehmen zeigt.

Selbstgefälligkeit

Der Eigentümer eines der weltweit führenden europäischen Engineering-Unternehmen für Stahlwerke sah schwere Zeiten für sein Unternehmen voraus, falls es sich nicht veränderte. Die Gewinne gingen zurück, und aufgrund der Schwierigkeiten in der Stahlindustrie war auch ein Rückgang der Nachfrage zu erwarten. Nach 30 Jahren ununterbrochenen Gewinns konnte jedoch das ihm zur Seite stehende Management-Team keinen Handlungsbedarf feststellen. Es herrschte große Selbstgefälligkeit. Der Eigentümer beauftragte externe Berater damit, das Unternehmen objektiv zu analysieren, verbesserungswürdige Prozesse zu identifizieren und Wege zu finden, um die Marktleistung zu erhöhen. Die Berater schafften es tatsächlich, die Manager von der Notwendigkeit bestimmter Änderungen zu überzeugen. Die Kosten wurden gesenkt, die Vertriebsprozesse wurden verbessert, Fähigkeiten und Kenntnisse wurden auf den neuesten Stand gebracht, und spezifisches Fachwissen wurde ermittelt und unterstützt. Diese Verbesserungen trafen jedoch zufällig mit einer kurzfristigen Erholung des Marktes zusammen, und das Management beschloß sofort, daß nun genug geschehen sei und alle potentiellen Probleme offensichtlich beseitigt seien. Sie glitten wieder zurück in den Zustand der Selbstgefälligkeit, in dem sie auch zuvor schon gefangen waren.

In dieser Situation wurden den Teilnehmern der Restrukturierung die Outsider-Informationen aufgezwungen, und sie akzeptierten sie daher nur, soweit es unbedingt nötig war. Sie *tolerierten* die Restrukturierung zwar, aber damit war es genug. Sie legten ihr keine Hindernisse in den Weg, und sie traten auch nicht zurück, aber sie waren nicht bereit, ihre grundlegenden Ansichten zu ändern. Darin liegt der Unterschied zwischen Gehorsam und persönlichem Einsatz – man tut etwas, weil man muß, aber nicht, weil man daran glaubt. Erst wenn die Mitarbeiter an die Restrukturierung glauben, ist dies ein Zeichen dafür, daß sich der Wille zur Veränderung wirklich durchgesetzt hat.

Kommunikation, Kommunikation und Kommunikation

Die Kommunikation auf allen Ebenen und in alle Richtungen ist von entscheidender Bedeutung. Sie selbst können schließlich auch keine Gedanken lesen. Nur durch Dialog lassen sich neue Ideen verfeinern und testen. Nur durch Kommunikation können Sie den Menschen begreiflich machen, worauf es ankommt und worauf es nicht ankommt. Dies gilt auch und vor allem für Ihr Unternehmen. Die Wahrscheinlichkeit, daß Sie erreichen, daß etwas geschieht und daß es richtig gemacht wird, ist wesentlich höher, wenn Sie den Mitarbeitern vorher die Ziele und Gründe erklären. Warum haben die Manager des Engineering-Unternehmens die Restrukturierung beendet, bevor sie alle Möglichkeiten ausgeschöpft hatten? Weil sie nie *wirklich* an die Notwendigkeit einer Veränderung geglaubt hatten und sie auch nicht einsahen. Sie hatten nicht *wirklich* verstanden, daß die Marktorientierung für das langfristige Überleben des Unternehmens entscheidend war. Wenn jemand genügend Zeit investiert hätte, um ihnen die Lage zu erklären und ihnen zu beweisen, daß ein echter Veränderungsbedarf bestand, hätte man sie möglicherweise zu einer Unterstützung der Maßnahmen bewegen können. Vergleichen Sie nun dieses Unternehmen mit einem vor kurzem durchgeführten Privatisierungsprojekt in Südeuropa.

Privatisierungsprojekt

Der Produktionsbetrieb und seine Mitarbeiter hatten zuvor noch keinerlei Erfahrung mit Privatisierungen gesammelt. Da das Restrukturierungsteam die Notwendigkeit der Unterstützung durch die Belegschaft erkannte, organisierte es ein großes Meeting, an dem alle Mitarbeiter teilnahmen. In dem Meeting wurde der Grund für die Restrukturierung erklärt, die Durchführung des Prozesses wurde beschrieben und es wurde deutlich gemacht, was die Mitarbeiter auf allen Ebenen sich davon erwarten konnten. Anschließend stand eine unbegrenzte Zeit für Diskussionen und Fragen zur Verfügung. Alle Bedenken der Mitarbeiter gegenüber dem Prozeß und seiner Funktionsweise wurden ausreichend beantwortet, und das Meeting verlief außerordentlich erfolgreich. Die Mitarbeiter waren danach in so überwältigendem Maß von der Restrukturierung überzeugt, daß sie sogar schneller abgeschlossen werden konnte als geplant.

Aus diesem Beispiel läßt sich einiges lernen. Erstens fand die Kommunikation direkt und unbegrenzt statt. Zweitens wurde der Stil der Kommunikation dem Zielpublikum angepaßt. Dieses Forum wäre nicht in jeder Kultur angebracht gewesen. Sie müssen versuchen, so zu denken wie die Menschen, mit denen Sie kommunizieren. In manchen Situationen mag es sinnvoller sein, kleinere Meetings zu veranstalten oder vor den Meetings noch andere, vorbereitende Mitteilungen zu verbreiten. Drittens bot sich durch das Meeting mit seiner echten beidseitigen Kommunikationsmöglichkeit für die Mitarbeiter die Gelegenheit, Fragen zu stellen und sich überzeugen zu lassen. Wenn Sie sicher sind, daß Ihr Plan im besten Interesse des Unternehmens liegt, sollten Sie auch in der Lage sein, Ihre Mitarbeiter davon zu überzeugen. Es genügt nicht, diese Informationen einfach nur bekanntzugeben, denn dann kann der so wichtige Dialog nicht stattfinden. Wenn ein Skeptiker nur Ihre Veröffentlichungen liest, bleibt er wahrscheinlich auch weiterhin skeptisch. Bekommt er jedoch die Möglichkeit, Ihnen Fragen zu stellen und sich von Ihnen überzeugen zu lassen, ist es viel wahrscheinlicher, daß er seine Meinung ändert. Außerdem gewinnen Sie vielleicht noch einen zweiten Vorteil aus der beidseitigen Kommunikation: Einige der Fragen können Sie auf Probleme oder Überlegungen hinweisen, die Sie noch nicht berücksichtigt haben und für die es sich möglicherweise lohnt, die Pläne noch einmal zu ändern.

Die Mitglieder unseres Affinity Councils stimmten alle darin überein, daß Kommunikation von großer Bedeutung ist. Wir fragten sie, wie sich die Beteiligung und der Einsatz der Belegschaft für die Restrukturierung wohl am besten verbessern ließe, und die überwältigende erste Antwort lautete: durch offene, ehrliche Kommunikation. An dieser Stelle müssen wir jedoch ihre Gedanken erneut in Frage stellen. Die Mitglieder des Affinity Councils konzentrierten sich rein auf das allgemeine Kommunikations-*Statement*, während spezifische Aktionen, die genau diese Kommunikation herbeiführen würden, praktisch nicht erwähnt wurden – beispielsweise eine Befragung der Mitarbeiter nach Alternativen, durch die sich die Ziele der Restrukturierung genauso gut erreichen ließen. Es ist leicht gesagt, daß Beteiligung und Kommunikation wichtig sind, aber zur Verwirklichung dieser Aussagen sind große Anstrengungen und ein hoher Einsatz nötig. Beides lohnt sich jedoch, denn als Gegenleistung liefern Ihnen die Mitarbeiter wertvolle Beiträge zur Restrukturierung.

Wir betonen die Kommunikation und den Einsatz der Mitarbeiter deshalb so stark, weil vermutlich viele Manager sagen werden, daß sie das alles schon oft gehört haben. Das mag auch wahr sein, aber wir haben in unserer *gerade erst* durchgeführten Umfrage festgestellt, daß diese Probleme immer noch weit von einer Lösung entfernt sind. Zitate aus der Umfrage weisen darauf hin, daß die Leiter der Unternehmen die Zeit und Arbeit, die zur Sicherung der richtigen Einstellung notwendig sind, manchmal nur ungern investieren (siehe unten).

Glauben die Führungskräfte wirklich an die Notwendigkeit der Kommunikation?

„Die Kommunikation innerhalb und außerhalb des Unternehmens war sehr schwierig."

Chemie-/Pharmaindustrie

„Die Erklärungen, die Kommunikation und die Sicherstellung des Einsatzes der Mitarbeiter stellen ein großes Hindernis dar, weil dazu viel Anstrengung und Energie nötig sind."

Finanzdienstleistungen

„Die Zeit und die Kosten für die Kommunikation mit allen Mitarbeitern waren ein Hindernis bei unserer Restrukturierung."

Transportunternehmen

„Das Schwierigste, was wir zu bewältigen hatten, war, die Gründe für die beschlossene Restrukturierung zu erklären."

Hersteller von Investitionsgütern

Es sieht so aus, als würde sich das Topmanagement lieber mit Zahlen und Fakten beschäftigen als mit Menschen. Trifft diese Beschreibung auch auf Sie zu? Durch viele Informationen, die bereitwillig, klar und ohne Vorbehalte mitgeteilt werden, bauen Sie das Vertrauen auf, das die Leute dazu bringen wird, mit Ihnen zusammen auf die Vision des Unternehmens hinzuwirken. Mangelnde Informationen erzeugen dagegen meist Unsicherheit, die der von Ihnen gewünschten Einstellung entgegenarbeitet und sich wahrscheinlich zudem noch katastrophal auf die Produktivität und den Kundendienst auswirkt. Eine Krise, die jeder sieht, über die aber niemand spricht, ist viel bedrohlicher als eine offen diskutierte Krise, deren Bedeutung und Folgen erklärt werden, so daß mit der Entwicklung von Lösungen begonnen werden kann.

Warum diktiert die Tradition – besonders in Europa – daß die Mitarbeiter nur eingeschränkten Zugang zu Informationen haben dürfen? In manchen Situationen, besonders bei Fusionen und Übernahmen, gibt es gesetzliche Beschränkungen, die sich auf Probleme wie Insider-Trading beziehen und die die Unternehmen daran hindern, Informationen bekanntzugeben, bevor bestimmte Verträge geschlossen wurden. Über diese gesetzlichen Vorschriften hinaus gibt es aber auch eine starke Gedankenströmung, die besagt, daß Informationen nicht innerhalb des gesamten Unternehmens verbreitet, sondern eifersüchtig gehütet werden müssen, damit sie nicht in die falschen Hände geraten. Unsinn. Wenn Sie etwas wissen, dann erzählen Sie es weiter. Irgendwann kommt ohnehin alles heraus – warum sollten Sie es also nicht schon etwas früher bekanntgeben, damit die Menschen sich daran gewöhnen und ihre Meinung dazu äußern können? Percy Barnevik stimmt mit dieser Ansicht überein:

> *„Sie informieren nicht, Sie über-informieren. Das bedeutet, daß so manche Tabus gebrochen werden. Unter den europäischen Managern herrscht die starke Tendenz vor, Informationen nur sehr selektiv weiterzugeben. Direkt nach der Fusion standen wir einer riesigen Kommunikationsaufgabe gegenüber ... Nur wenige Tage nach der Geburt von ABB fand in Cannes ein Management-Meeting mit den 300 höchsten Managern im Unternehmen statt. Bei diesem Meeting stellten wir ... die wichtigsten Prinzipien vor, nach denen das Unternehmen geführt wird ... Ich wies die anwesenden 300 Manager an, innerhalb von 60 Tagen mit jeweils 30 000 weiteren Mitarbeitern von ABB Kontakt aufzunehmen – und dieser Kontakt bestand nicht nur aus dem Versenden eines Dokuments. Das Dokument mußte in die verschiedenen Landessprachen übersetzt werden, und die Manager mußten sich einen ganzen Tag mit den dortigen Managern an einen Tisch setzen und es besprechen. Echte Kommunikation erfordert Zeit, und das Topmanagement muß dazu bereit sein, diese Investition auf sich zu nehmen.“*[12]

Nach der alten Denkweise ist Wissen gleich Macht, und dieser Gedanke wird auch heute noch größtenteils vertreten. In vielen Unternehmen wird das Wissen von den wenigen privilegierten Personen, die Zugang dazu haben, streng gehütet, weil es ihnen einen höheren Status verleiht als den „unwissenden“ Mitarbeitern. Ein Unternehmen, das von dem Einsatz seiner Mitarbeiter profitieren will, muß allerdings andere Mittel und Wege finden, um derartige Statusbedürfnisse zu befriedigen, oder sie am besten ganz eliminieren. Information und Kommunikation tragen dazu bei, daß die Menschen bessere Arbeit leisten.

Versuchen Sie, sich in die Denkweise Ihrer Mitarbeiter zu versetzen, und überlegen Sie dann, was Sie ihnen mitteilen müssen, damit ihre Bedürfnisse erfüllt sind.

Schließlich besteht noch die Möglichkeit, daß die leitenden Manager nicht sagen wollen, was sie wissen, weil es ihre Position gefährden könnte. Sie wären dann vielleicht gezwungen, ihre früheren Handlungen zu rechtfertigen und auch eine Kritik an den geplanten Aktionen hinzunehmen. Manche Manager fürchten am meisten, daß durch die Kommunikation mit den Mitarbeitern eventuell ihre eigene Einstellung aus dem Gleichgewicht gebracht werden könnte! Und möglicherweise erreicht man ja vielleicht tatsächlich genau das, was man immer wollte: Angestellte, die sich für das Unternehmen als Ganzes interessieren, und nicht nur für ihre Gehaltszettel.

Kommunizieren Sie in einem Kontext, der für Ihre Mitarbeiter leicht zugänglich ist. Besprechen Sie nicht nur die Strategie, sondern untermauern Sie sie während der Besprechung gleich durch Ihre möglichst genauen Vorstellungen davon, wie sie sich auf die tägliche Arbeit der Mitarbeiter auswirken wird. Versuchen Sie, sich in die Denkweise Ihrer Mitarbeiter zu versetzen, und überlegen Sie dann, was Sie ihnen mitteilen müssen, damit ihre Bedürfnisse erfüllt sind. Eine der wichtigsten Fragen der Mitarbeiter – die sie wahrscheinlich nicht laut stellen werden – lautet: „Was springt für mich dabei heraus?" Dieses Thema muß in Ihrer Mitteilung unbedingt behandelt werden. Es geht nicht nur darum, was Sie erreichen wollen, sondern auch um den Grund, warum Ihre Mitarbeiter Ihnen dabei helfen sollten. Überlegen Sie auch, welche Sprache Sie verwenden. Ausdrücke wie „intelligenter arbeiten" bieten sich zwar an, aber versetzen Sie sich einmal in die Lage der Mitarbeiter. Dieser Ausdruck legt nahe, daß alles, was bisher getan wurde, falsch war. Das ist nicht die richtige Botschaft. Sie wollen den Mitarbeitern doch verständlich machen, daß sich die Situation verändert hat und daß deshalb die alten Methoden nicht mehr greifen. Das ist sicherlich schwerer zu erklären, es ist keine griffige Schlagzeile für Plakate, aber für die Empfänger der Botschaft ist es sehr viel befriedigender.

Wir können es nicht oft genug betonen: Wenn Sie der Meinung sind, daß Sie alles vollständig und klar mitgeteilt haben, und wenn Sie glauben, daß Sie alles Feedback, das Sie sich jemals erhofft oder erwartet hatten, erhalten haben, *dann fangen Sie noch einmal von vorne an*! Immer wieder stoßen wir auf Situationen, in denen die Unternehmensleitung der Meinung ist, daß eine ausführliche Kommunikation stattgefunden hat, nur um herauszufinden, daß die Mitarbeiter die Situation völlig anders betrachten. Es ist wichtig zu prüfen, ob Ihre Botschaft auch ihr Ziel erreicht hat.

Feedback

Bei der Fusion zweier sich ergänzender Dienstleistungsunternehmen achtete das für die Veränderung zuständige Team ganz besonders auf eine klare und ausführliche Kommunikation. Während der verschiedenen Stadien des Prozesses baten die Mitglieder immer wieder um Feedback über ihre Arbeit. Die Bewertungen durch die Mitarbeiter fielen immer gleich aus: Sie hatten das Gefühl, daß das Team nicht genügend kommunizierte, und sie waren der Ansicht, daß sie nicht genügend über die Vorgänge Bescheid wußten.

Wenn Sie die Effektivität Ihrer Kommunikation beurteilen, müssen Sie zwei weitere Dinge berücksichtigen. Messen Sie nicht nur, ob die Botschaft angekommen ist, sondern prüfen Sie auch, ob sie die gewünschten Veränderungen zur Folge hat. Wenn die Botschaft zwar den Empfänger erreicht, sich aber dennoch nichts ändert, ergibt sich daraus ein ebenso ernstes Problem, wie wenn die Botschaft gar nicht angekommen wäre. Außerdem müssen Sie das Versprechen *beidseitiger* Kommunikation einhalten. Viele Unternehmen richten beispielsweise Hotlines ein, über die die Mitarbeiter ihre Sorgen und Fragen äußern können, aber entweder kommt niemand dazu, sich diese Anrufe anzuhören, oder die Mitarbeiter erhalten nie eine Rückmeldung. In diesem Fall entsteht das Gefühl, daß die Kommunikation in ein schwarzes Loch gefallen ist. Wenn Sie zuerst verkünden, daß die Kommunikation in beide Richtungen stattfinden soll, und sich dann aber nicht daran halten, werden sich die Mitarbeiter enttäuscht abwenden und ihre Begeisterung verlieren.

Kommunikation muß bis hin zur Transparenz ausgedehnt werden. Legen Sie die Entscheidungen und Ergebnisse völlig offen, damit der gegenseitige Druck der Mitarbeiter seine Wirkung entfalten kann. Von den Mitgliedern einer Gruppe wird erwartet, daß sie im Interesse der Gruppe handeln. Wenn einem Projekt oder einer Person ein unangemessener Anteil an Ressourcen zugeteilt wird und die Gruppe dies bemerkt, wird schnell ein entsprechender Druck ausgeübt, um dies zu stoppen.

Setzen Sie hohe Erwartungen, und belohnen Sie die Leistungen

Unternehmen können ihren Mitarbeitern außergewöhnliche Leistungen abgewinnen, wenn die Erwartungen so hoch angesetzt werden, daß sie durch „Business as usual“ alleine nicht erfüllt werden können. Demonstrieren Sie Ihren Glauben an Ihr Unternehmen und Ihre Mitarbeiter durch Ihr Vertrauen in deren Fähigkeit, mehr zu leisten. Setzen Sie aber auch nicht einfach unrealistische Ziele – Ihre Erwartungen müssen glaubhaft sein. Denken Sie sorgfältig darüber nach, was sich mit echter Initiative erreichen läßt, und sorgen Sie dafür, daß die Ziele mit der Vision des Unternehmens übereinstimmen. Wenn Sie nur laut verkünden, daß alle Leistungsergebnisse um x Prozent gesteigert werden müssen, wird man Ihre Aussage für das halten, was sie ist, nämlich heiße Luft. Suchen Sie nach den Bereichen, die mit zusätzlicher Anstrengung und etwas Einfallsreichtum tatsächlich wesentlich verbessert werden können, und konzentrieren Sie darauf Ihre hohen Erwartungen.

Dies ist der erste Teil: Sie untermauern Ihre Überzeugung, daß das Unternehmen höhere Leistungen erbringen kann, indem Sie sehr hohe Standards festlegen. Der zweite Teil besteht dann darin, die Leistungen zu messen. Messen Sie sich selbst und Ihre Mitarbeiter anhand bestimmter Ziele. Beweisen Sie Offenheit bei der Auswahl der Maßstäbe, und klammern Sie sich nicht nur an die engen finanziellen Kennzahlen, von denen sich die meisten Unternehmen nicht trennen können.

Sie finden diese Ausführungen zu den Maßstäben zu simpel und selbstverständlich? Dann denken Sie noch einmal darüber nach. Bei unseren Nachforschungen hat sich ein weiteres Paradox offenbart – eine Diskrepanz zwischen den Worten und Taten des Managements. Gleichgültig, was von unseren Umfrageteilnehmern als Ziel genannt wurde – sie alle konzentrierten sich bei den Fortschrittsmessungen hauptsächlich auf die *Kosten* (siehe Abbildung 3.5). Wenn jedoch nur das zählt, was unter dem Strich herauskommt, gibt es unzählige Mittel zur Manipulation der Ergebnisse, mit denen sich eine gute kurzfristige Leistungsbilanz vorweisen läßt. Diese geht allerdings nur allzu häufig auf Kosten der innovativen und in die Zukunft gerichteten Haltung, die eigentlich ermutigt werden soll.

In unserem Affinity Council haben wir nach dem Grund für diese Fixierung auf die Kosten gefragt. Die Antwort, die wir am häufigsten erhalten haben, lautete, daß Kostenmaßstäbe leicht verständlich sind.

Darin zeigt sich wieder die Selbstgefälligkeit und Trägheit, die es auszumerzen gilt. Wenn Sie sich rein aus Bequemlichkeit auf Kostenmaßstäbe verlassen, implizieren Sie dadurch, daß Ihnen die neue Vision und die Strategie, für die Sie werben, nicht wirklich am Herzen liegt. Es ist nur dann sinnvoll, die Kosten primär oder vollständig als Leistungsmaßstab zu verwenden, wenn Sie die Kostenführerschaft anstreben. Doch selbst in diesem Fall müssen Sie die Maßstäbe über die Grenzen Ihres Unternehmens hinaus erweitern. Wenn Sie sich die Kostenführerschaft zum Ziel setzen, haben Sie mit der Messung der eigenen Fähigkeiten zur Kostenreduzierung erst die Hälfte gewonnen. Sie müssen sich zusätzlich mit Ihren Wettbewerbern vergleichen. Wenn Sie Ergebnisse erzielen wollen, und wenn Sie wollen, daß sich Ihre Mitarbeiter auf mehr als nur eine Verringerung der Kosten konzentrieren, müssen Sie sich die Zeit nehmen, um die geeigneten Leistungsmaßstäbe zu entwickeln. Das richtige Bewertungssystem kann eine breitere Perspektive zur Folge haben, und außerdem trägt es dazu bei, daß eine Restrukturierung nicht vom Kurs abweicht, wie wir später noch ausführen werden. Ein gut ausgedachtes Leistungsbewertungssystem konzentriert sich genau auf diejenigen Ergebnisse, die die Leistung steigern.

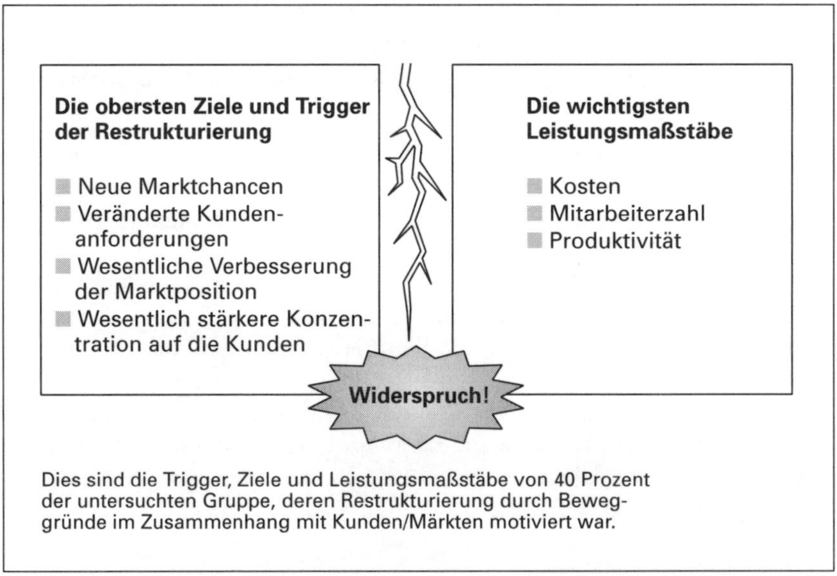

Abbildung 3.5: Unternehmen, die eine kundenorientierte Restrukturierung durchführen, setzen trotzdem nur Kostenmaßstäbe

Viele Unternehmen finden hier die sogenannte *Balanced Scorecard* sehr hilfreich, denn sie lenkt die Aufmerksamkeit auf mehrere Punkte. Man konzentriert sich nicht nur auf einen entscheidenden Maßstab, sondern untersucht, wie sich das Unternehmen jeweils aus der Sicht der Kunden, der Aktionäre, der internen Abläufe und der Innovationen und Lernaktivitäten darstellt. Sie verlangt ein weiter gefaßtes Denken und Handeln, weil sie mehr als eine Dimension der Leistung eines Unternehmens erfaßt.

Die von den Mitgliedern des Affinity Councils zum Ausdruck gebrachte Sorge über die Verständlichkeit der Maßstäbe ist jedoch ebenfalls nicht von der Hand zu weisen. Bei ausgeklügelten und sehr komplizierten Bewertungssystemen und Berichten besteht die Gefahr, daß sie weder genau verstanden noch wirklich verwendet werden. Einfachheit ist oberstes Gebot. Denken Sie darüber nach, mit welchen Bewertungskriterien Sie die Aktionen fördern können, die Ihrer Meinung nach die gewünschten Ergebnisse bringen. Die Leistungsmaßstäbe sind der Motor aller Aktivitäten. Die Menschen arbeiten sorgfältiger an der Verwirklichung der Ziele, an denen sie gemessen werden, als an irgendwelchen vagen Zielvorstellungen.

Mit Hilfe des Bewertungssystems können Sie auch die Aufmerksamkeit der Mitarbeiter auf die gewünschten Aktivitäten lenken. Wir haben am Beispiel des Chemie- und Pharmakonzerns Hoechst studiert, welchen Einfluß die Bewertung auf die erfolgreiche Restrukturierung dieses Unternehmens hatte.

Das Bewertungssystem ist ein gutes Mittel zur Aufrechterhaltung des Drucks, aber es muß trotzdem so flexibel sein, daß die Mitarbeiter die Freiheit haben, eigene Lösungen zu entwickeln. Es steuert zwar die Aufmerksamkeit, aber es schreibt nicht vor, was zu tun ist. Bei Hoechst wurde die allgemeine Richtung vorgegeben, aber jede Geschäftseinheit kann selbst festlegen, auf welchem Weg sie das Ziel erreichen will. Gerade weil die Bewertungsmaßstäbe die Aufmerksamkeit so stark in eine bestimmte Richtung lenken, müssen sie sehr sorgfältig entwickelt werden. Sorgen Sie nicht nur dafür, daß sie einfach sind, sondern denken Sie auch genau darüber nach, wozu sie die Leute motivieren. Dadurch können Sie Situationen wie die folgende vermeiden, die bei einem großen Konsumgüterhersteller eingetreten ist.

Hoechst

Hoechst hatte sich auf ähnliche Weise entwickelt, wie die meisten deutschen Unternehmen nach dem Zweiten Weltkrieg – in einer Umgebung, in der sich das Wachstum ganz von selbst einstellte und in der es sinnvoll war, die Mitarbeiter auf der Grundlage des Produktionsausstoßes und nicht anhand der Rentabilität zu vergüten. In den 80er und frühen 90er Jahren führte die große Überkapazität in der Branche dazu, daß es keinen Sinn mehr hatte, den Ausstoß weiterhin durch Leistungsmaßstäbe zu fördern. Jürgen Dormann – seit 1994 Vorstandsvorsitzender – gab das Signal zum Richtungswechsel. Das Unternehmen wurde dezentralisiert, so daß die einzelnen Geschäftseinheiten größere Selbständigkeit erhielten. Diese Autonomie war mit mehr Verantwortung gekoppelt. Jede Geschäftseinheit mußte innerhalb von drei Jahren entweder ein bestimmtes Rentabilitätsniveau erreichen oder schließen. So weit so gut für diesen neuen Ansatz der Leistungsbewertung. 1995 erreichte Hoechst das höchste Ertragsniveau seit zehn Jahren, und 1996 betrug der Gewinn 1,4 Milliarden ECU, was einer weiteren Steigerung um 24 Prozent gleichkommt.

Bezugsrechte für Aktien

In seinem Bestreben, die Interessen der Eigentümer und anderer Stakeholder in Einklang zu bringen, motivierte das Unternehmen die Manager durch großzügige Bezugsrechte auf Aktien. Dadurch konzentrierten sich die Manager jedoch so sehr auf den kurzfristigen Aktienkurs, daß sie sehr starken Druck auf die Lieferanten und Distributionskanäle auszuüben begannen. Auf diese Weise verschreckten sie sowohl die Mitarbeiter als auch die Zulieferer, und das Unternehmen konnte seine Kunden nur noch schwer auf rentable Weise zufriedenstellen. Daraufhin konnten Wettbewerber dem Unternehmen bedeutende Marktanteile abringen.

Schüren Sie die Erwartung von Veränderungen

Das Topmanagement scheint inzwischen einzusehen, daß Veränderungen unvermeidlich sind und häufig stattfinden werden, aber diese Botschaft muß auch noch zum Rest des Unternehmens durchdringen. Sie müssen die Erwartungshaltung der Mitarbeiter steuern. Vermitteln Sie ihnen Ihre Überzeugung, daß das Unternehmen noch eine Weile von Restrukturierungen begleitet sein wird, und daß sich in Zukunft sehr wahrscheinlich kaum je stabile und sichere Situationen ergeben werden. Es ist unter anderem deshalb so schwierig, die Mitarbeiter für eine Restrukturierung zu gewinnen, weil sie immer noch glauben, daß eine Restrukturierung ein einmaliges Ereignis ist, das nur in Krisenzeiten eingesetzt wird. Ein Unternehmer gab an, daß die Mitarbeiter einen *„Konflikt zwischen beeindruckenden Gewinnsteigerungen und kontinuierlichen Restrukturierungsmaßnahmen ausmachen"*. Es ist besser, wenn die Mitarbeiter gesagt bekommen: „Wir wissen nicht, was die Zukunft bringt, aber wir wollen bei der Lösung der bevorstehenden Probleme folgende Prinzipien beachten. Sobald wir mehr wissen, werden wir Ihnen weitere Informationen geben", als gar nichts zu hören und später aus der Zeitung von einer angekündigten Restrukturierung zu erfahren.

Wenn man die Reaktionen des mittleren Managements in „dynamischen" und in „problematischen" Unternehmen auf Restrukturierung und Downsizing miteinander vergleicht, zeigt sich deutlich der Sinn dieses Konzepts. Untersuchungen haben ergeben, daß diejenigen Manager am wenigsten Widerstand leisteten und am produktivsten arbeiteten, die begriffen hatten, daß der ungeschriebene Vertrag aus früheren Zeiten nicht mehr existiert, nach dem eine Position im mittleren Management einen sicheren Arbeitsplatz bedeutete. In ihren Unternehmen – den dynamischen Unternehmen – wurde nicht Gehorsam, sondern Unabhängigkeit gefördert. Diese Manager akzeptierten die Tatsache, daß sie nur so lange bei einem Unternehmen bleiben konnten, wie ihre Fähigkeiten dem Bedarf entsprachen, und daß diese Bindung wahrscheinlich weder für das Unternehmen noch für sie selbst lebenslänglich war. Sie erwarteten nicht wie ihre Kollegen in den „problematischen" Unternehmen, daß sich die Probleme irgendwann von selbst lösen würden. Bestärkt durch ihre Einstellung sorgten diese Manager dafür, daß ihr Wissen und ihre Ausbildung dem aktuellen Stand entsprach, damit sie es in ihren gegenwärtigen und zukünftigen Positionen leichter hatten. Sie nahmen ihre Sicherheit selbst in die Hand. Die Manager in den anderen Unternehmen, die nicht zugeben wollten, daß die gute alte Zeit vorbei ist, verbanden dagegen ihr eigenes Schicksal noch enger mit dem ihrer Unternehmen. Die mittleren Manager in den Unternehmen, die nach dem Downsizing die besten Leistungen erzielten, zeigten ein viel besseres Verständnis der Strategie und der Richtung ihres Unternehmens als die Manager in Unternehmen mit weniger guten Leistungen.[13] Die anpassungsfähigen Manager wußten genauer, wo das Ziel des Unternehmens lag und wie sie in dieses Ziel hineinpaßten, aber sie hatten keinerlei Sicherheiten.

Schaffen Sie Raum für Außenseiter

Ein Unternehmen voller Menschen, die alle das gleiche denken, läuft Gefahr, in Trägheit und Unbeweglichkeit zu verfallen, über die sich viele Restrukturierer beklagen. Wenn in einem Unternehmen dagegen auch Andersdenkende geduldet und Fehler toleriert werden, kann die erweiterte Perspektive, die Sie sonst außerhalb des Unternehmens suchen, auch *innerhalb* des Unternehmens entstehen. Außenseiter können *Ihnen* dabei helfen, *Ihre* Sichtweise zu erweitern. Sie sollten sich darüber klar werden, daß die guten Ideen nicht immer nur von Ihnen oder Ihren Kollegen im Topmanagement stammen müssen. Nutzen Sie die Inspirationen, die nur dann ans Licht kommen, wenn Sie es den Mitarbeitern erlauben, das Boot manchmal etwas ins Schaukeln zu bringen. Wenn Sie nie Fehler machen, entgehen Ihnen viele Gelegenheiten, und wenn Sie innovative, offene Mitarbeiter haben wollen, die bereit sind, alle Möglichkeiten in Betracht zu ziehen, dann müssen Sie einkalkulieren, daß hin und wieder Fehler passieren.

Richard Branson

Richard Branson ist ein Außenseiter. Er wagt es, anders zu sein. Er ist nicht auf einen Bereich fokussiert. Seine Unternehmen, die von Flugreisen bis hin zu Popmusik reichen, haben ihren Erfolg durch die Mißachtung der Konventionen erreicht. Branson kultiviert sein Image als Außenseiter und ist dadurch sogar für seine Kunden attraktiv. Er erklärt: *„Ich gehe gern große Risiken ein, ich mache gern alles anders und besser."*

Obwohl Sie die Außenseiter ermutigen sollten, müssen Sie sich gleichzeitig vor schwerwiegenden Fehlern schützen. Wie? Suchen Sie nach Möglichkeiten, alle Ideen zuerst zu testen. Sagen Sie nie: „Nein, das ist zu riskant." Das entmutigt die Erfinder und signalisiert der Organisation, daß Sie an Risiken und neuen Ideen nicht interessiert sind. Sagen Sie statt dessen: „Diese Idee könnte sich als Vorteil erweisen, also finden Sie einen Weg, um sie billig zu testen, dann werden wir weitersehen."

Eine gewisse Toleranz für Außenseiter und für gelegentliche Fehler ist wichtig, um die aktive, vorausschauende, aktionsorientierte Einstellung zu fördern, die Sie in Ihrem Unternehmen kultivieren wollen. Wenn keine Fehlschläge erlaubt sind, halten die Menschen es für sicherer, nichts zu unternehmen und nichts Neues zu versuchen. Das ist jedoch in einer sich schnell verändernden Welt ganz verkehrt. Allerdings bedeutet es auch nicht, daß nun plötzlich alles erlaubt ist. Alle müssen einsehen, daß es keine *Carte blanche* gibt, die einen Fehler nach dem anderen erlaubt. Wir sprechen hier nur von der Bereitschaft, neue Ideen auszuprobieren, und dabei muß man manchmal ohne hundertprozentige Sicherheit handeln. Trotzdem besteht kein Grund dazu, sich in gefährliche und sehr unsichere Abenteuer zu stürzen. Es ist immer sinnvoll, Risiken zu minimieren, aber manchmal müssen Sie eben auch experimentieren, um eine wirklich revolutionäre Neuerung zu erreichen.

Unterstützen Sie die Entwicklung der Kultur

Kultur entwickelt sich aus einer Reihe von Wertvorstellungen, und die Werte, die von der Unternehmensleitung vertreten werden, sind im Unternehmen am deutlichsten spürbar. Die Kultur bestimmt die informellen Prozesse in einem Unternehmen, und häufig sind gerade diese informellen Prozesse die Zahnräder, die das Unternehmen antreiben. Darüber hinaus bildet die Kultur die Grundlage der Art und Weise, wie die Menschen im Unternehmen arbeiten, zusammenwirken und sich verhalten. Es ist also sehr wichtig, die Kultur so zu beeinflussen, daß die positive, handlungsbereite, aktive Einstellung der Organisation unterstützt wird. Aber die Kultur ist sehr schwer zu verändern. Je länger die Geschichte eines Unternehmens zurückreicht, desto tiefer ist die Kultur verwurzelt. Dies mag auch ein Grund dafür sein, daß die europäischen Versuche, flexibler,

> Es ist also sehr wichtig, die Kultur so zu beeinflussen, daß die positive, handlungsbereite, aktive Mentalität der Organisation unterstützt wird.

anpassungsfähiger und kundenorientierter zu werden, so problembeladen sind, während in den USA die Umwälzungen viel schneller vor sich gehen. Europa hat eine lange Geschichte, und die Kultur ist tiefer verwurzelt. Selbst während in Europa bereits Bestrebungen zur Privatisierung vieler Industriezweige im Gange sind, versuchen die Regierungen immer noch, die Monopole und Nationalhelden zu schützen – sie wollen alte Kulturen bewahren, anstatt neue zu entwickeln. Hinter der Privatisierung steht die Absicht, dynamischere, rentablere Unternehmen zu schaffen, doch der Staat mischt sich immer wieder ein.

In komplexen Umgebungen kommt es sehr darauf an, die Einfachheit zu bewahren. Wenn Sie der komplizierten externen Umgebung auch noch komplexe, dynamische interne Prinzipien hinzufügen würden, wäre die Wirkung überwältigend. Mit einfachen Prinzipien leiten Sie die Mitarbeiter in eine bestimmte Richtung, aber Sie schreiben ihnen nicht genau vor, wie sie arbeiten und was sie tun müssen. So können die Mitarbeiter im Rahmen der allgemeinen Regeln des Unternehmens Selbstvertrauen und Unabhängigkeit entwickeln. Wie wir bereits weiter vorne beschrieben haben, entwickeln Mitarbeiter, die innerhalb eines gewissen Rahmens unabhängig und selbstsicher sind, in der Regel größere Flexibilität und mehr Einfallsreichtum. Jede Leistung bringt dann ein Gefühl der Befriedigung mit sich, weil sie sich die Lösung selbst ausgedacht haben. Betrachten Sie in diesem Zusammenhang die Geschehnisse bei Oticon, einem dänischen Hersteller von Hörgeräten.

Akzeptieren Sie bewußt, was Ihre Kultur erreichen will. Wenn das Unternehmen am Beginn einiger Projekte steht, die viel Unbequemlichkeit verursachen werden, dann müssen Sie die Mitarbeiter darüber informieren. Setzen Sie mit der neuen Kultur – der Bereitschaft und Fähigkeit zur Anpassung nach Bedarf – ein wichtiges Zeichen, aber zollen Sie dabei auch der Kultur Respekt, die Sie zurücklassen. Sie müssen die Mitarbeiter in Richtung einer neuen, besser für die heutige Zeit geeigneten Kultur bewegen, aber da die Kultur die Identität der Menschen und ihre Beziehungen zu dem Unternehmen, für das sie arbeiten, so stark prägt, erfordert die Veränderung eine gewisse Zeit. Sie kann nur in vielen kleinen Schritten herbeigeführt werden. Sie selbst werden es auch schwer finden, sich zu ändern, obwohl Sie doch am stärksten davon überzeugt sein sollten.

Oticon

„Der Anteil von Oticon am Weltmarkt für Hörgeräte sank während einiger sehr wettbewerbsintensiver Jahre in den 80ern um 50 Prozent, weil Oticon bahnbrechende technologische Änderungen nur langsam umsetzte – beispielsweise die Verlagerung der Hörgeräte von ihrem Platz hinter dem Ohr ins Innere des Ohrs. Das Unternehmen begann, die Kosten zu reduzieren, erkannte aber, daß es allein dadurch seinen ersten Platz auf dem Weltmarkt nicht zurückerobern würde. Also setzte es sich eine grundlegende Änderung der Unternehmenskultur zum Ziel – eine Änderung, die Teamarbeit, Flexibilität und Anpassungsfähigkeit unterstützte. Diese Eigenschaften sollten Oticon die neuen Ideen und die Kreativität verschaffen, die zur Verwirklichung ihrer Nischenstrategie der Differenzierung von den großen, diversifizierten Wettbewerbern notwendig waren. 1991 entschied sich Oticon dafür, die Grundlagen für die neue Kultur in den Strukturen und Systemen des Unternehmens zu schaffen. Alle Büros und beinahe alle schriftlichen Unterlagen wurden abgeschafft. Es gab keine Statussymbole, keine Titel und keine Aufgabenbeschreibungen mehr, sondern nur noch Menschen mit verschiedenen Fähigkeiten und Talenten. Es gab auch keine Aufgaben mehr – alle Mitarbeiter waren dazu angehalten, neue zu erfinden. Dahinter steckte der Gedanke, daß diese neue Antistruktur die Menschen dazu anregen würde, nach Bedarf geeignete Teams zu bilden und diejenigen Aufgaben zu bearbeiten, die sie für wichtig hielten. Das Projekt selbst, und nicht mehr die Menschen, die es leiteten, bildete somit die Antriebskraft. Die neue Kultur wurde in einer tragenden und geeigneten Umgebung aufgebaut, und die Erträge von Oticon sind seither laufend gestiegen."[14]

Die Kultur ist deshalb so schwer zu ändern, weil sie unsichtbar ist. Sie müssen gezielt nach Situationen suchen, in denen die alte Kultur immer noch Vorrang vor der neuen hat. Überlegen Sie genau, wieviel von der alten Kultur Sie verändern müssen, und wieviel Sie bewahren können. Behalten Sie die Kultur immer im Auge. Es ist viel wahrscheinlicher, daß ein Unternehmen in die alte Kultur zurückfällt, als daß sich plötzlich auf magische Weise die neue Kultur durchsetzt. Daher müssen Sie darauf achten, daß die Werte der neuen Kultur laufend gestärkt werden. Bei Oticon wurde die Umwandlung von großem Interesse der Presse und viel Publicity begleitet, so daß eine Rückkehr in die gute, alte Zeit praktisch unmöglich war.

Versuchen Sie nicht, die Kultur unbemerkt von den Mitarbeitern zu verändern. Lenken Sie bewußt die Aufmerksamkeit auf das, was Sie zurücklassen, und auf die Gründe, warum Sie es aufgeben – so erreichen Sie, daß die Mitarbeiter die neue Kultur und ihre Bedeutung wirklich verstehen. Vergessen Sie nicht, daß besonders im Hinblick auf Kultur das Vorbild der Unternehmensleitung entscheidend ist. Wählen Sie also einige Vorbilder aus, die erfolgreich entsprechend der neuen Kultur gehandelt und Vorteile für das Unternehmen erzeugt haben, und belohnen Sie sie öffentlich. Durch diese Vorbilder erkennen die übrigen Mitarbeiter, wonach das Unternehmen strebt. Resultate – greifbare Beispiele dafür, was sich mit der neuen Kultur erreichen läßt – überzeugen die Menschen am wirkungsvollsten. Manchmal müssen Sie auch neue Leute ins Unternehmen holen, die nicht so sehr in der alten Kultur und in den alten Methoden verhaftet sind. Es ist weithin anerkannt, daß British Airways eine an ein Wunder grenzende Kehrtwendung geschafft hat – und an ihrer Wurzel liegt eine Änderung der Kultur.

In unserer heutigen, immer stärker globalisierten Welt gibt es noch einen zusätzlichen Aspekt der Kultur. Trotz der sich auflösenden Grenzen zwischen den Nationen und den Unternehmen, haben die verschiedenen Unternehmen und Länder oder Regionen immer noch ganz unterschiedliche Kulturen. Die Unternehmen stehen also nicht nur vor der Herausforderung, ihre eigene Kultur aktiver und offener für Veränderungen zu machen, sondern sie müssen sich auch mit den Unterschieden zwischen den nationalen und regionalen Kulturen auseinandersetzen. Die beste Waffe ist in dieser Hinsicht ein Bewußtsein für die Unterschiede – und zwar auf beiden Seiten. Es kommt darauf an, daß Sie wissen, daß Ihre Handlungen in anderen Ländern womöglich anders wahrgenommen werden als in Ihrem Heimatland, und daß Sie darauf vorbereitet sind. In den Niederlanden ist offene Kritik beispielsweise eher akzeptabel als im Nachbarland Belgien.

Diese kulturellen Unterschiede haben eine verblüffende Macht. Wenn Sie einmal nach wirklich paneuropäischen Unternehmen Ausschau halten, werden Sie außer ABB und Guinness/Grand Metropolitan, heute Diageo, nicht viele finden. Shell und Unilever haben die kulturellen Unterschiede zwischen den Niederlanden und Großbritannien erfolgreich überbrückt. Airbus arbeitet noch daran, aber dort mußten und müssen zwischen den verschiedenen philosophischen und ökonomischen Standpunkten der Partnerunternehmen und -länder einige echte Kämpfe ausgefochten werden. In Europa wird seit 40 Jahren versucht, die Schranken zu beseitigen und die Märkte zu vereinheitlichen, doch der Kampf ist noch nicht beendet. Er ist jedoch sehr wichtig, weil man in der Regel auf den Märkten am erfolgreichsten ist, die der Heimat am nächsten liegen.

British Airways

1981 verlor British Airways fast eine Milliarde ECU. Soweit es die Passagiere betraf, stand BA für „Bloody Awful". Doch fünf Jahre später konnte das Unternehmen auf die höchsten Gewinne in der Branche verweisen, und als es 1987 an die Börse ging, kauften sich fast alle Mitarbeiter in das Unternehmen ein. Die Wende in der Kultur von British Airways begann, als das Topmanagement zu der Einsicht gelangte, daß das Unternehmen nicht im Transportwesen, sondern in der Dienstleistungsbranche tätig war. Alle Mitarbeiter wurden durch zweitägige Kulturänderungsprogramme auf den neuen Weg gebracht. Die Manager nahmen an einer fünftägigen Version dieses Programms teil. Das neue Training wurde im gesamten Unternehmen einheitlich und gründlich durchgeführt, und es profitierte von dem außergewöhnlichen persönlichen Einsatz des Topmanagements. Das Topmanagement lebte nach dem neuen Programm und unterstützte die Veränderungen auf eine Weise, die für alle Mitarbeiter im Unternehmen sichtbar war. Auch die Gehaltspläne wurden an die neuen Ziele angepaßt, und für Manager, die die Dienstleistungsorientierung erfolgreich umsetzten, gab es bis zu 20 Prozent Belohnungen. Eine sogenannte Marketplace Performance Unit erhielt die Aufgabe, die Leistung der Fluggesellschaft objektiv aus der Perspektive der Kunden zu beurteilen. Alle Maßnahmen des Unternehmens richteten sich auf das gemeinsame Ziel, eine Reise mit British Airways zu einem unvergeßlichen Erlebnis werden zu lassen.

Die Kultur eines Unternehmens liegt allen seinen Aktivitäten zugrunde. Die richtige Kultur und das richtige Wertesystem unterstützen alle Merkmale der für Restrukturierungen förderlichen Einstellung, die in diesem Kapitel behandelt wurden. Sie müssen nun in Ihrem Unternehmen eine Kultur hervorbringen, die den Willen zum Erfolg unterstützt, der für die Restrukturierung in einer sich schnell wandelnden Welt so wichtig ist.

ZUSAMMENFASSUNG

Einstellung

- Der Erfolg europäischer Unternehmen wird durch psychologische Barrieren eingeschränkt: seine Feinde sind Selbstgefälligkeit, Arroganz, Engstirnigkeit, Starre, mangelnder Mut und Verzögerungen.
- Die Unternehmensführung alleine kann ein Unternehmen nicht verändern.
- Durch *Spearheader* wird eine starke Unternehmensführung noch weiter gestärkt, und sie dienen während des Prozesses der Veränderung als Vorbilder.
- Um den Willen zum Erfolg zu wecken, sind nicht nur Benchmarking, eine offene und ehrliche Kommunikation, hohe Erwartungen und die Übertragung von Verantwortung notwendig, sondern auch eine Unternehmenskultur, in der genügend Raum für Außenseiter und Fehler vorhanden ist.

Kapitel 4

Strategie ohne Geheimnisse

Die Konzentration auf das Wesentliche

Am Anfang steht die Vision

Legen Sie die Strategie fest

Setzen Sie auf Wachstum

Verlieren Sie die Realität nicht aus den Augen

„Der Schlüssel zu unserer Restrukturierung lag in der Definition einer Mission – klare Ziele und eine überzeugende Strategie.“

Strategie hat den Ruf, sehr schwierig und kompliziert zu sein. Es ist die streng geheime und rätselhafte Aufgabe einiger wichtiger Mitglieder des Topmanagements, weil sonst niemand in der Lage ist, sie zu begreifen. In der Management-Literatur gibt es ganze Bände, die nur den Geheimnissen, Komplikationen und Problemen der Strategieentwicklung gewidmet sind. Neue Strömungen im Management suchen nach neuen Wegen zur Beschreibung von Strategien und nach Zauberformeln für ihre narrensichere Entwicklung. Auf der anderen Seite wird die Strategieplanung dagegen oft für flach und bedeutungslos gehalten – ein alljährliches Ritual, bei dem immer wieder auf die gleiche Weise ein Plan festgelegt wird. Die Abteilungspläne werden einfach addiert und zu einer Unternehmensstrategie zusammengefaßt, die die althergebrachten Weisheiten kaum jemals in Frage stellt. Wir widersprechen hier beiden Sichtweisen. Betrachten Sie die Strategie doch einmal aus einem ganz einfachen Blickwinkel: Was kann unser Unternehmen tun, um seinen Markt auf eine Art und Weise abzusichern, die von der Konkurrenz schwer nachzuahmen ist? Was wollen und brauchen unsere gegenwärtigen und zukünftigen Kunden, und wie können wir ihnen dies auf eine Art und Weise bieten, mit der wir den Wettbewerb beherrschen?

Eine wirklich effektive Strategie erwächst aus Kreativität, Überlegung und einem tiefen Einblick in den Markt und seine zukünftigen Richtungen.

Unsere Überzeugung, daß die Strategieentwicklung kein Buch mit sieben Siegeln sein muß, bedeutet jedoch nicht, daß die Strategie direkt auf der Hand liegt. Eine wirklich effektive Strategie erwächst aus Kreativität, Überlegung und einem tiefen Einblick in den Markt und seine zukünftigen Richtungen. Sie entwickelt sich aus vorausschauendem Denken und der Bereitschaft, über den Tellerrand zu blicken. Und diese Überzeugung, daß die Strategieentwicklung nicht kompliziert sein muß, bedeutet ebensowenig, daß Sie sie vernachlässigen dürfen. Wenn Sie Ihr Unternehmen ohne Strategie führen, wird Ihnen im besten Fall vieles unverständlich bleiben. Im schlimmsten Fall führt es direkt in die Katastrophe.

Kostenreduzierung

Eine nationale Eisenbahngesellschaft hatte Probleme, die darauf hindeuteten, daß eine marktorientierte Restrukturierung dringend nötig war. Man reagierte jedoch mit einem Einsparprogramm. Es ging darum, die Kosten so schnell wie möglich zu senken, um die jährlichen Betriebsverluste von 430 Millionen ECU zu eliminieren.

„Klingt gut", sagen Sie. „Kostenreduzierungen sind oft unvermeidlich." Das stimmt, aber es gibt dabei ein Problem. Woher weiß das Management, daß die Verringerung der Kosten die beste Lösung ist, wenn es noch gar nicht über die Richtung nachgedacht hat, die die Eisenbahngesellschaft einschlagen soll? Stellen Sie sich vor, wie die Kosten in diesem Vakuum gekürzt werden. Müssen unbedingt alle Bahnstrecken erhalten bleiben, oder können die weniger befahrenen, unrentablen Strecken stillgelegt werden? Wenn einige Routen nicht gebraucht werden, kann die Kostenreduzierung durch eine Schließung bestimmter Bahnhöfe, durch den Abbruch der Reparaturarbeiten an nicht mehr benötigten Strecken und durch eine Vereinfachung der Fahrpläne erreicht werden. Wenn es jedoch wichtig ist, die bestehenden Anlagen auf unbestimmte Zeit zu behalten, dann könnten indifferenzierte Kostenkürzungen, die auch die präventive Instandhaltung und Reparaturen betreffen, eine Katastrophe einläuten. Aber eine solche indifferenzierte Kürzung ist sehr wahrscheinlich, wenn die Strategie nur als Nebensache behandelt wird. Ohne Vision und ohne eine Strategie, die darlegt, wie diese Vision verwirklicht werden soll, steht die Eisenbahngesellschaft am Ende möglicherweise schlechter da als vorher.

Kostenkürzungen und Downsizing sind manchmal notwendig, doch sie sollten nicht Selbstzweck, sondern Teil einer logischen Strategie sein. Betrachten wir das Beispiel eines Unternehmens, das in einer ähnlichen Situation von einem völlig anderen Ansatz ausging.

Dieses Unternehmen entwickelte eine Strategie und widerstand der Versuchung, die Kosten in Reaktion auf die roten Zahlen blind zu kürzen. Das Ergebnis ist ein wachsendes Unternehmen. Eine allumfassende Einschränkung der Kosten – die unstrategische Lösung – hätte die schwachen Geschäftseinheiten noch mehr geschwächt und die starken angreifbar gemacht.

Ein wachsendes Unternehmen

Ein Automobilzulieferer mit Vermögenswerten von über 20 Milliarden ECU verzeichnete dramatische Verluste und wußte, daß er ohne eine sofortige und tiefgreifende Restrukturierung nicht überleben würde. Das Unternehmen beschloß, zehn seiner 14 Geschäftseinheiten aufzugeben und nur diejenigen zu behalten, die tatsächlich Wert erzeugten, die Vorteile im Bereich der Technologie oder der Kosten ermöglichten und die strategisch gesehen sowohl in das eigene Portfolio als auch zu den aktuellen und zukünftigen Märkten paßten. Die 20 von dem Hersteller unterhaltenen Betriebe wurden in einem Zeitraum von zwölf Wochen überprüft, und man entdeckte dabei ein Verbesserungspotential von über drei Milliarden ECU. Die Verbesserungen wurden umgehend eingeführt. Das Ergebnis: Durch die Aufgabe von 30 Prozent der Vermögenswerte und durch eine Aufstockung des Restes um 50 Prozent ist das Unternehmen heute größer als zuvor.

Eine Strategie stellt die Richtlinien zur Verfügung, an die sich jeder halten kann, wenn er entscheiden muß, was er tun soll und was nicht. Sie bildet den nötigen Kontext, anhand dessen sich die vielen bevorstehenden Entscheidungen beurteilen lassen.

Warum legen wir in einem Buch über Restrukturierung so viel Wert auf die Strategie? Eine Restrukturierung ist eine Repositionierung, eine Ausrichtung der Ressourcen und eine organisatorische und kulturelle Veränderung, die auf eine Neuorientierung der werterzeugenden Mechanismen abzielt und die ein Unternehmen in die Lage versetzt, seine Strategie in die Praxis umzusetzen. Zu Beginn einer Restrukturierung muß festgelegt werden, wie das Unternehmen aussehen muß, wenn es seine Ziele erreichen will, und was getan werden muß, wenn es sie vor allem *schnell* erreichen will. Manager in ganz Europa sind sich einig, daß Restrukturierungen in den kommenden Jahren so wichtig sein werden wie nie zuvor. Mit der zunehmenden Geschwindigkeit der Veränderungen wird keine Strategie sehr lange relevant sein. Strategie und Vision müssen einander immer häufiger angeglichen werden, und als Folge davon wird sicherlich oft eine Restrukturierung notwendig sein.

Unserer Erfahrung nach sehen jedoch viele Unternehmer keinen Zusammenhang zwischen Strategie und Restrukturierung. Der Grund dafür liegt häufig darin, daß sie eine zu enge Vorstellung vom Begriff der Restrukturierung haben. Sie betrachten sie oft nur als Reaktion auf eine Krise, bei der kaum an Strategie gedacht wird, oder auch als ein Flickwerk von Lösungen für eine ganze Reihe von Problemen. Sie halten sie eher für reaktiv – nur in Notfällen durchzuführen – als für aktiv und gewollt. Aber denken Sie einmal darüber nach. Bei einer aktiven Restrukturierung bestimmen Sie, wann und wie Sie sich ändern wollen, während in einer Notfallsituation oft nicht mehr viele Möglichkeiten übrigbleiben. Was wäre Ihnen lieber?

Wir betrachten ein Kontinuum von Unternehmenssituationen, von stabilem Wohlstand auf der einen und Krise auf der anderen Seite (siehe Abbildung 4.1). Je tiefer die Krise und je drängender die Lage, desto weniger Handlungsfreiheit haben Sie. Eine Restrukturierung im Notfall ist fast immer ein Kampf ums nackte Überleben oder dient nur dem Zeitgewinn für eine tiefgreifendere Restrukturierung, die im Anschluß daran durchgeführt werden muß.

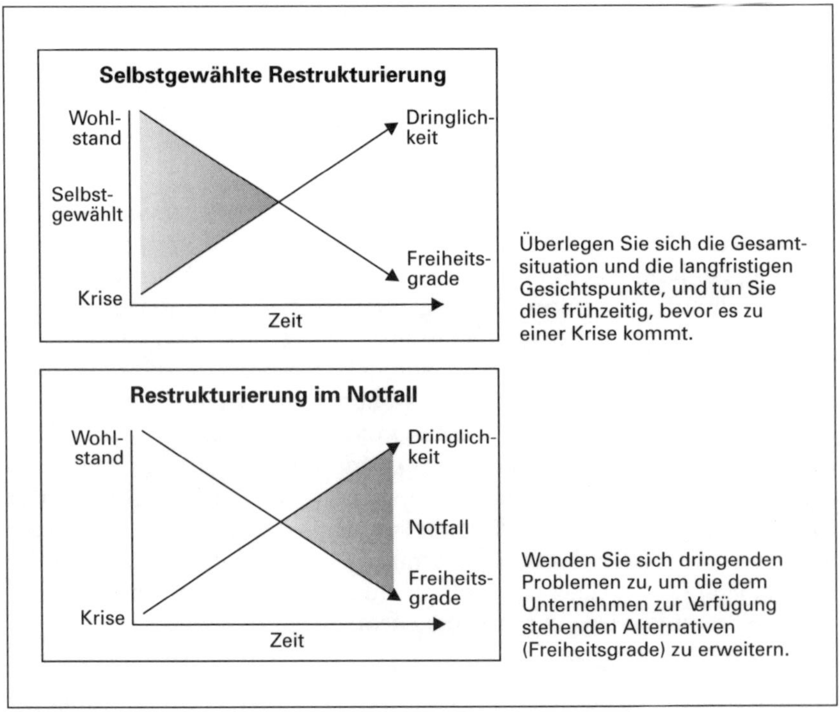

Abbildung 4.1: Freiwillige Restrukturierung statt Restrukturierung im Notfall

Im Gegensatz dazu erhalten sich die wohlhabenden Unternehmen die maximale Freiheit und das uneingeschränkte Potential, neue Strategien zu erfinden, die sie in führende Unternehmen verwandeln werden. Sie sollten sich laufend Freiraum zum Manövrieren schaffen, sonst wird der Wettbewerbsdruck Ihr Unternehmen in eine Krise treiben, aus der es kaum noch ein Entrinnen gibt.

Stellen Sie fest, an welcher Position in diesem Kontinuum Sie sich befinden. Diese Position bildet den Kontext für Ihre Strategie und für Ihren Restrukturierungsbedarf.

Krise

Als ein Hersteller von Computerhardware vor einigen Jahren in das Krisensegment seines Kontinuums eintrat, hätten die Prioritäten darin bestehen müssen, Kosten zu verringern, das Ausmaß der Aktivitäten zu reduzieren und sich auf das Kerngeschäft zu konzentrieren. Statt dessen begann das Unternehmen, Optionen zu untersuchen, Marketingstrategien zu entwickeln und seine Geschäfte neu zu bewerten.

Kein unmittelbarer Druck

Gleichzeitig startete eine große Ölgesellschaft, die sich am anderen Ende des Kontinuums befand, ein Programm zur Kostenreduzierung, zum Downsizing und zur Refokussierung, obwohl sie gar nicht unmittelbar unter Druck stand.

Beide Unternehmen vernichteten Wert, weil ihre Vorhaben nicht der Situation angepaßt waren. Während der Computerhersteller mit der zeitraubenden Analyse der strategischen Optionen beschäftigt war, verschlechterte sich sein ohnehin schon kritischer Zustand, und das Unternehmen endete im Bankrott und mußte überstürzt an einen Wettbewerber verkauft werden. Die Ölgesellschaft konzentrierte sich dagegen nur auf kurzfristige Themen und wurde wegen der drohenden Arbeitsplatzverluste durch interne Intrigen fast lahmgelegt. Sie versäumte es, nach neuen Gelegenheiten zur Werterzeugung zu suchen und setzte somit ihre zukünftige Stabilität aufs Spiel.

Der Fehler der Ölgesellschaft bestand nicht darin, daß sie Dinge reparierte, die gar nicht kaputt waren, sondern darin, daß die Lösungen nicht auf die Probleme abgestimmt waren. Es war richtig zu restrukturieren, aber es war falsch, so zu restrukturieren, als befände man sich in einer Krise. Das Unternehmen wählte die falsche Form der Restrukturierung. Bei einer freiwilligen Restrukturierung kommt es darauf an, die richtige Wahl zu treffen. Bei einer Restrukturierung im Notfall geht es dagegen nur ums Überleben und darum, wieder eine Position zu erlangen, in der man die Freiheit der Wahl hat.

Es wird Zeit, Restrukturierungen aktiv zu betreiben. In einer Krise kann sich Kreativität nur schwer entfalten, es gibt wenig Möglichkeit zu strategischem Handeln und nur eine geringe Chance, die Konkurrenz zu überholen. Wenn Sie die Restrukturierung in dem typischen Unternehmenszyklus vorantreiben, trägt sie meist nur dazu bei, daß die Täler des Zyklus nicht ganz so tief ausfallen. Sie dürfen die Restrukturierung nicht als Reaktion auf eine fehlgeschlagene strategische Anstrengung, sondern zur Verwirklichung Ihrer Strategie einsetzen.

Am Anfang steht die Vision

> *„Der Ausgangspunkt für unsere bahnbrechende Restrukturierung war eine klare Fokussierung auf unsere zukünftige Richtung."*

Wenn man keine Zeit hat, einer Gruppe von Menschen beizubringen, wie man Schiffe baut, muß man in ihnen die Sehnsucht nach dem Meer wecken – dies sind die Worte von Antoine de Saint-Exupéry. Er wollte damit sagen, daß ohne eine Vision jede Anstrengung bedeutungslos und damit auch ohne Ergebnis bleibt.

Aus diesem Grund muß das Topmanagement einige grundlegende Fragen beantworten, bevor das Thema Strategie in Angriff genommen werden kann. Wohin wollen Sie Ihr Unternehmen führen? Wofür wollen Sie bekannt sein? Was wollen Sie erreichen? Nach welchen grundlegenden Prinzipien wird Ihr Unternehmen geleitet? Eine Vision beantwortet all diese Fragen. Sie ist das Endziel, das durch die Strategie erreicht werden soll, und sie bildet auch die Grundlage der Restrukturierung. Eine klug ausgedachte Vision kann aber noch viel mehr bewirken.

Blicken wir den Tatsachen doch ins Auge. Fast jeder hat in letzter Zeit beruflich gesehen schwere Stunden durchgemacht. Die meisten Ihrer Mitarbeiter haben irgendwo mindestens eine Downsizing-Aktion miterlebt, möglicherweise wächst ihre Arbeitsbelastung, und sie fühlen sich an ihrem Arbeitsplatz bestimmt nicht mehr so sicher wie früher. Warum sollten sie also an einer weiteren Restrukturierung mitarbeiten? Sie brauchen einen Grund dafür, und genau diesen kann eine starke Vision ihnen liefern. Durch die vergangenen Restrukturierungen wurde die Loyalität der Mitarbeiter gegenüber dem Unternehmen geschwächt, und sie haben gelernt, sich vor allem um sich selbst zu kümmern. Um diese Einstellung zu revidieren, brauchen Sie als Ausgangspunkt eine mitreißende Vision.

Die Vision vermittelt eine Vorstellung vom Ziel eines Unternehmens, und sie wird auf einer Ebene kommuniziert, die über reine Zahlen und Fakten hinausgeht. Sie wirkt auf emotionalem Niveau, denn sie gibt den Mitarbeitern etwas, an das sie glauben können. In einer idealen Welt trägt die Vision dazu bei, Unternehmen und Mitarbeiter aneinander anzupassen, denn nur diejenigen, die an sie glauben, bleiben im Unternehmen. Wenn die Vision es nicht vermag, eine innere, emotionale Saite zum Klingen zu bringen, wird sie kaum mehr als eine oberflächliche Verpflichtung zu ihrer Verwirklichung erwirken.

Eine Vision signalisiert, daß ein Unternehmen weiß, in welche Richtung es weitergeht (siehe Abbildung 4.2). Eine gemeinsame Vision erzeugt oder rechtfertigt den Stolz auf das Unternehmen und das Vertrauen in seine Zukunft. Sie liefert den Grund, warum man die harte Arbeit auf sich nimmt, die im Hinblick auf den zukünftigen Erfolg geleistet werden muß. Denken Sie noch einmal an die Mitarbeiter der Eisenbahngesellschaft in dem Fallbeispiel zu Beginn dieses Kapitels. Sie wissen, daß ihnen eine unbequeme Zeit bevorsteht – mehr Arbeit, viele Probleme, eine ungewisse Zukunft. Aber sie wissen nicht, wohin all dies führt. Sie wissen nicht, ob sich die zusätzlichen Anstrengungen überhaupt lohnen. Eine Vision könnte da das Licht am Ende des Tunnels sein.

Im Europa der heutigen Zeit, in dem die Strukturen und Auffangnetze der Vergangenheit abgebaut werden und die Zukunft mehr Unsicherheit bereithält, als sie die jetzigen Generationen je erlebt haben, entfalten die Visionen eine noch stärkere Wirkung. Sie haben heute noch größere Macht, Ihrem Unternehmen einen Vorsprung vor denjenigen Ihrer Wettbewerber zu verleihen, die es nicht geschafft haben, die Herzen und den Verstand ihrer Mitarbeiter für sich zu gewinnen.

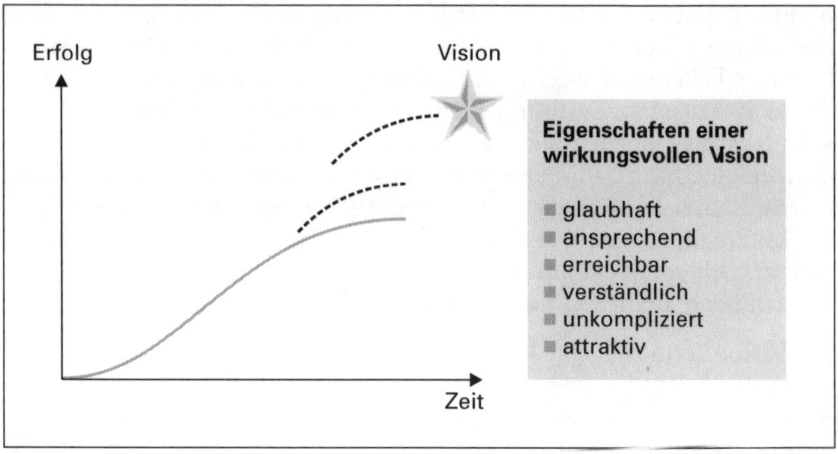

Abbildung 4.2: Die Strategie sollte sich an einer starken, positiven Vision orientieren

Gute, schlechte und schreckliche Visionen

Wenn Sie nicht so recht an den Einfluß von Visionen glauben können, haben Sie wahrscheinlich zu viele mittelmäßige und schlecht formulierte oder inhaltslose Visionen gesehen. Eine mitreißende Vision entsteht nur durch ernsthafte Bemühungen. Sie ist nur dann gut, wenn sie:

- die Richtung für die Strategie vorgibt
- die Phantasie beflügelt
- spezifisch genug ist, um glaubhaft zu sein
- realistisch genug ist, um erreichbar zu sein – allerdings nur mit echten Anstrengungen, Hartnäckigkeit und Einfallsreichtum
- die Menschen auf emotionaler Ebene anspricht
- ein Grund ist, um stolz zu sein: Sie müssen das Bedürfnis haben, sie laut auszusprechen

Warum gibt es wohl so viele schlecht formulierte Visionen? Wo werden die meisten Fehler gemacht? Die Tatsache, daß die meisten Unternehmen heute Visionen haben, bedeutet, daß die meisten Unternehmensleitungen es für richtig halten, eine Vision zu entwickeln. Sehen wir uns im folgenden einige Visionen an, um einige der Merkmale herauszuarbeiten, die den Unterschied machen zwischen starken, wirkungsvollen Visionen und Visionen, die ihre Aufgabe nicht erfüllen (siehe Abbildung 4.3).

	Gut?	Schlecht?	Schrecklich?
Hersteller mit einwandfreiem technischen Ruf, der seinen Wettbewerbsvorteil halten will: *Innovation has tradition*			
Fluggesellschaft: *Become the world's favourite airline*			
Finanzinstitut, das sich auf kommerzielle Kredite spezialisiert: *We'll find a way*			
Unternehmen für Konsumgüterverpackungen: *Number 1 in the world in our segment of the industry*			
Transportunternehmen: *15 % return on assets*			
Stahlindustrie: *Steel technology for strong ideas*			
Bauunternehmen: *From a master builder to a system integrator*			
Hersteller von Elektronikprodukten: *Let's make things better!*			
Großer Pharmahersteller: *New skills in the science of life*			

Abbildung 4.3: Wie bewerten Sie diese Unternehmensvisionen?

Die besten Visionen wirken einerseits intern stark richtungweisend, und andererseits sind sie hervorragende Botschaften, die man bestehenden und potentiellen Kunden mitteilen kann. Sie machen den Menschen innerhalb und außerhalb des Unternehmens deutlich, wo die Prioritäten liegen.

British Airways

In dieser Hinsicht war die Vision von British Airways ein herausragendes Beispiel. Jeder Mitarbeiter und jeder zukünftige Kunde wußte, welches Ziel das Unternehmen hatte: „Become the world's favourite airline" ist schlicht und doch inhaltsreich. BA hatte ganz richtig begriffen, daß verbesserter Service zu höheren Verkaufszahlen und damit letztlich zu höheren Erträgen führen würde – so lautet die Vision des Transportunternehmens („15 % return on assets"). Worin liegt der Unterschied zwischen den beiden Visionen? BA hat seine Vision auf ansprechende Weise formuliert, auf die die Mitarbeiter stolz sein können. Das Transportunternehmen bietet dagegen keinerlei Emotionen, nur trockene Statistik. Es gibt keinen Hinweis darauf, wie das Ziel erreicht werden soll und welche Art von Unternehmen man sein will.

Dann ist da noch der Verpackungshersteller für Konsumgüter (siehe Abbildung 4.3). Seine Vision ist zu vage. Diese Vision würde jedes Unternehmen gerne für sich in Anspruch nehmen, aber nur wenige könnten hoffen, sie auch wirklich zu erreichen. Sie ist so hochgesteckt, daß sie schon wieder unrealistisch wirkt. Außerdem mangelt es ihr an Inhalt. Wie genau will das Unternehmen zur Nummer 1 werden? Was bedeutet „Nummer 1"? Einnahmen? Volumen? Kilo? Profit? Um welches Industriesegment geht es überhaupt? Was bedeutet „in the world"? Auf allen Kontinenten? In der EU? In der westlichen Hemisphäre? Durch welche differenzierenden Merkmale soll die Vision verwirklicht werden? Hier gibt es nichts Greifbares für die Mitarbeiter, nichts, was die Phantasie gefangennimmt. Eine Vision muß Sehnsucht wecken, sie darf nicht zu allgemein sein.

Die besten Visionen wirken einerseits intern stark richtungweisend, und andererseits sind sie hervorragende Botschaften, die man bestehenden und potentiellen Kunden mitteilen kann.

Es ist wichtig, daß die Marketingstatements in der Vision nicht die Definition des Ziels des Unternehmens überdecken. Das Beispiel aus der Stahlindustrie klingt zwar beeindruckend, aber es wird darin nicht verdeutlicht, was genau das Unternehmen erreichen will. Technologie spielt dabei eine Rolle, aber wessen starke Ideen sind gemeint? Die der Kunden? Ihre eigenen? Werden die Mitarbeiter verstehen, in welche Richtung das Unternehmen strebt? Wahrscheinlich nicht. Eine Vision wird hauptsächlich für interne Zwecke benötigt, daher sollte sie nicht durch eine ausgefallene Marketingaussage ersetzt werden, die diese Zwecke nicht erfüllt.

Eine gute Vision ist die Zeit wert, die zu ihrem Entwurf notwendig ist. Sie bildet die Grundlage für die Überzeugung der wichtigsten Stakeholder. Ist die Vision nicht glaubhaft, werden sich dabei sicherlich Schwierigkeiten ergeben. Außerdem bildet sie den Ausgangspunkt für die Strategie – sie ist das Ziel, auf das Sie zusteuern –, und daher ist sie auch die Grundlage Ihrer Restrukturierung. Die Abhängigkeit besteht in beiden Richtungen. Sie brauchen einerseits eine Vision, um das Ziel der Strategie festzulegen, aber ebenso verliert Ihre Vision an Glaubwürdigkeit, wenn Sie sie nicht durch die Aktionen Ihres Unternehmens unterstützen.

Entwerfen Sie eine überzeugende Vision

Eine Vision erfüllt nur dann ihren Zweck, wenn sie die Menschen in Ihrem spezifischen Unternehmen anspricht. Sie können nicht einfach die Vision eines anderen Unternehmens übernehmen. Die Vision muß auf Ihr Unternehmen zugeschnitten sein.

Das ist nicht leicht. Erwarten Sie nicht, daß Ihnen der Wortlaut der Vision Ihres Unternehmens über Nacht im Schlaf eingegeben wird. Falls dies doch passiert, gratulieren wir Ihnen! Doch die meisten von uns müssen für eine kraftvolle Vision gründliche Arbeit leisten. Das Endprodukt – der prägnante Ausdruck, der klare und attraktive Bilder auslöst und ein Ziel für die Strategie des Unternehmens darstellt – ist die fein ausgearbeitete Formulierung einer grundlegenden Vorstellung der Zukunft des Unternehmens, die aus langem Grübeln, aus gründlichen Überlegungen, aus Vorausschau und Phantasie erwächst.

Während Sie an der Entwicklung der Vision arbeiten, haben Sie Gelegenheit, die neue Unternehmenskultur und den in die Zukunft gerichteten Geist im Unternehmen zu verstärken. Die Vision hat mehr Kraft, wenn sie von einer Gruppe entworfen wird. Sie sollten unbedingt die besten Köpfe im Unternehmen und auch einige Außenseiter daran beteiligen, wenn Sie Denkprozesse in neue Richtungen anstoßen wollen. Befragen Sie Mitarbeiter auf verschiedenen Ebenen nach ihrer Meinung. Machen Sie sich innerhalb und außerhalb des Unternehmens auf die Suche, und überlegen Sie, welch unterschiedliche Gestalten die Zukunft annehmen könnte. Analysieren Sie die Branche, erforschen Sie den aktuellen Markt, und stellen Sie sich vor, wie beides sich entwickeln könnte. Denken Sie darüber nach, wie Sie diese Entwicklungen beschleunigen könnten, und betrachten Sie auch andere Industriezweige, um neue Perspektiven zu entwickeln. Prüfen Sie, ob bahnbrechende Veränderungen in anderen Industriezweigen sich auch auf Ihr Unternehmen auswirken.

Es ist wichtig, etwas Abstand von der täglichen Routine zu gewinnen, um die Kreativität und das Potential freizusetzen, das sonst durch die dringenden Probleme des Alltags gehemmt oder verfärbt wird. Den Anfang bildet ungehindertes Nachdenken. Gehen Sie davon aus, daß nichts unmöglich ist, damit Sie auch wirklich alle Alternativen berücksichtigen. Anschließend konzentrieren Sie sich dann auf die attraktivsten und überzeugendsten Optionen für Ihr Unternehmen. An diesem Punkt ernten Sie zum ersten Mal die Dividenden der Offenheit und der weltoffenen Einstellung, die wir für die Restrukturierung als so wichtig erachten.

Die Entwicklung einer Vision sollte längere Zeit in Anspruch nehmen. Eine Vision muß eine gewisse Lebensdauer haben, daher sollten Sie sich umsehen, Ideen aus konventionellen und radikalen Quellen beziehen und die Folgen aller Möglichkeiten, die Sie in Erwägung ziehen, genau durchdenken. Stützen Sie sich dabei auf die Ergebnisse der enthusiastischen, innovativen Einstellung, die Sie fördern.

Außerdem ist es wichtig, daß die Menschen im Unternehmen selbst die Verantwortung zur Entwicklung der Vision übernehmen. Mit dieser Aufgabe sollte keine externe Werbe- oder Kommunikationsagentur beauftragt werden, wie es oft der Fall ist. Die Agentur kann eine wichtige Rolle bei der Kommunikation der Vision spielen, aber zu ihrer Entwicklung ist ein tiefer Einblick in die Stärken und zukünftigen Möglichkeiten des Unternehmens erforderlich, und dieses Wissen findet man nur im Unternehmen selbst.

Legen Sie die Strategie fest

„Durch die Restrukturierung hat unser Unternehmen ein viel deutlicheres Profil erhalten, und dadurch konnten wir wachsen und die Rentabilität steigern."

Mit einer klaren Vorstellung von der Vision und dem Potential des Unternehmens gerüstet, können Sie nun die Strategie wählen, mit deren Hilfe Ihr Unternehmen seine Ziele erreichen soll. Sie sollten den Prozeß der Strategieentwicklung auf keinen Fall zu kompliziert werden lassen, denn genau jetzt ist der Punkt, an dem Sie klar und geradlinig vorgehen müssen. Andererseits müssen Sie darauf achten, daß Sie auch weit genug gehen. Haben Sie tatsächlich eine Strategie entwickelt, oder wird Ihr Plan diesem Anspruch noch nicht gerecht? Überlegen Sie, was Strategie bedeutet: Strategie ist eine Methode und eine Entscheidung für eine bestimmte Vorgehensweise, mit der Sie die Kunden für sich gewinnen und die Wettbewerber hinter sich lassen.

In der schnell veränderlichen Umgebung, an die wir uns alle gewöhnen müssen, ist auch klar, daß eine Strategie nicht ewig gültig ist. Sie legt fest, welchen Schachzug Sie in der aktuellen Situation als nächstes unternehmen wollen, in dem vollen Bewußtsein, daß sich die Bedingungen sehr wahrscheinlich wieder ändern werden. Wir warnen hier jedoch wieder vor Veränderungen um ihrer selbst willen. Sie müssen Ihre Umgebung und die Eignung Ihrer Strategie regelmäßig überprüfen, nicht um sich zu verändern, sondern um beurteilen zu können, ob eine Veränderung überhaupt *notwendig* ist.

Eine Strategie beinhaltet zwar scheinbar unendlich viele Nuancen; dennoch gibt es eigentlich nur zwei hauptsächliche Strategien, die Sie gegeneinander abwägen müssen – ein befreiender Gedanke. Entweder Sie streben danach, sich durch ein einmaliges Angebot von Ihren Wettbewerbern zu differenzieren, oder Sie entwickeln sich zum Wettbewerber mit den niedrigsten Kosten in Ihrer Branche.

In den meisten Branchen herrscht ein ständiger Abwärtsdruck auf die Kosten. Die einzige Möglichkeit, diesen Druck etwas zu erleichtern, besteht darin, den Kunden ein anerkannt einmaliges Vorteilspaket anzubieten, für das sie bereit sind, einen höheren Preis zu bezahlen.

Nehmen Sie als Beispiel die Computerindustrie. Die Unternehmen führen Innovationen zu hohen Preisen ein, können diesen Vorteil eine kurze Weile aufrechterhalten und werden dann schließlich von den Wettbewerbern unter Druck gesetzt, so daß sie die Preise senken müssen. So war es bei den Taschenrechnern, bei den Farbmonitoren und bei den Notebooks. Bei jeder neuen Erfindung wird der Preisdruck zunächst gemildert, doch diese Erleichterung hält nicht lange an. Dasselbe gilt auch für andere Produkte, beispielsweise für viele Büromaschinen. Aus unserer Interpretation dieses Phänomens ergeben sich zwei wichtige Folgerungen: Diejenigen Unternehmen, die in ihrer Branche herausragende Produkte entwickeln, differenzieren sich dadurch von ihren Wettbewerbern und genießen somit mehr Freiraum in der Preisgestaltung. Andere Unternehmen sind dagegen in der Lage, revolutionäre Fortschritte im Bereich der Kostenreduzierung zu erzielen. Es gibt entweder die Strategie der fokussierten Differenzierung oder die der Führung im Bereich der Kosten. Aber auch die Unternehmen, die sich nicht für die Strategie der Kostenführerschaft entscheiden, müssen ihre Kosten im Auge behalten, da sie am Ende meist auch von dieser Seite unter enormen Druck geraten.

Der wichtigste Aspekt der Strategie – unabhängig davon, für welche Sie sich entscheiden – ist jedoch, daß sie für die Kunden von Bedeutung sein muß. Wenn Ihre Kunden oder potentiellen Kunden sich überhaupt nicht um Ihre Veränderungen kümmern, handelt es sich sehr wahrscheinlich nicht um strategische Veränderungen. Ein Restrukturierer drückt dies so aus: *„Die Zufriedenheit der Kunden ist und bleibt die wichtigste Herausforderung. Unsere Fähigkeit, diese Herausforderung zu meistern, entscheidet darüber, ob unser zukünftiger Erfolg gesichert oder in Gefahr ist."* Der Kunde muß im Zentrum aller Aktivitäten stehen. Diese einfache und narrensichere Weisheit sorgt dafür, daß Sie sich wirklich mit Strategie befassen und nicht nur halbherzig mit ihren bestehenden Geschäftsfeldern herumspielen.

Hüten Sie sich vor „Als-ob-Strategien"

Man läßt sich leicht dazu verleiten, sich mit weniger als einer echten Strategie zufriedenzugeben. Die Entwicklung einer Strategie erfordert Zeit und Überlegungen – zwei wertvolle Güter, wenn man schon mit dem Tagesgeschäft vollauf beschäftigt ist. Nehmen Sie sich jedoch einen Teil Ihrer wertvollen Zeit, um Ihre Strategie zu überdenken und zu erneuern und um ihre Relevanz an Ihrem derzeitigen Kenntnisstand der Situation zu messen. Eine Strategie muß meist regelmäßig überarbeitet werden, und oft wird sie wiederholte Restrukturierungen zur Folge haben.

Manche behaupten, daß Strategie sich von selbst ergibt – daß man nie genau weiß, welche Strategie man verfolgt, bis sie umgesetzt wurde. Das Problem bei dieser Ansicht ist, daß sie wenig richtungweisende Prinzipien vorgibt. Sie müssen jede Entscheidung ganz neu überdenken. Eine echte Strategie bildet dagegen einen Kontext, innerhalb dessen Sie Ihre Aktionen und Möglichkeiten beurteilen können.

Unserer Erfahrung nach gibt es in dieser Hinsicht keine Alternative: Die besten Leistungen werden von Unternehmen erzielt, die das Thema Strategie ernstnehmen und sich nicht mit einer einfacheren Lösung zufriedengeben. Im folgenden betrachten wir die Als-ob-Methoden und arbeiten die Gründe dafür heraus, warum Sie mit ihnen weder dieselben Wirkungen erzielen noch die langfristige Wettbewerbsfähigkeit Ihres Unternehmens erhalten können.

So weitermachen wie bisher

Eine Strategie muß sich entsprechend der äußeren Umstände entwickeln. Die Geschwindigkeit, mit der sich die Märkte, die Liberalisierung, die Wettbewerber und die Technologien verändern, hat zur Folge, daß die vor mehreren Jahren entwickelten Strategien heute meist keinen Sinn mehr ergeben. In den Rückspiegel zu schauen ist nur sinnvoll, wenn Sie auch rückwärts fahren wollen. Wollen Sie dagegen nach vorne fahren, ist es gefährlich. Wenn Sie Ihre Strategie nicht immer wieder überprüfen, dürfen Sie sie gar nicht mehr als „Strategie“ bezeichnen, denn sie garantiert in diesem Fall viel eher, daß Sie hinter Ihre Wettbewerber zurückfallen. Und wenn Sie so weit sind, daß Sie nicht mehr Schritt halten können, erhöht sich unter anderem die Wahrscheinlichkeit einer Restrukturierung mit dem Rücken zur Wand. Sie haben dann nicht mehr viel Entscheidungsfreiheit, und Sie geben zumindest kurzfristig die Möglichkeit auf, eine wirklich kreative Strategie zu entwickeln, mit der Ihr Unternehmen wieder hervorragende Leistungen erzielen kann.

Die Schweizer Uhrenindustrie

Die Schweizer Uhrenindustrie ist ein klassisches Beispiel für eine Branche, deren Blick nicht nach vorne, sondern rückwärts gerichtet war. In den frühen 80er Jahren stand sie kurz vor dem Aussterben. Sie fiel von der Position des Weltmarktführers auf nur zwei Prozent des weltweiten Absatzes zurück. Obwohl die schweizer Uhrmacher die Quarztechnologie perfektioniert hatten, blieben sie handwerksorientiert. Sie kümmerten sich mehr um die Verteidigung des Uhrmacherhandwerks als Kunst, wie sie sie kannten, als um die Ausschöpfung neuer Technologien zur Herstellung billigerer und genauerer Uhren. Sie mußten ihr Beharren auf den alten Traditionen und Methoden sehr teuer bezahlen, und der Markt ging eine Zeitlang fest in japanische Hände über.

Der durchschnittliche Uhrmacher in der Schweiz hat es versäumt, sich dem Wandel der Zeit und der Kundenwünsche anzupassen und machte einfach so weiter wie zuvor – bis Nicholas Hayek mit seiner innovativen Swatch auf den Plan trat und die Spielkarten wieder neu gemischt werden mußten.

Benchmarking

Benchmarking ist zwar sehr wichtig, aber es kann die Strategie nicht ersetzen. Wenn einer Ihrer Konkurrenten in einem wichtigen Wettbewerbsaspekt einen großen Vorsprung besitzt, sollten Sie natürlich so früh wie möglich davon erfahren. Wenn Sie diese Benchmarks dann jedoch erreicht oder sogar überschritten haben, haben Sie damit lediglich die Strategie eines anderen Unternehmens kopiert. Sie machen sich dadurch von den Strategien Ihrer Wettbewerber abhängig. Schlimmer noch: Sie enden vielleicht damit, daß Sie einen Teil der Strategie des Wettbewerbers A, einen Teil von Wettbewerber B und so weiter nachahmen – lauter Fragmente von Strategien, die eigentlich nicht zueinander passen. In diesem Fall können Sie bestenfalls hoffen, daß Sie mit dem Rest der Branche Schritt halten, aber Sie werden niemals einen echten Durchbruch erzielen und meist nur den anderen hinterherlaufen. Der kurzfristige Vorteil der Einführung einer neuen Prozedur oder Taktik bleibt dann immer nur den anderen vorbehalten.

Business Process Reengineering

Business Process Reengineering, die Reorganisation eines Unternehmens in Prozesse und eine neue Betrachtungsweise der Durchführung dieser Prozesse, hat viele gute Auswirkungen auf ein Unternehmen. Es fördert ineffiziente Stellen in den Prozessen zutage, und es veranlaßt die Unternehmen, sich neue Methoden auszudenken. Die Konzentration auf das Prozeßdenken stellt normalerweise einen besseren Bezug zu den Bedürfnissen der Kunden her als die herkömmliche funktionale Betrachtungsweise.

Doch auch das Business Process Reengineering ist keine Strategie, und eine Verwechslung der beiden ist gefährlich. Beim Reengineering wird ein Unternehmen definitionsgemäß nicht als Ganzes betrachtet, sondern es werden nur jeweils bestimmte Teilbereiche verbessert. Sie könnten dadurch zu dem Glauben verleitet werden, daß Sie alle Probleme gelöst haben, obwohl Sie, wenn man das Gesamtbild betrachtet, möglicherweise auf der ganz falschen Fährte sind. Das Beispiel einer nordeuropäischen Schiffswerft zeigt ganz deutlich die Risiken, die auf ein Unternehmen lauern, wenn Reengineering ohne Strategie durchgeführt wird.

Schiffswerft in Nordeuropa

Diese große Werft stürzte sich mit vollem Elan in das Business Process Reengineering und zog daraus auch alle Vorteile, die man erwarten kann: beschleunigte und effizientere Prozesse, eine Verwandlung der Unternehmenskultur von Starre zu Offenheit und Kostenreduzierungen. Aber es gab ein wichtiges Problem. Während sich das Unternehmen ganz auf sich selbst und seine Verbesserungen konzentrierte, vollzog sich auf dem Markt eine dramatische Umwälzung. Nach dem Reengineering stellte das Unternehmen fest, daß es ein Meister in der Herstellung von Produkten geworden war, die niemand mehr brauchte. Das Unternehmen hatte sich fast zu Tode reorganisiert. Wenn da nicht noch einige Nischenprodukte und Dienstleistungen gewesen wären, gäbe es diese Werft heute wohl nicht mehr.

Kostenreduzierung

Unser Eröffnungsbeispiel macht deutlich, daß die Kostenreduzierung nur eine blasse Imitation einer Strategie ist. Die Vorteile niedrigerer Kosten können eine anvisierte Strategie verbessern. Wenn jedoch die Kostenreduzierung das einzige Ziel ist, ohne eine Vorstellung davon, in welche Richtung sich das Unternehmen nach den Kürzungen bewegen soll, wird ein Unternehmen dadurch oft angreifbar und muß in der Folge die Kosten womöglich erneut reduzieren. Eine ganze Reihe von Studien hat deutlich gezeigt, daß Downsizing und Kostenreduzierungen in einem strategischen Vakuum gefährlich sind. Das wahrscheinliche Ergebnis ist, daß Sie die erhofften Einsparungen nicht erreichen, hinter die Wettbewerber zurückfallen und die Kosten weiter verringern müssen. In einer Umfrage von 1994 stellte sich heraus, daß zwei Drittel der Unternehmen, die einmal Arbeitsplätze gestrichen hatten, dies im nächsten Jahr erneut tun mußten.[15] Eine weitere Umfrage bei 1005 Unternehmen, die ein Downsizing durchgeführt hatten, ergab, daß nur 46 Prozent von ihnen die Kosten tatsächlich senken konnten und daß nur bei 32 Prozent eine Erhöhung der Gewinne zu verzeichnen war.[16] Im folgenden sehen Sie das Beispiel eines europäischen Konglomerats.

Europäisches Konglomerat

Das Konglomerat sah sich abbröckelnden Gewinnen ausgesetzt und entschied sich als Reaktion für Kostensenkungen. Alle 14 Geschäftsbereiche, die zu dem Konglomerat gehörten, wurden angewiesen, ihre Kosten zu reduzieren, um die Gesamtposition des Unternehmens zu verbessern. Da diese Anstrengung nicht von Erfolg gekrönt war, folgten weitere Kostenreduzierungen, und diese Spirale setzte sich fort, so daß die Unternehmen immer schwächer wurden – bis zum bitteren Ende. Eine nachträgliche Untersuchung zeigte, daß die meisten Geschäftsbereiche zu klein waren, als daß sie jemals in ihren Marktsegmenten wirtschaftlich hätten konkurrieren können. Doch einige von ihnen waren sehr vielversprechend gewesen. Hätte das Konglomerat zuerst eine strategische Analyse durchgeführt, hätte es die Unternehmen verkaufen können, die alleine nicht überlebensfähig gewesen wären. Mit Hilfe der so gewonnenen Ressourcen wäre es in der Lage gewesen, die vielversprechenden Geschäftsbereiche aufzubauen.

Budgetplanung

Die Budgetplanung wird manchmal mit der Entwicklung einer Strategie gleichgesetzt. Weil im Zuge dieser Maßnahme jede Abteilung ihre Aktivitäten rechtfertigen muß, hofft die Unternehmensleitung, diese Pläne zu einer Strategie zusammenfassen zu können. Doch die Budgetplanung ist eine Methode zur Betriebsführung, nicht zur Strategieentwicklung. Die Strategie wird in Teile zerlegt, und dann wird festgestellt, was diese für die einzelnen Bereiche bedeuten. Eine Strategie sollte jedoch nicht in Teile zerlegt werden, sondern vielmehr alles in sich vereinen. Zudem sind Budgets ihrem Wesen nach nur kurzfristig. Ein Budgetplan umfaßt eine bestimmte Zeitspanne, meist das kommende Jahr, und danach stehen Sie vor einem unbeschriebenen Blatt. Die Strategie sollte jedoch weiter in die Zukunft geplant werden.

Keine Gelegenheit verpassen

Ein Unternehmen, das keine Gelegenheit verpassen will, verfolgt alle Möglichkeiten, die sich ihm bieten. Das Problem dabei ist, daß nicht alle Gelegenheiten gut sind. Außerdem entsteht das Problem, daß wahrscheinlich nie der Name dieses Unternehmens fällt, wenn jemand nach einem Experten fragt. Es handelt sich nicht um Strategie, weil ein Unternehmen damit keine differenzierte Wettbewerbsposition erlangt. Wenn die Ressourcen knapp werden, bietet Ihnen dieser Ansatz keine Hilfestellung zu ihrer bestmöglichen Verteilung, weil ohne Strategie alles wichtig erscheint. Eine Strategie verrät Ihnen nicht nur, was Sie tun sollen, sondern auch, was Sie *nicht* tun sollen.

Eine Strategie verrät Ihnen nicht nur, was Sie tun sollen, sondern auch, was Sie *nicht* tun sollen.

Unserer Erfahrung nach akzeptieren viele Unternehmen eine dieser Ersatzmöglichkeiten anstelle einer echten Strategie. Manche folgen auch automatisch immer wieder derselben Strategie oder lassen sich auf etwas ein, was zu vage ist, um wirklich hilfreich zu sein. Sehr wenige Unternehmen geben sich nur mit einer echten Strategie zufrieden. Diese wenigen Unternehmen, die es auf sich nehmen, eine echte Strategie zu formulieren, erwirtschaften jedoch auch beträchtliche Vorteile. Sie sind die Anführer des Rudels. Die Unternehmen mit den höchsten Leistungen geben in der Umfrage an, daß ihre Strategie den Schlüssel zum Erfolg darstellt.

Der Erfolg der Restrukturierung basiert auf einer starken Strategie

Gründe, die für den Erfolg von Restrukturierungen angegeben wurden:

„Die Restrukturierung gründete sich auf eine handfeste Strategie."

„Wir prüften die wichtigsten Bedrohungen und Gelegenheiten für jede unserer hauptsächlichen Geschäftseinheiten und bekräftigten auf dieser Grundlage unsere Strategie."

Nun haben wir aber genug darüber geschrieben, was Strategie *nicht* ist. Kehren wir zurück zu den beiden grundlegenden Strategien der fokussierten Differenzierung und der Kostenführerschaft. Denken Sie an die letzten Strategien, die Sie sich überlegt haben. Jede von ihnen – vorausgesetzt, es handelte sich um eine echte Strategie und nicht nur um einen Ersatz – konzentrierte sich auf etwas, das Sie entweder von Ihren Wettbewerbern unterschied oder das dazu geeignet war, Ihr Unternehmen in die Position eines Kostenführers zu bringen. Die erste strategische Entscheidung muß demnach zwischen diesen beiden Ansätzen getroffen werden. Bewerten Sie, wieviel Kraft jede dieser beiden Strategien Ihnen im Vergleich zu Ihren Wettbewerbern verschafft, und beurteilen Sie Ihre Stärken und Schwächen. Wir werden nun jede dieser Strategien ausführlich betrachten, damit Sie überlegen können, welche für Sie am besten geeignet ist.

Fokussierung: Der Mut, eine Entscheidung zu fällen

Bei einer Strategie der Fokussierung wird die einmalige Stärke Ihres Unternehmens voll ausgeschöpft oder eine Stärke identifiziert, die in Ihrem Unternehmen gefördert werden sollte. Diese Strategie verstärkt sich selbst. Wenn Sie sich für eine bestimmte Dimension entscheiden, auf deren Grundlage Sie den Wettbewerb aufbauen wollen, können Sie sich ganz auf die Bereiche konzentrieren, die notwendig sind, um in dieser Dimension herausragende Leistungen zu erzielen. Als Folge dieser Konzentration wächst das Fachwissen auf diesem Gebiet, und Ihr Unternehmen wird noch stärker zu hervorragenden Leistungen befähigt. Sie konzentrieren sich dabei auf diejenigen Gebiete, von denen Sie glauben, daß Sie dort eine unangefochtene Stärke besitzen, die für Ihre bestehenden und potentiellen Kunden attraktiv ist. Es kann sich um ein bestimmtes

Kundensegment, ein bestimmtes Paket von Vorteilen oder auch ein bestimmtes geographisches Gebiet handeln.

Ein Manager, dessen Unternehmen einen von Problemen begleiteten Restrukturierungsprozeß durchmachte, kommentiert hierzu, daß *„unklare Prioritäten die Restrukturierung erschwerten"*. Der Manager eines Unternehmens nach erfolgreicher Restrukturierung gibt dagegen an, daß seine *„Restrukturierung ein Erfolg war, weil das Unternehmen eine Fokussierung auf das Kerngeschäft erreicht hat und somit die Ressourcen nicht mehr so breit gestreut werden müssen"*. Aus diesem Grund ist die Fokussierung so wichtig. Sie können dadurch Ihre begrenzten Ressourcen möglichst wirkungsvoll einsetzen. Diese Tatsache wurde auch von den Teilnehmern in unserem Restructuring Affinity Council bestätigt.

Auf die Frage, wie die Fokussierung am besten zu erreichen ist, lautete die erste Antwort immer: *„Konzentration auf die Ressourcen und Verstärkung der Kompetenzen."* Ressourcen stehen selten in unbegrenztem Maß zur Verfügung, und eine Strategie der fokussierten Differenzierung hilft einem Unternehmen, seine Energien richtig zu verteilen. Im folgenden sehen Sie ein Beispiel für ein Unternehmen, das die Nachteile eines unfokussierten Ansatzes am eigenen Leib erfahren mußte.

Unfokussierter Geschäftsansatz

Ein wichtiger europäischer Wettbewerber im Bereich der Fußbodenbeläge nahm in zwölf Segmenten seiner Branche am Wettbewerb teil und war stolz darauf, mehrere Hundert verschiedene Produktlinien anzubieten. Eine sorgfältige Analyse ergab, daß das Unternehmen in allen Bereichen Verluste machte, in denen es im Vergleich zur gesamten Branche keine kritische Masse besaß. Diese Verluste ließen die Ressourcen so knapp werden, daß das Unternehmen keine anderen Firmen mehr aufkaufen konnte, die das Potential gehabt hätten, die Position des Unternehmens in seinen starken Bereichen zu unterstützen. Die Wettbewerber mit klarer Fokussierung waren demgegenüber die stärksten und rentabelsten Wettbewerbsteilnehmer in dieser Branche.

In diesem Beispiel führte die Unfähigkeit des Unternehmens, sich auf die rentablen Geschäftszweige zu konzentrieren, zu einer Menge verpaßter Gelegenheiten und zu einer unterdurchschnittlichen finanziellen Leistung. Das Unternehmen Winterhalter Gastronom suchte dagegen nach einer Möglichkeit, die Bereiche auszuweiten, in denen es erwiesenermaßen gute Leistungen erbrachte. Mit Hilfe dieser Konzentration erreichte das Unternehmen die Position des weltweiten Marktführers in einem Segment der kommerziell eingesetzten Geschirrspülmaschinen. Manfred Bobeck, einer der Direktoren bei Winterhalter, erzählt, wie es dazu kam.

Winterhalter Gastronom

„Wir analysierten den gesamten Markt für kommerzielle Geschirrspülmaschinen und fanden heraus, daß unser Anteil am Weltmarkt bei etwa zwei Prozent lag. Wir waren also nur ein Unternehmen unter vielen. Aus diesem Grund haben wir unsere Strategie vollkommen neu ausgerichtet. Wir begannen, uns nur noch auf Hotels und Restaurants zu konzentrieren, und haben sogar den Namen geändert [und ‚Gastronom' hinzugefügt]. Wir definieren unser Geschäft jetzt dadurch, daß wir Hotels und Restaurants saubere Gläser und sauberes Geschirr bieten wollen, und übernehmen dafür die volle Verantwortung. Zu unserer Produktlinie gehören auch Wasserenthärter und eine eigene Spülmittelmarke. Wir bieten rund um die Uhr exzellenten Service. Unser Anteil am Weltmarkt des Hotel- und Restaurantsegments beträgt nun 15 bis 20 Prozent und steigt weiter. Wir haben keinen gleichwertigen Wettbewerber mehr. Für uns ist es leichter, unsere Systeme an die Bedürfnisse von Hotels in verschiedenen Ländern anzupassen, weil sie einander überall ähnlich sind. Es wäre viel schwieriger, die Systeme an die Bedürfnisse verschiedener Kundengruppen anzupassen, weil diese sich dagegen stark unterscheiden. Hotels in Deutschland und Asien sind einander viel ähnlicher als beispielsweise Krankenhäuser und Hotels in Deutschland. So einfach ist das!' Kleine, ja sogar winzige Nischenmärkte können erstaunlich groß werden, wenn man sie auf die ganze Welt ausdehnt."[17]

Winterhalter konzentrierte sich auf ein ganz spezielles Industriesegment, und durch diese Konzentration konnte das Unternehmen ein Produktangebot und Fachwissen entwickeln, das in seiner Branche unerreicht blieb. Es verfolgte eine disziplinierte Annäherung an den Markt, indem es sein Produkt immer weiter verfeinerte und optimierte und dieses Spezialwissen dann einsetzte, um sein Geschäft global auszudehnen. Es ließ sich weder von seinem Ziel ablenken, noch verzettelte es sich in seinen Anstrengungen.

Ein Unternehmen, dessen Topmanagement eindeutige Entscheidungen getroffen hat, das weiß, in welchem Geschäft es tätig sein will und in welchem nicht, hat oft echte Vorteile gegenüber Unternehmen mit breit gestreuten Interessen. Im fokussierten Unternehmen wird schneller entschieden, welche Informationen und Trends für den eigenen Geschäftsbereich relevant sind, weil das Management genau weiß, um welchen Geschäftsbereich es sich handelt. Dabei werden sowohl Zeit als auch Ressourcen gespart, weil der Markt viel effizienter beobachtet wird. Und was noch wichtiger ist: Ein solches Unternehmen hat eine kürzere Reaktionszeit als seine weniger stark fokussierten Wettbewerber.

Deutsche Bahn AG

Die Deutsche Bahn AG (DB AG) wird gerade wesentlichen Umwandlungen unterzogen, und dabei konzentriert man sich auf genau das, was sie braucht, um im Geschäft zu bleiben: die Kunden. Dies ist eine gewaltige Neuerung für die ehemaligen ost- und westdeutschen Eisenbahngesellschaften, die sich früher als staatliche „Unternehmen" an starre Regeln und Regulierungen gehalten hatten, bei denen der Kunde nur selten Beachtung fand. Doch die letzten Initiativen der DB AG zeigen, daß sie erkannt hat, daß sie nur überlebensfähig ist, wenn sie den vom Kunden gewünschten Service leistet. Zu diesen Initiativen gehören eine Verbesserung des Komforts und der Geschwindigkeit im Langstreckenreiseverkehr, die telefonische Bereitstellung von Reiseinformationen, die Verringerung der Wartezeiten beim Fahrkartenkauf und eine höhere Sicherheit auf den Bahnhöfen. Die Bedeutung des Kunden hat sich auch auf die Leistungsbeurteilung ausgewirkt. Die Leistung wird inzwischen weitgehend am Maßstab der Kundenzufriedenheit gemessen. Die Mitarbeiter werden auch dazu angeregt, mehr Verantwortung zu übernehmen, besonders wenn dies noch zufriedenere Kunden zur Folge hat. Die DB AG ist sich dessen bewußt, daß noch ein langer, schwieriger Weg vor ihr liegt, aber sie hat schon große Schritte zurückgelegt, indem sie erstens die Bedeutung der Kunden erkannt hat und indem sich zweitens diese Fokussierung auch in ihren Aktionsplänen und in den Leistungsbeurteilungssystemen niederschlägt.

Warum schätzen manche Unternehmen die Bedeutung der Fokussierung so gering ein? Worin liegt der wahre Unterschied zwischen den Unternehmen mit den höchsten Leistungen und den anderen? Der Unterschied liegt in dem Mut, sich für einen bestimmten Weg zu entscheiden. Viele von uns zögern, wenn es darum geht, bestimmte Optionen ganz zu verwerfen, denn es könnte ja sein, daß eine dieser Optionen eines Tages eine Chance eröffnet. Dies ist aber keine Strategie, sondern eher eine Form der Beschäftigungstherapie. Strategie bedeutet, daß Sie sich entscheiden müssen. Sie müssen wählen, was Sie tun wollen und was Sie nicht tun wollen. Wenn Sie wirklich danach streben, daß sich Ihr Unternehmen einen Namen macht, dann müssen Sie *entscheiden*, auf welchem Gebiet dies geschehen soll. Daimler-Benz ist ein gutes Beispiel für ein Unternehmen, das seine Fokussierung verloren hatte, und gleichzeitig für eine Führungspersönlichkeit, die die Stärke besaß, die Fokussierung zurückzugewinnen.

Daimler-Benz

Dieses Unternehmen hat sich nach dem Zweiten Weltkrieg einen makellosen Ruf als Hersteller von Luxusfahrzeugen erworben. In den 80er Jahren übernahm es mit dem Ziel, ein „Technologiekonzern" zu werden, eine Reihe von Unternehmen in ganz anderen Geschäftsbereichen. Weder war klar, in welchem Geschäftsbereich Daimler-Benz tätig war, noch war deutlich, worauf das Unternehmen seine Anstrengungen konzentrieren sollte. Unter diesem Dilemma litt die finanzielle Leistung ganz wesentlich. Das Unternehmen schuf nicht nur keinen Wert mehr, es war sogar dabei, Wert zu vernichten. Der jetzige Vorstandsvorsitzende von Daimler-Benz, Jürgen Schrempp, handelte schnell und entschieden, um einige wackelige Tochtergesellschaften wieder loszuwerden. Das Unternehmen hat seine ursprüngliche Fokussierung wiedererlangt – man denke an die Fusion mit Chrysler.

Die Teilnehmer des Affinity Councils bestätigten, daß die Fokussierung unter der mangelnden Entscheidungsfähigkeit der Manager leidet (siehe Abbildung 4.4). Ihrer Ansicht nach ist das Fehlen starker Führungspersönlichkeiten, die bereit sind, schnelle und auch unbequeme Entscheidungen zu treffen, das größte Hindernis für die Entwicklung einer Strategie. Die Mitglieder des Affinity Councils haben also das Problem erkannt, aber jeder von ihnen wird sich sehr anstrengen müssen, damit er selbst es schafft, seinen Worten Taten folgen zu lassen. Auch die zweithäufigste Reaktion – die Orientierung auf kurzfristige Ergebnisse –

läßt mangelnden Mut erkennen. Das Management entscheidet sich für den leichteren Ausweg, nämlich für eine kurzfristige Lösung, anstatt eine Strategie zu definieren und eine Restrukturierung durchzuführen, um eine langfristige Grundlage zu schaffen. Es handelt sich um die bereits identifizierte, nicht sehr mutige Einstellung, und Percy Barnevik ist davon überzeugt, daß sich ihre schädliche Wirkung langfristig sogar mehr verstärkt.

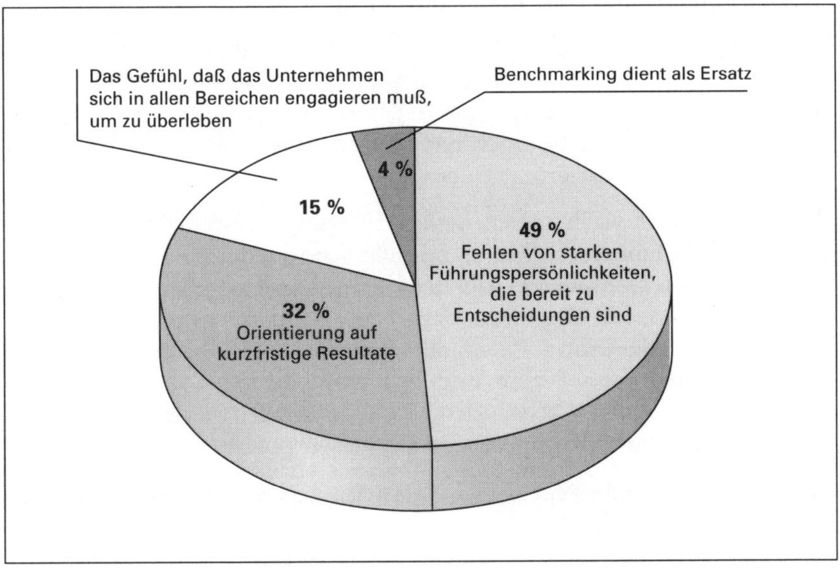

Abbildung 4.4: Diese Faktoren behindern die Entwicklung einer Strategie zur Restrukturierung

Die Kundenorientierung muß mit der Kenntnis der aktuellen und zukünftigen Wettbewerber einhergehen, damit Sie eine stattfindende Werteverschiebung schnell erkennen. Eine Verschiebung der Werte bedeutet eine Veränderung des Punktes, an dem Wert erzeugt wird. In der Computerhardware-Industrie hat sich der Wert beispielsweise vom Computer hin zu den Ersatzteilen und Erweiterungen verlagert, die sofort nach dem Kauf des Computers benötigt werden.

Jeder sollte beobachten, in welche Richtung sich der Wert bewegt. Besonders wichtig ist dies jedoch, wenn Sie eine Strategie der Fokussierung verfolgen. In diesem Fall müssen Sie sehr lange im voraus wissen, ob sich der Wert von Ihrem Geschäftszweig weg und hin zu einem anderen verlagert. Je früher Sie dies erkennen, desto eher können Sie sich anpassen. Dies ist einer der Gründe, warum Offenheit und Vorausschau so wichtig sind. Das allerbeste, noch besser als die Früherkennung der Trends der Wertverlagerung, ist es jedoch, diese Trends selbst zu erzeugen und auszulösen. Wenn Sie nicht nur vorausahnen, in welche Richtung sich Ihre Branche bewegt, sondern sogar die zukünftigen Bedürfnisse der Kunden vorhersehen, dann können Sie dafür sorgen, daß sich der Wert hin zu Ihren eigenen Angeboten verschiebt.

Ein Unternehmen, das sich über seine Geschäftstätigkeit im klaren ist, ist sehr wahrscheinlich in der Lage, bessere Leistungen zu erzielen. Die Fokussierung fördert das Spezialwissen. Nokia hatte zunächst viele verstreute Interessengebiete, doch das Unternehmen hat es geschafft, eine hervorragende Fokussierung zu erreichen.

Der Gegensatz zwischen den beiden Führungspersönlichkeiten ist erstaunlich. Der eine versuchte es mit allem und jedem – ein klassisches Beispiel für die Denkweise, daß man sich überall engagieren muß, um Erfolg zu haben. Im Gegensatz dazu analysierte der gegenwärtige Vorstandsvorsitzende Jorma Ollila das Potential aller Produktlinien und Geschäftszweige von Nokia und beschloß, die Ressourcen und das Fachwissen auf einen wachsenden Markt zu konzentrieren, auf dem das Unternehmen starke Kompetenzen aufweisen konnte.

Eines der Argumente gegen die Fokussierung, das meist von denjenigen vorgebracht wird, die nicht gerne harte Entscheidungen treffen, lautet, daß es zu gefährlich ist, alles auf eine Karte zu setzen. Diese Perspektive geht jedoch davon aus, daß die Fokussierung blind festgelegt und nicht mehr verändert wird. Dies wäre in der Tat gefährlich. Wenn Sie sich für eine Strategie der fokussierten Differenzierung entscheiden, müssen Sie ganz besonders auf Ihre Umgebung, auf Entwicklungen in Ihrer Branche und auf Ihre Kunden achten. Es ist entscheidend, daß Sie bevorstehende Veränderungen, die sich auf die von Ihnen ausgewählte Fokussierung auswirken, früh genug erkennen, damit Sie sich rechtzeitig anpassen können. Dabei ist es von Vorteil, wenn Sie sich nicht auf ein bestimmtes Produkt, sondern auf ein Kundenbedürfnis konzentrieren. Wenn Sie sich auf die Erfüllung eines Bedürfnisses konzentrieren, verändern sich Ihre Produkte im Einklang mit der Situation der Kunden. Wenn Sie sich dagegen auf ein bestimmtes Produkt konzentrieren, laufen Sie Gefahr, dasselbe Schicksal zu erleiden wie die Schiffswerft, deren Beispiel wir beschrieben haben. Sie sitzen dann auf einem perfekten Produkt, das aber niemand kaufen will.

Nokia

Die Anfänge von Nokia als kleine Zellstoffmühle im Dorf Nokia in Finnland liegen über 100 Jahre zurück. Im Laufe der Jahre wurde das Unternehmen um zahlreiche Geschäftssegmente erweitert, unter anderem in den Bereichen Gummi, Chemikalien, Fußbodenbeläge, Ventilationssysteme und schließlich Telefone. Als der Konzern in den 80er Jahren sinkende Absatzzahlen verzeichnete, verfiel der Vorstandsvorsitzende in einen wahren Kaufrausch. Er kaufte alle Unternehmen, die so aussahen, als könnten sie den Absatzrückgang im bestehenden Geschäft ausgleichen. Auf diese Weise trat Nokia auch in das Farbfernseh- und Computergeschäft ein, aber der Konzern blieb in fast allen Segmenten zu klein, um im globalen Wettbewerb bestehen zu können, so daß der abwärts gerichtete Trend sich fortsetzte.

Als das Unternehmen 1992 einen neuen Chef erhielt, machte dieser zunächst einmal reinen Tisch. Er zog sich aus unrentablen Geschäftszweigen zurück und investierte das frei gewordene Geld und Personal in die Geschäftszweige der Mobilfunktechnik und Telekommunikation. Auf diese Weise gab es endlich klare Richtungsvorgaben des Topmanagements, und jeder Mitarbeiter verstand, was der Konzern erreichen wollte. Der neue Chef verstärkte die unternehmerische Kultur, da sie seiner Meinung nach in den Branchen Telekommunikation und mobile Telefone zu einer Differenzierung führen würde. Er stellte neue Manager ein, die im Ausland studiert hatten und internationale Perspektiven in das Unternehmen einbrachten. Der Markt in Finnland ist so klein, daß das Unternehmen auch internationale Märkte in seine Anstrengungen mit einbeziehen mußte: Die Strategie lautete, die herausragende Kompetenz des Unternehmens im Bereich der Mobilfunktechnik für den Eintritt in den globalen Markt zu nutzen.[18]

Die Fokussierung fördert das entsprechende Spezialwissen. Durch die Fokussierung werden der Einsatz der Ressourcen optimiert und die Prioritäten für Ihr Unternehmen festgelegt. Durch die Fokussierung differenziert sich Ihr Unternehmen auf dem Markt. Die Fokussierung erfordert bewußte Aufmerksamkeit.

Kostenführerschaft ist eine stetige Herausforderung

Bei der Strategie der Kostenführerschaft geht es darum, den Kunden Produkte zu niedrigeren Kosten anzubieten als jeder Wettbewerber. Diese Strategie ist innerhalb jeder Qualitätsstufe durchführbar, denn sie bedeutet im Grunde genommen die Wertführerschaft auf jedem Qualitätsniveau. Dazu genügt es nicht, daß Ihr Unternehmen in jedem Jahr die Kosten stärker senkt als alle Wettbewerber. Mit diesem Ansatz erreichen Sie wahrscheinlich nur, daß letztendlich die Qualität beeinträchtigt wird und der Absatz sinkt, so daß Ihnen nicht mehr genügend Geld zur Verfügung steht, um stetige Innovationen zu fördern und neue Wege zur Kostenreduzierung in Ihren Angeboten zu erforschen.

Die Strategie der Kostenführerschaft ist innerhalb jeder Qualitätsstufe durchführbar.

Hinsichtlich der Strategie der Kostenführerschaft steht eine Tatsache felsenfest: Die Wettbewerber werden Ihnen laufend auf den Fersen sein. Kostenvorteile lassen sich mit am leichtesten kopieren, und aus diesem Grund ist die Kostenführerschaft eine sehr anspruchsvolle Strategie, die laufend Innovationen erfordert.

Eine dieser Innovationen ist die Neuorganisation der Wertschöpfungsketten und der Aufbau von Vertrauen zwischen Zulieferern und Kunden. Eines der führenden Bauunternehmen in Schweden, Skanska, hat sich in seinem Streben nach Kostenführerschaft auf die Wertschöpfungskette konzentriert.

Skanska war gezwungen, völlig neue Wege zu gehen, um Möglichkeiten zur Kostenreduzierung in seinen Angeboten zu finden. Der Weg zur Kostenführerschaft führte in diesem Fall nicht über die Verbesserung bestehender Prozesse, sondern über die Suche nach neuen Ansätzen in den Geschäftsabläufen.

Die Kostenführerschaft als Strategie bietet sich eher in der Rohstoffindustrie an, in der eine Strategie der fokussierten Differenzierung schwer durchführbar ist. Denken Sie aber einmal über die Bedeutung dieser Tatsache nach. Wenn Sie in einer der Rohstoffindustrien tätig sind, arbeiten wahrscheinlich außer Ihnen selbst auch alle Ihre Wettbewerber auf einen Kostenvorsprung hin. In der Chemieindustrie haben sich daraus bereits sehr interessante Folgen ergeben.

Skanska

Skanska suchte nach Möglichkeiten, seine Wettbewerbsfähigkeit zu verbessern, um sich in einem rückläufigen Markt größere Marktanteile zu sichern. In diesem Bestreben führte das Unternehmen zwei erfolgreiche Schritte durch, die beide auf einem ganz neuen Ansatz im Rahmen der unveränderten, alten Methoden beruhten. Der erste Schritt bestand darin, möglichst viele Prozesse zu standardisieren.

Dahinter lag die Absicht, Zeit und Kosten zu sparen, was beides sehr wichtig für die Kunden ist. Das Innere der Aufzugkabinen wurde beispielsweise weiterhin individuell an die Kundenwünsche angepaßt, aber Skanska arbeitete zusammen mit einem Aufzughersteller und mehreren Architekten und Ingenieuren fünf grundlegende Kabinengehäuse aus. Es wird also nicht mehr jede Kabine einzeln entworfen.

Vor dieser Initiative von Skanska gab es in diesem Bereich praktisch keine Standardisierung, und dennoch identifizierte das Unternehmen bestimmte Bedingungen, unter denen sie möglich war, ohne die Einmaligkeit der Bauprojekte zu opfern. Nun bietet das Unternehmen für seine Kunden dieselbe Qualität zu niedrigeren Kosten. Im zweiten Schritt wurden Exklusivverträge mit den wichtigsten Zulieferern ausgehandelt, wieder mit dem Ziel, Zeit und Kosten zu sparen.

Der offene Informationsaustausch, den diese Allianzen förderten, brachte bald die Tatsache ans Licht, daß die Zwischenhändler, die in fast allen Fällen als Zwischenglied zwischen den Zulieferern und dem Großlieferanten fungierten, nur wenig Wert in den Prozeß einbrachten. Aus diesem Grund wurden die Zwischenhändler bei der Mehrzahl der Transaktionen aus der Wertschöpfungskette ausgeschlossen. Auch dies war in dieser Branche bis dahin noch nie vorgekommen, bedeutete aber eine echte Kostenersparnis sowohl für Skanska als auch für die Zulieferer, so daß Skanska das Ziel höherer Wettbewerbsfähigkeit erreichte.[19]

Die chemische Industrie

In ihrer Eigenschaft als Rohstoffunternehmen, in denen sich Größenvorteile in hohem Maß auszahlen, streben die Chemieunternehmen danach, möglichst große petrochemische Anlagen zu bauen und ihre volle Kapazität auszunutzen. Wenn zwei Unternehmen gleichzeitig neue Mega-Anlagen eröffnen, ist das sehr ungünstig, denn beide werden letztendlich ihre Kapazität nicht voll ausschöpfen können und noch weniger in der Lage sein, niedrige Kosten zu erzielen als zuvor. Zwei der größten Wettbewerber in der Branche haben einen Ausweg aus diesem Dilemma gefunden. Sie haben zusammen eine Anlage errichtet und beziehen nun jeweils eine nicht konkurrierende Chemikalie aus deren Betrieb.

Diese beiden Wettbewerber haben erkannt, daß der Weg zur Kostenführerschaft in diesem Fall nicht im Konflikt, sondern in der Kooperation zu finden war. Es wird interessant werden, die Auswirkungen dieser neuen Kooperation innerhalb der gesamten Branche und auch in anderen Branchen zu beobachten.

Ein Neuzugang in der Rohstoff- und Warenindustrie sind die Finanzdienstleistungen. Alle bieten sie Geld an, aber wer von ihnen kann es auf die günstigste Art und Weise zur Verfügung stellen? Citibank fungierte als Pionier bei kundenorientierten technischen Innovationen, wie Bankautomaten, Zahlungskarten und Telefon-Banking, und inzwischen haben sich diese Methoden als grundlegender Standard überall durchgesetzt. Das bedeutet, daß es kaum mehr etwas gibt, womit sich die einzelnen Banken differenzieren können, sieht man einmal von den unterschiedlichen Kredit- und Sparzinsen ab. Daher kommt der Kostenkontrolle eine sehr große Bedeutung zu, doch der Weg zur Kostenführerschaft ist mit Hindernissen übersät und schwer. Es gibt für Bankunternehmen zahlreiche verschiedene Möglichkeiten, Kosten einzusparen: Anleiheverluste, effizientere Bearbeitung oder eine Anvisierung von Kunden mit hohen Guthaben und wenig Transaktionen, um nur ein paar zu nennen.

Adtranz

Das Unternehmen Adtranz, das im Januar 1996 durch die Fusion von ABB und dem Geschäftszweig Eisenbahn von Daimler-Benz entstand, konzentriert sich einerseits sehr stark auf die Kosten, während es auf der anderen Seite in seinem Streben nach Kundenfokussierung einen sehr aggressiven Ansatz verfolgt. Auf dem Eisenbahnmarkt sind die Preise weiterhin sehr stark im Rückgang, nachdem sie in den zwei Jahren vor dem Merger bereits um 30 Prozent gefallen waren. Alle Unternehmen in diesem Bereich führen Restrukturierungen durch, um die von den Kunden geforderten Lösungen bieten zu können. Adtranz will durch den Aufbau der Fähigkeit, preisgünstige Lösungen für alle Kunden individuell zu gestalten, einen Marktvorsprung erringen. Multinationale Entwicklungsteams, die sogenannten Centres of Expertise (COE), arbeiten an modularen Produktplattformen, die sich mit nur minimalen Anpassungen an die lokalen Marktanforderungen auf verschiedene Märkte transferieren lassen. Jede technische Lösung wird danach bewertet, ob sie möglichst viele Funktionen enthält, die an mehr als einen Markt angepaßt werden können. Auf diese Weise kann Adtranz die Kostenwirksamkeit erhalten und dennoch individuelle Lösungen für die Kunden anbieten. Jedes COE ist weltweit für seine Produktkategorie verantwortlich. Das bedeutet, daß jedes COE daran interessiert ist, die Ähnlichkeiten und Unterschiede in allen Märkten genau zu kennen, damit die Produkte mit den maximal möglichen Synergieeffekten entwickelt werden können. Adtranz ist ein Beispiel dafür, wie sich ein Unternehmen von seinen Wettbewerbern differenziert, indem es individuell angepaßte Produkte ausliefert, während es gleichzeitig die Kosten im Auge behält. Es ist ein lebendes Beispiel für einen schwierigen Balanceakt: Selbst wenn Sie die Strategie der fokussierten Differenzierung verfolgen, dürfen Sie die Kosten nicht ignorieren.

Kosten bedeuten hier nicht nur Produktkosten, sondern die Gesamtkosten für den Kunden. Bei der Untersuchung des Potentials für eine Kostenführerschaft können manche Unternehmen möglicherweise Standortvorteile für sich verbuchen, die die reinen Produktkostenvorteile anderer Wettbewerber übertreffen. In Europa angesiedelte Unternehmen können im Handel mit europäischen Kunden die Nachteile der höheren Personalkosten manchmal durch den Vorteil ausgleichen, daß sie sich in der Nähe befinden. Der Vorteil niedrigerer Lohnkosten in anderen Ländern wird zum Teil durch die Kosten aufgehoben, die beim Transport der Produkte auf den europäischen Markt entstehen. Wichtig ist, daß Sie die Gesamtsituation betrachten, damit Sie sich nicht auf eine Strategie der Kostenführerschaft festlegen, nur um plötzlich festzustellen, daß Sie aufgrund eines bestimmten Kostenaspekts letztlich doch nicht konkurrenzfähig sind.

Für europäische Unternehmen hängt die Möglichkeit der Kostenführerschaft von mehreren Faktoren ab. Innerhalb Europas ist sie oft leichter zu erreichen als weltweit, weil mit einer Geschäftstätigkeit in Europa von vornherein bestimmte Nachteile verbunden sind: die Regulierung und die damit verbundenen Kosten, Lohn- und Gehaltskosten sowie mangelnde Flexibilität. Aus diesen Gründen stehen in Europa die Erfolgschancen einer Strategie der Kostenführerschaft in kapitalintensiven Branchen höher als in sehr arbeitsintensiven Industriezweigen. Viele Unternehmen in Deutschland haben bereits Arbeitsplätze in den Osten verlagert. In manchen europäischen Ländern wurden bereits Maßnahmen getroffen, um zumindest die Flexibilität der Arbeitskräfte zu erhöhen und die Kosten, die nicht mit dem Gehalt in Zusammenhang stehen, zu begrenzen. Doch bei der derzeitigen Kostenstruktur in Europa bieten insgesamt gesehen wohl Nischen- und Differenzierungsstrategien das höchste Potential. Erinnern Sie sich an das Beispiel von Winterhalter Gastronom: *„Kleine, ja sogar winzige Nischenmärkte können erstaunlich groß werden, wenn man sie auf die ganze Welt ausdehnt.“*

Richten Sie Ihre Aufmerksamkeit auf Innovationen, mit deren Hilfe Sie Ihre Kosten auf eine Weise reduzieren können, die von den Wettbewerbern nur schwer nachgeahmt werden kann. Vergessen Sie darüber jedoch auch nicht Ihre täglichen Aktivitäten. Es mag zwar sein, daß Sie unbedingt eine Innovation im Bereich der Kosten erfinden müssen, aber wenn Sie beim Einführen dieser Innovation die übrigen Kosten schleifen lassen, werden Ihre Anstrengungen zunichte gemacht. Es gibt zwei Gründe dafür, daß herausragende operationale Leistungen die Grundlage für eine Strategie der Kostenführerschaft bilden. Wenn Sie nicht die besten Methoden haben, steigen erstens die Kosten, und Sie können nicht auf der beabsichtigten Basis konkurrieren. Und wenn schlechte Methoden zweitens zur Folge haben, daß auf dem Weg zur Erreichung der gewünschten Struktur die Qualität auf der Strecke bleibt, sind Sie unbeabsichtigterweise doch zu einer Strategie der Differenzierung übergegangen, und zwar zu einer Strategie, bei der Sie der Verlierer sind. Ihre Wettbewerber werden auf Ihr niedriges Qualitätsniveau verweisen und damit Ihre Kostenvorteile überwinden.

Die Strategie der Kostenführerschaft bedingt, daß Sie im Tagesgeschäft hervorragende Leistungen erreichen, während Sie gleichzeitig immer die Zukunft im Auge behalten. Sie müssen die gegenwärtigen Operationen perfektionieren, aber auch in die Zukunft blicken und neue Technologien meistern, damit Sie frühzeitig die nächste Verbesserung erkennen, die Ihnen einen neuen Vorteil verschafft.

Setzen Sie auf Wachstum

> *„Wir haben die Kehrtwendung erfolgreich bewerkstelligt und das Vertrauen der Finanzmärkte zurückgewonnen, weil wir uns auf eine Wachstumsstrategie konzentriert haben.“*

Unternehmen stehen permanent unter dem Druck, Wachstumsmöglichkeiten zu finden – nicht nur im Vergleich zu ihrer eigenen bisherigen Leistung, sondern auch im Vergleich zu ihren Wettbewerbern – und sie müssen dabei in neue Bereiche hineinwachsen, durch die neue Märkte entstehen. Wenn ein Unternehmen zwar wächst, dieses Wachstum sich aber langsamer vollzieht als das des Marktes, klopft es sich möglicherweise selbst auf die Schulter, obwohl es eigentlich schlechte Leistungen vollbringt. Zufälliges und unfokussiertes Wachstum ist zwar oft kurzfristig sehr befriedigend, aber es führt manchmal zu gefährlichen Vorstellungen über die Wettbewerbsfähigkeit eines Unternehmens. Dies ist eines der Probleme in Europa. Mit der Zunahme der Kaufkraft der Verbraucher sind auch die Unternehmen gewachsen, um mit den größer werdenden Märkten Schritt zu halten. Sie waren zwar sehr erfolgreich, aber dieser Erfolg war nicht so sehr auf ihre einmaligen Wettbewerbsvorteile zurückzuführen, sondern darauf, daß jedem Unternehmen ein Anteil der zunehmenden Ausgaben der Konsumenten zufiel. Dieses natürliche Wachstum, das durch eine Zunahme der Bevölkerung und der Kaufkraft ausgelöst wurde, beginnt sich zu verlangsamen. Viele europäische Unternehmen wie Glaxo Wellcome, L'Oréal, Endesa, Promodès und Marchés Usines Auchan haben die Zeichen der Zeit jedoch erkannt und nachhaltige Wettbewerbsvorteile aufgebaut, die ihr Wachstum nun weiterhin unterstützen.

Echtes Wachstum ist eine Zunahme des Wertes. Ein Wachstum, bei dem die investierten Kosten genauso hoch sind wie die gestiegenen Einnahmen, erzeugt keinen Wert für ein Unternehmen. Wir sind der Meinung, daß Wachstum sich als Spirale entwickeln muß. Die ersten und einfachsten Ergebnisse erntet man durch wirksame Kostenkontrolle. Anschließend folgt das Wachstum an der Obergrenze – die Suche nach Möglichkeiten, um die Einnahmen zu erhöhen. Dieses Wachstum, kombiniert mit einer erfolgreichen Kostenkontrolle, führt zu einer Steigerung der Gewinne. Eine nachhaltige Gewinnsteigerung zusammen mit vernünftigen Investitionen führt zu einer Steigerung des Wertes, und dies ist das wichtigste Ziel einer jeden Wachstumsstrategie.

Eine Wachstumsstrategie hat auf jedes Mitglied eines Unternehmens eine positive Auswirkung. Die Moral in einem wachsenden Unternehmen steht in keinem Vergleich zu der Moral in einem Unternehmen, dessen Geschäfte zurückgehen. Sie dürfen die motivierende Wirkung des Wachstums auf keinen Fall unterschätzen. Eine auf Wachstum ausgerichtete Restrukturierung wird viel besser aufgenommen. Dic Menschen bauen lieber eine neue Zukunft auf, als daß sie das einreißen, was sie bereits aufgebaut haben.

Wachstum ist die einzige Alternative

Ihre Strategie sollte auf ein profitables Wachstum abzielen. Dies ist zwar unbestreitbar – dennoch wird es von vielen Unternehmen zumindest zeitweise außer acht gelassen. Die meisten waren dem Glauben verfallen, daß der einzige Weg zur Erhaltung der Wettbewerbsfähigkeit zunächst über Kürzungen verläuft, und wenig später mußten sie dann erneut kürzen. Die Unternehmen sind erst jetzt langsam dabei, aus dieser Trance zu erwachen. Die Gewohnheit der Kostenreduzierung ist jedoch schwer abzulegen. Selbst diejenigen, die behaupten, daß ihre Restrukturierung auf die Erforschung neuer Marktmöglichkeiten ausgerichtet war, haben Lösungen zur Verringerung ihrer Kosten eingeführt und ihre Leistungen anhand der Kosten bewertet. Und auch die Trigger, die laut der Aussagen der Unternehmensführer die nächste Runde von Restrukturierungen auslösen werden, sind im wesentlichen kostenorientiert.

Natürlich bleibt das Problem der Kostenkontrolle immer bestehen, aber es sollte niemals das Zentrum der Überlegungen eines Unternehmens bilden. Es wird Zeit, die Vorstellung abzulegen, daß sich alle Probleme durch Kostenreduzierungen lösen lassen. Die schnellen Gewinne wurden bereits erzielt. Die meisten Unternehmen haben bereits ihre Kosten verringert, ihre Lieferzeiten verkürzt und ihre Prozesse neu organisiert. Diejenigen Unternehmen, die diese Welle verschlafen haben, sind zwar größtenteils weit zurückgeblieben, doch die meisten anderen haben sich den notwendigen Maßnahmen der Kostenreduzierung und des Reengineerings unterzogen, nur um festzustellen, daß sie mit ihren Wettbewerbern wieder auf derselben Stufe stehen.

Die Manager sind beunruhigt über die Einstellung der Aktionäre, die nur an kurzfristigen Ergebnissen interessiert sind und das Wachstum zugunsten schneller Gewinne opfern. Sie verweisen darauf, daß die Börsen auf die Ankündigung eines Downsizing immer positiv reagieren.

Positive Reaktionen an den Börsen

Die Vorstände eines Unternehmens waren eigentlich überhaupt nicht der Meinung, daß das von ihnen vorgeschlagene Downsizing im besten Interesse des Unternehmens lag, aber: „Was sollen wir tun? In dem Augenblick, in dem wir dieses Programm ankündigen, steigt unser Kurs."

Es gibt jedoch immer mehr Hinweise darauf, daß dieser kurzfristige Druck nur dann anhält, wenn der Markt nicht mehr auf das langfristige Wachstum eines Unternehmens vertraut und wenig Aussicht auf langfristige Werterzeugung besteht. Eine Möglichkeit, dieses Vertrauen zu erwecken, besteht darin, Ihre Restrukturierung so zu planen, daß schnell Gewinne erkennbar sind. Diese ersten Erfolge sind starke Anzeichen dafür, daß Sie wissen, was Sie tun und daß Sie die angekündigten Pläne verwirklichen werden. Dies führt dazu, daß die Investoren geduldiger abwarten. Gleichzeitig ist es wichtig, die Stakeholder aktiv von dem Wachstumspotential Ihres Unternehmens zu überzeugen. Wenn Sie Ihr Potential nicht ausschöpfen, dann werden es andere tun.

Ein Unternehmen, das keine Möglichkeit zum Wachstum findet, geht einer traurigen Zukunft entgegen. Die Löhne und Gehälter in Europa steigen trotz der Rezession weiterhin stärker als die Lebenshaltungskosten. Ohne weiteres Wachstum sinken die Gewinne und Zukunftsaussichten eines Unternehmens, und es wird immer weniger fähig, mit anderen Unternehmen zu konkurrieren, deren Ressourcen aufgrund ihres Wachstums stetig zunehmen.

Das Wachstum öffnet Türen, während das Downsizing sie – definitionsgemäß – schließt. Wenn Sie es schaffen, rentabel zu wachsen, werden Sie immer bessere Leistungen erzielen als durch eine reine Reduzierung der Kosten.

Die Suche nach Wachstumspotential

Neue Produkte, neue geographische Gebiete und neue Kunden sind die drei grundlegenden Wachstumsquellen. Die verschiedenen Kombinationen dieser drei Grundlagen können zu neuen Wertangeboten und neuen Marketingmixes führen, die ebenfalls fruchtbaren Boden für Wachstum darstellen. Welche und wie viele dieser Quellen Sie verfolgen sollten, hängt von zwei Faktoren ab, nämlich von den Marktchancen und den Kompetenzen Ihres Unternehmens. Marktchancen können sich in vielfältiger Gestalt präsentieren. Oft handelt es sich beispielsweise um Käufergruppen mit steigendem Wohlstand, um technologische Veränderungen oder um den sich entwickelnden Geschmack bestehender Marktsegmente. Wie stark ist der Drang nach Veränderungen und wie (beziehungsweise wie schnell) können Sie diesen Drang ausnutzen? Bewerten Sie die Marktchancen im Licht Ihrer Fähigkeiten: Können Sie das anbieten, was der Markt laut Ihrer Untersuchungen benötigt? Besitzen Sie die nötigen Fähigkeiten und Erfahrungen, oder können Sie sie zumindest schnell gewinnen und integrieren?

Die besten Wachstumsstrategien bauen auf den Erfolgen und Fähigkeiten eines Unternehmens auf. Das bedeutet nicht, daß Sie nur wachsen können, indem Sie Ihre bisherigen Geschäftstätigkeiten immer weiter ausbauen, aber es bedeutet, daß Sie möglichst versuchen sollten, in den Bereichen zu wachsen, in denen Ihre Stärken liegen, anstatt dort zu expandieren, wo Ihr Fachwissen begrenzt ist. Suchen Sie nach Möglichkeiten, die Bereiche auszunutzen, in denen Sie gut sind, und sorgen Sie dafür, daß jede Wachstumsstrategie fokussiert ist. Der niederländische Supermarktgigant Ahold wurde aufgrund seiner Fokussierung zu einem der größten Nahrungsmittel-Supermarktketten in den USA.

Die besten Wachstumsstrategien bauen auf den Erfolgen und Fähigkeiten eines Unternehmens auf.

Ahold

Das Unternehmen Koninklijke (Königliche) Ahold hatte 1996 einen Umsatz von 16,4 Milliarden ECU und betreibt mehr als 2000 Supermärkte auf vier Kontinenten. Durch sorgfältig ausgewählte Übernahmen konnte das Unternehmen seine Einnahmen und Gewinne in einer sonst meist als stagnierend betrachteten Branche wesentlich steigern. Der Umsatz ist zwischen 1992 und 1996 gewachsen, und der Nettogewinn hat sich im selben Zeitraum mehr als verdoppelt. Ahold hat sich dafür entschieden, durch eine Erweiterung des Geschäftsbereichs zu wachsen, in dem es sich am besten auskennt, nämlich im Nahrungsmittelhandel. Für Nahrungsmittelhändler ist es sehr ungewöhnlich, so global zu denken wie Ahold, aber Ahold hat sich auf eine Wachstumsstrategie festgelegt. Da das Unternehmen in den Niederlanden einen Marktanteil von fast 30 Prozent besitzt und da dort die Grundstückspreise exorbitant hoch und die Planungsprozeduren sehr kompliziert sind, so daß dort von einer weiteren Expansion Abstand genommen wurde, hat das Unternehmen neue geographische Gebiete für seine ehrgeizigen Pläne gewählt. „Unser hoch gestecktes Ziel – die größte und rentabelste internationale Supermarktkette zu werden – ist seiner Verwirklichung ein großes Stück nähergerückt", sagt der Vorstandsvorsitzende Cees van der Hoeven. Das Unternehmen will auf seinem Fachwissen aufbauen und hat ein Mentorsystem entwickelt, das diesen Bereich unterstützen soll. Erfahrene Unternehmen von Ahold übernehmen sozusagen eine Patenschaft für neue Unternehmungen in sich entwickelnden Märkten. Im Jahresbericht heißt es: „Durch Kooperation und Wissenstransfer verwirklichen wir wichtige Effizienzen und Skaleneffekte ... Eine solide Geschäftsbasis und die genaue Kenntnis jedes Aspekts seines Kerngeschäfts ermöglichen es Ahold, mit Selbstvertrauen und Aggressivität voranzuschreiten, sei es in der Verfolgung von Wachstumsmöglichkeiten und Operationssynergien oder in neuen und besseren Methoden, die Kunden zu bedienen."

Ahold wächst fokussiert und diszipliniert. Das Unternehmen hat sich dafür entschieden, in den Dimensionen der Geographie und neuer Kunden (lange Öffnungszeiten) zu wachsen. Dabei hat es aber auf seinen Kernkompetenzen und Kerngeschäftsbereichen aufgebaut.

Im Gegensatz dazu stehen Unternehmen, die ihre Ressourcen für eine Expansion in Bereiche einsetzen, in denen sie nicht genügend Fachkenntnisse besitzen, nur um sie einige Jahre später wieder zu verkaufen.

Herlitz International Trading

Herlitz International Trading, eines der größten Handelsunternehmen für Zellstoff und Papier, hat 1994 33 Prozent der Anteile an der russischen Papierfabrik AO Volga erworben – die Zukunftsaussichten auf dem russischen Markt sahen zu vielversprechend aus, um sie an sich vorübergehen zu lassen. Und dank eines aufstrebenden Marktes hat sich die Investition von Herlitz bis 1996 auch gut entwickelt.

Dann allerdings liefen die Dinge aus dem Ruder. Die Papierpreise auf dem internationalen Markt sanken um 15 bis 20 Prozent, während die Rohstoffkosten und Steuern erhöht wurden. Das Ergebnis für Herlitz: Allein die Aufrechterhaltung des Betriebs von Volga kostete 25 Millionen ECU in bar. Das Management bei Herlitz International Trading gab Mitte 1997 schließlich auf und gestand somit ein, daß es der Führung einer Papierfabrik in Rußland nicht gewachsen war.

Als die Märkte noch stark waren, konnte das Unternehmen von ihnen profitieren, aber mit einem Betrieb, den es nicht verstand, war das Management in rückläufigen Märkten und in einer wirtschaftlichen Umgebung, die sich radikal von der westeuropäischen unterschied, am Ende seines Lateins angekommen. Im Augenblick ist die Papierfabrik geschlossen, die 4 000 Mitarbeiter befinden sich in Wartestellung, und Herlitz versucht, seine Anteile wieder zu verkaufen. Herlitz hat seine Lektion gelernt und konzentriert sich nun wieder auf das Kerngeschäft. Peter Herlitz, der Vorstandsvorsitzende und Partner, äußert sich so: „Wir mußten begreifen, daß unsere Aktionäre durch das breite Spektrum von Aktivitäten, denen wir nachgingen, verunsichert waren. Herlitz muß ein verläßlicherer Partner für seine Shareholder werden. Darüber hinaus besitzt die Holding nicht genug Ressourcen, um das Wachstum in allen Segmenten zu garantieren."

Andere Unternehmen unterstützen mit ihren rentablen Geschäftsbereichen diejenigen Segmente, in die sie wahrscheinlich am besten erst gar nicht hätten einsteigen sollen.

Rentable und unrentable Geschäftszweige

Auf der Suche nach Wachstumsmöglichkeiten expandierte ein Unternehmen, das in der Produktion von Backpulver nachhaltigen Erfolg erzielt hatte, zuerst in den Bereich anderer Nahrungsmittelpulver wie Geschmacksstoffe und Puddings. Anschließend wandte es sich jedoch auch zahlreichen nicht verwandten Geschäftszweigen zu, beispielsweise dem Bankwesen, der Hemdenproduktion, Schreibpapier, Brauereiwesen, Tiefkühlkost, Luxushotels und Werften. Das Geschäft mit dem Backpulver warf weiterhin sehr gute Gewinne ab, aber große Segmente der Diversifizierung blieben erfolglos.

Nutzen Sie die vorhandenen Fähigkeiten zu Ihrem Wachstum. Vielleicht können Sie Ihr Produkt an zusätzliche Käufer in neuen Märkten verkaufen, vielleicht können Sie auch von Ihrer Distributionsmethode profitieren und weitere Produktlinien vertreiben, oder Sie nutzen Ihren Erfolg in einer ganz anderen Dimension. Der nach außen gerichtete Blick ist jedoch immer ebenso wichtig wie der nach innen gerichtete. Nur wenn Sie die Märkte und Menschen, die Ihr Produkt kaufen, genau kennen, können Sie Ihre Wachstumsaussichten realistisch beurteilen. Die Diversifizierung des Backpulver-Herstellers schien sich nicht auf eine spezielle Marktchance zu gründen, sondern nur auf zufällige Übernahmemöglichkeiten, die nicht wirklich mit der Kernoperation zusammenhingen. Auf der anderen Seite hat Aholds genaue Kenntnis der bestehenden und potentiellen Kunden zu dem echten Wachstumserfolg dieses Unternehmens geführt.

Am besten sind diejenigen Wachstumsstrategien, mit denen Ihre Kompetenzen in eine Form gebracht werden, die von den Kunden gewünscht wird. Bahnbrechende Erfolge entstehen immer dann, wenn Sie Bedürfnisse erfüllen, die die Kunden selbst vielleicht noch gar nicht erkannt haben. Eine Möglichkeit, solche Chancen zum Durchbruch zu entdecken, besteht darin, über Ihre bestehenden Kunden hinauszublicken. Denken Sie beispielsweise an die Kunden Ihrer Kunden. Was benötigen sie, und welche interessanten Möglichkeiten gibt es für Ihren Kunden, seine Märkte besser zu bedienen? Wodurch würde Ihr Kunde vor seinen Kunden besser dastehen? Die Antworten auf diese Fragen zeigen möglicherweise Maßnahmen auf, mit denen Sie dazu beitragen können, daß Ihr Kunde hervorragende Leistungen erzielt. Und je stärker Ihr Kunde wächst, desto größer werden auch Sie selbst.

Entdecken Sie Wachstumschancen, indem Sie die Welt aus neuen Blickwinkeln betrachten. Untersuchen Sie alle Fakten daraufhin, welche Grenzen sie wirklich beinhalten und ob sich hinter ihnen Wachstumschancen verbergen. Sammeln Sie möglichst viele Fakten. Und blicken Sie dabei immer sowohl nach innen wie auch nach außen – wenn Sie bei der Entwicklung einer Strategie einen dieser beiden Bereiche ignorieren, werden dabei ganz sicher wichtige Probleme übersehen. Bei der Suche nach den wahren Möglichkeiten Ihres Unternehmens werden oft verborgene Schätze zutage gefördert. Sehen Sie im folgenden beispielsweise, was die Bert-Claeys-Gruppe, ein belgischer Kinobetreiber, durch eine neue Sichtweise seiner Branche erreicht hat.

Bert-Claeys-Gruppe

„Die belgische Kinoindustrie befand sich seit über drei Jahrzehnten auf dem absteigenden Ast, und Ende der 80er Jahre durchlief sie eine starke Ausdünnung. Als Videos, Kabel- und Satellitenfernsehen in die Haushalte Einzug hielten und die Filmverleihgesellschaften die Zeitspanne zwischen dem Anlaufen eines neuen Films im Kino und seiner Verfügbarkeit auf Video verkürzten, schien das Schicksal der Branche besiegelt zu sein. Die Kinobetreiber nahmen diese Bedingungen als gegeben hin und versuchten, ihre Anteile an der abnehmenden Nachfrage zu maximieren, indem sie ihre Kinos in mehrere kleine Säle aufteilten, ihr Marketing verbesserten und hohe Fixkosten vermieden. Alle Kinobetreiber handelten so, mit Ausnahme von Bert Claeys. Bert Claeys erkannte, daß die Reaktionen seiner Wettbewerber zum Niedergang der Branche beitrugen. War es denn ein Wunder, daß die Branche zusammenbrach – bei den kleineren Leinwänden, alten Sesseln, schlechten Projektoren, höheren Preisen und der abnehmenden Auswahl? Bert Claeys weigerte sich, die Unvermeidlichkeit des Niedergangs zu akzeptieren, und machte sich daran, den Kinos wieder ihren früheren Zauber zurückzugeben. Er baute Kinepolis, das erste „Megaplex"-Kino der Welt mit 25 Leinwänden und 7600 Plätzen. Mit breiten Leinwänden, spektakulärem Ton, bequemen Sitzen, der besten Auswahl von Blockbustern und guten Parkmöglichkeiten hat Bert Claeys schon im ersten Jahr nicht nur mehr als 50 Prozent des Markts in Brüssel für sich gewonnen, sondern auch die gesamte Branche wiederbelebt. Die Kinonachfrage stieg um über 40 Prozent, und das Unternehmen erreichte eine Gewinnspanne, die doppelt so hoch lag wie der Branchendurchschnitt."[20]

Während alle anderen Unternehmen in der Branche damit beschäftigt waren, ihr Schrumpfen möglichst gering zu halten, entdeckte die Bert-Claeys-Gruppe eine Möglichkeit des Wachstums. Sie hatte genau dieselben Informationen wie alle Wettbewerber, aber ihre Interpretation war anders. Die Botschaft lautet: Akzeptieren Sie niemals bereitwillig irgendwelche Grenzen. Drehen und wenden Sie die Fakten immer wieder, um festzustellen, ob die Grenze wirklich vorgegeben ist oder ob sie nur in Ihrer Interpretation existiert.

Wachstumsmöglichkeiten lassen sich zudem entdecken, wenn Sie neue bahnbrechende Entwicklungen in Ihrer Branche und in neuen Technologien analysieren. Überlegen Sie, welche Bedeutungen sie für diejenigen Branchen und Unternehmen haben könnten, die nicht direkt an dem jeweiligen Durchbruch beteiligt sind. Worin liegt ihr Potential, und bedeutet der Fortschritt in einer speziellen Branche den Tod anderer Industriezweige?

Das Klonen und andere genetische Technologien wirken sich beispielsweise auf zahlreiche weitere Industriezweige aus; die offensichtlichsten sind die Nahrungsmittel- und Pharmaindustrie. Bahnbrechende Neuerungen in der EDV verschaffen manchen Unternehmen einen großen Vorsprung vor der Konkurrenz. Durch Data-Mining erhält man beispielsweise ein genaueres Bild von den Gewohnheiten der Kunden. EDI (Electronic Data Interchange = Elektronischer Datenaustausch) kann die Logistik in jeder Branche dramatisch vereinfachen. Das schwedische Unternehmen L. M. Ericsson hat beispielsweise eine technologische Nische ausgenutzt, um sich zu einem globalen Wettbewerber in der Telekommunikation zu mausern.

Technologien bieten oft sehr aufregende Wachstumsmöglichkeiten. Gerade weil sie so neu sind, entstehen in ihrem Zusammenhang sehr viele Ideen, die verwertet werden können. Wenn Sie kreativ und vorausschauend genug sind, um die Gelegenheiten zu erkennen, und zwar sowohl in der Branche, in der die Technologie entwickelt wurde, als auch – und viel wichtiger – in anderen Branchen, werden sich Ihnen zahlreiche Wachstumsmöglichkeiten eröffnen.

L. M. Ericsson

Das Aufkommen elektronischer Schaltungstechnologien hat die Kostenstruktur der Nische, in der L. M. Ericsson tätig war, radikal verändert: Entwicklungsländer und kleinere Märkte in Europa, in denen es keine nationalen Lieferanten gab und in denen dieselbe Schaltungstechnik verwendet wurde wie in Schweden. Es schien, als würden die individuellen elektronischen Schaltungssysteme für jedes einzelne Land sehr hohe Fixkosteninvestitionen erforderlich machen, so daß die neue Technologie für die kleineren Telefongesellschaften, auf die sich Ericsson konzentrierte, zu teuer war. Ericsson hatte diese Folgen der neuen Technologie für seine Geschäftstätigkeit jedoch schon früh erkannt und suchte nach Möglichkeiten, um sie in einen Vorteil zu verwandeln. Das Unternehmen entwickelte modulare Softwarepakete, mit deren Hilfe die kleineren Telefongesellschaften eine schrittweise Umstellung durchführen konnten und die sich so konfigurieren ließen, daß sie die Anforderungen verschiedener Telefongesellschaften auf akzeptablem Kostenniveau erfüllten. Ericsson wuchs durch die Umstellung der kleinen Telefongesellschaften, und das Unternehmen erarbeitete sich große Vorteile in puncto Kosten und in der Vielfalt seiner Software, die sich nun laufend selbst verstärken.

Schaffung der Bedingungen für Wachstum

Rentables Wachstum stellt sich in der Regel nicht über Nacht ein. Selbst wenn Sie eine gute Idee für Wachstum haben, nützt sie Ihnen nichts, wenn Sie nicht die Fähigkeiten und Ressourcen besitzen, sie in die Tat umzusetzen. Und wenn Sie die Ressourcen besitzen, werden Sie trotzdem nicht wachsen, wenn Sie nicht wissen, worauf Sie sie konzentrieren sollen. Ein wichtiger erster Schritt in Richtung des Wachstums besteht darin, zunächst Ihr Unternehmen in Ordnung zu bringen. Ein Unternehmen, das ums nackte Überleben kämpft, ist kein guter Wachstumskandidat. Unternehmen mit einer guten Grundlage bestehender Geschäftsfelder sind dies dafür um so mehr, weil diese Geschäftsfelder die Mittel für das Wachstum liefern und weil sie bei den Stakeholdern das Vertrauen in die Wachstumsfähigkeit des Unternehmens fördern. Ohne dieses Vertrauen werden die Stakeholder bei langen Zeithorizonten schneller ungeduldig, so daß der Druck zur Wahrnehmung kurzfristiger Gewinnmöglichkeiten auf Kosten des langfristigen Wachstums zunimmt. Ein Unternehmen in der Krise muß sich auf das Überleben konzentrieren. Wenn ein Unternehmen in dieser Situation nach Wachstum strebt, kann dies geradewegs in die Katastrophe führen.

Sobald Ihr Unternehmen dann in Form ist, müssen Sie nach neuen Bedingungen und nötigen Veränderungen Ausschau halten. Mit dieser Methode – einer aktiven Restrukturierung – können Sie die Richtung angeben, anstatt mühsam eine Aufholaktion zu starten. Und wenn Sie zur richtigen Zeit die richtige Strategie bereit haben, können Sie nicht nur die Richtung weisen, sondern Sie haben sogar die Möglichkeit, Ihren Industriezweig komplett neu zu definieren und die Spielregeln in Ihrer Branche zu bestimmen – ein wasserdichtes Rezept für Wachstum (siehe Abbildung 4.5).

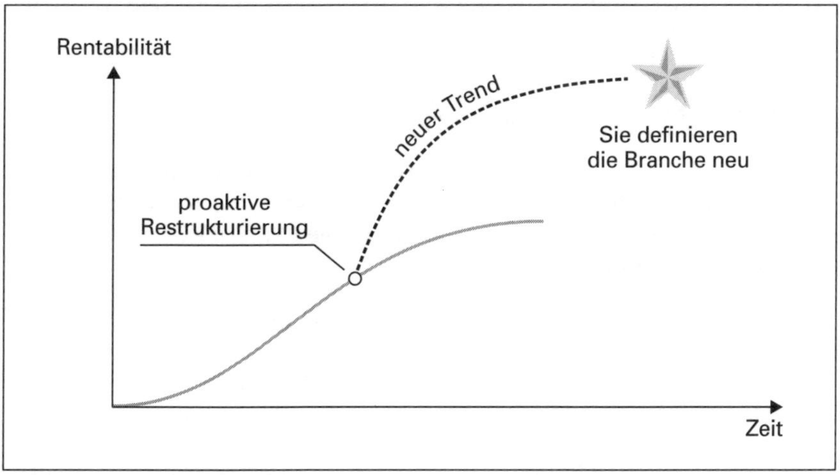

Abbildung 4.5: Durch überlegene Strategien wird die Branche neu definiert

Gleichzeitig müssen Sie Ihre Mitarbeiter in eine positive Stimmung versetzen. Wenn Sie sich jahrelang nur auf das Kosteneinsparpotential konzentriert haben, ist es meist so weit, daß die Mitarbeiter es aufgegeben haben, nach Wachstumsmöglichkeiten Ausschau zu halten. Das Wachstum muß zu einer Priorität erklärt und durch das Belohnungssystem im Unternehmen und durch die Aktionen des Topmanagements unterstützt werden. Wenn Sie nicht nach Methoden des Wachstums suchen, können Sie fast sicher davon ausgehen, daß auch kein Wachstum stattfindet.

Ahold

Im Unternehmen Ahold herrscht eine Stimmung des Wachstums. Es definiert sich selbst in diesem Sinne gegenüber seinen Kunden, Mitarbeitern und Aktionären, und alle glauben daran, daß Wachstum möglich ist. In jeder Rede spricht der Vorstandsvorsitzende über die Ziele und Leistungen des Unternehmens im Hinblick auf Wachstum. Seine Vision lautet, daß Ahold schnell und rentabel wachsen soll, um die größte Supermarktkette der Welt zu werden. Selbst in dem reifen Markt der Niederlande hat das Unternehmen es geschafft, in den Jahren 1996/97 den Umsatz um 4,4 und den Betriebsgewinn um 14 Prozent zu steigern.

Überlegen Sie, welche Einstellung in Ihrem Unternehmen herrscht, und suchen Sie nach Möglichkeiten, die Denkweise zu öffnen und Vertrauen in die Zukunft aufzubauen.

Skanska

Das innovative schwedische Bauunternehmen Skanska, von dem wir bereits berichteten, hat begonnen, sich selbst zu durchleuchten, als einem der Vorstandsmitglieder auffiel, daß die Kostenkurve in der Bauindustrie im Gegensatz zu der in anderen Branchen, wie beispielsweise der Automobilindustrie, nicht mit zunehmender Erfahrung sank. Seine Frage nach der Ursache dieses Umstands brachte das Unternehmen dazu, seine Geschäfte auf eine ganz neue Art zu betrachten. Er führte die Änderung der Einstellung innerhalb des Unternehmens herbei, die dann anschließend bedeutende bahnbrechende Änderungen zur Folge hatte.[22]

Sie müssen aber auch bedenken, daß das Wachstum Ihr Unternehmen auf vielfältige Weise unter Druck setzt. Überlegen Sie schon vorher, was Sie an Fähigkeiten, Infrastruktur, Unternehmenskultur und anderen Ressourcen benötigen, um die Strategie umzusetzen. Wenn Ihnen die nötigen Ressourcen fehlen oder wenn Sie sie unterschätzen, kann kein Wachstum stattfinden – und wenn, dann nur auf Kosten anderer Bereiche in Ihrem Unternehmen. Die Botschaft lautet: Denken Sie immer im voraus an die Ressourcen, die zur Umsetzung der Strategie notwendig sind.

Verlieren Sie die Realität nicht aus den Augen

Ihr Ziel besteht darin, die beste Strategie zur Erhöhung des Wertes Ihres Unternehmens zu entwickeln. Die beste Strategie heißt in diesem Fall die beste praktikable Strategie. Sie muß herausfordernd genug sein, um die Mitarbeiter aus ihrer „Business-as-usual-Haltung“ herauszureißen, aber sie darf auch nicht unmöglich zu verwirklichen sein.

Die Botschaft lautet: Denken Sie im voraus an die Ressourcen, die zur Umsetzung der Strategie notwendig sind.

Testen Sie die Strategie: Welche Ergebnisse bringt sie?

Mit einer wohlüberlegten Strategie wird nicht nur eine Gelegenheit identifiziert, sondern es werden auch die möglichen Ergebnisse dieser Gelegenheit geprüft. Nur so kann sichergestellt werden, daß die Strategie Durchsetzungskraft besitzt und eine gute Chance auf Erfolg hat. Dies ist auch die beste Verwendung für viele der Methoden, die von Unternehmensberatern und Wissenschaftlern vertreten werden: Portfolio-Planung, Strategisches Spielbrett, Analyse der Wertschöpfungskette, das Seven-S-Framework von McKinsey und die Boston Consulting Matrix. Sie dienen alle dem Erkennen strategischer Optionen und Probleme. Im folgenden werden zwei dieser Methoden näher beleuchtet, um zu zeigen, wie sie verwendet werden.

Entwicklung von Szenarien

Es beginnt damit, daß jeder anders über Strategie nachdenken sollte. Bei dem typischen strategischen Planungsprozeß konzentriert man sich von vornherein auf eine richtige Antwort – die einzige und beste Strategie. Man formuliert eine Reihe von Annahmen über die Zukunft, die alle auf denselben grundlegenden wirtschaftlichen Bedingungen basieren. Bei der Entwicklung von Szenarien geht man dagegen von mehreren verschiedenen, vollkommen neuen wirtschaftlichen Gegebenheiten aus: Was könnte in der Branche alles passieren – bei den Kunden, bei den Wettbewerbern, bei den Zulieferern? Jedem Szenario kommt dasselbe Gewicht zu. Die Strategien werden entwickelt und in jeder Kombination der Bedingungen geprüft um festzustellen, welche Strategie insgesamt nach Abwägung der verschiedenen möglichen zukünftigen Zustände des Unternehmens am besten geeignet ist. Die Bedeutung der Entwicklung von Szenarien wird am Beispiel des Unternehmens Shell deutlich.

Shell

In den 60er Jahren führte der Prozeß der Entwicklung von Szenarien bei Shell dazu, daß man sich überlegte, was in Zukunft im Bereich der Ölversorgung alles geschehen könnte. Alle waren bis dahin davon ausgegangen, daß der Nachschub an Öl lediglich von der Fähigkeit abhing, Öl zu finden und zu fördern. Bei der Prüfung verschiedener Entwicklungsmöglichkeiten der Branche dachte einer der leitenden Manager des Unternehmens jedoch auch darüber nach, daß die Regierungen der ölfördernden Staaten eine stärkere Rolle spielen und die Lieferungen an die großen Ölgesellschaften einschränken könnten. Dieser Gedanke war damals sehr radikal, doch als er einmal aufgebracht worden war, entschied Shell, daß diese Möglichkeit tatsächlich eintreten konnte. Sie war weder wahrscheinlicher noch unwahrscheinlicher als der Status quo, aber sie mußte bedacht werden. Die Aufnahme dieses Szenarios in die Überlegungen von Shell führte zu drei Ergebnissen: Erstens war die von dem Unternehmen entwickelte Strategie sowohl für die bestehende Liefersituation als auch für den Fall geeignet, daß die Lieferungen eingeschränkt werden würden. Zweitens hatte man bei Shell die Folgen dieses Szenarios bis zum Ende durchdacht und genaue Schritte für den Fall seines Eintretens geplant. Drittens hat das Unternehmen, nachdem es dieses Szenario bereits im voraus besprochen hatte, die Entwicklungen im Nahen Osten sehr schnell als ihr Szenario der Energiekrise identifiziert und konnte demnach sehr schnell einen anderen Gang einlegen. Shell reagierte als erste Ölgesellschaft, und außerdem war das Unternehmen auch am besten vorbereitet. Aus diesem Grund konnte Shell die Ölkrise viel besser überstehen als alle Wettbewerber.[23]

Bei der Entwicklung von Szenarien wird die Tatsache anerkannt, daß die Zukunft nicht mit Sicherheit vorhersehbar ist, und es wird versucht, eine Strategie zu entwickeln, die unter mehreren verschiedenen Bedingungen sinnvoll ist. Der Prozeß selbst zwingt die Unternehmen, von ihrer gewohnten Annahme Abstand zu nehmen, daß sich die Zukunft meist nicht sehr von der Vergangenheit unterscheidet, und außerdem zwingt er jeden einzelnen dazu, sich zu überlegen, was genau sich ändern *könnte*, entweder durch die Aktionen des Unternehmens selbst oder durch unkontrollierbare Umstände.

Strategic Dynamics

Dies ist eine weitere Methode, die bei europäischen Managern immer beliebter wird. Sie baut auf dem Ansatz der System Dynamics auf, der von Peter Senge erneut populär gemacht wurde. Das Ziel besteht darin, die Folgen der von Ihnen entwickelten Strategien besser zu erkennen und die Strategieentwicklung von vornherein fokussierter zu gestalten. Bei der Methode der Strategic Dynamics wird das Unternehmen nicht als statische Ansammlung seiner verschiedenen Teile, sondern als lebendes, sich veränderndes System betrachtet, und dadurch treten die Beziehungen zwischen den Teilen des Systems stärker zutage. Das bedeutet, daß die linke Hand nicht nur weiß, was die rechte tut, sondern daß die rechte Kniescheibe mit *y* reagiert, wenn die linke Hand *x* macht. Auf diese Weise werden vorgefaßte Ansichten über die Geschäftsabläufe entlarvt. Mit Hilfe der Strategic Dynamics können Sie die Logik Ihrer geistigen Modelle diskutieren, integrieren und überprüfen. Sie können prüfen, ob Ihre bisherigen Annahmen über Ihr Unternehmen richtig sind, die Wirkung möglicher Entscheidungen simulieren, und – was am wichtigsten ist – die unbeabsichtigten Folgen geplanter Entscheidungen aufdecken.

Traditionelle Methoden der Problemlösung gehen davon aus, daß man Probleme am besten in kleinere Einheiten zerlegen sollte. Bei den Strategic Dynamics konzentriert man sich dagegen auf Beziehungen und auf die Funktion des Systems als Ganzes. Sie vermeiden dadurch die Gefahr, daß ein Problem isoliert vom System gelöst und dabei eventuell unbeabsichtigt ein neues Problem geschaffen wird. Das Ergebnis sind bessere, umsichtigere Entscheidungen über die Zukunft.

Was denken wir über die Myriaden solcher Management-Frameworks? Nun, die meisten von ihnen bieten eine gute Möglichkeit, die Langlebigkeit Ihrer Strategie unter verschiedenen Bedingungen zu testen. Da sie aber auf keinen Fall Ihre Kenntnisse über die Kunden, den Markt, die Branche und die Zukunft ersetzen können, sollten Sie sich nicht zu weit in diesen Dschungel hineinwagen. Sorgen Sie dafür, daß die Entwicklung der Strategie ein einfacher Prozeß bleibt, und konzentrieren Sie sich immer nur auf relevante Überlegungen.

Ein schwedischer Mobilfunkanbieter

Bei einem schwedischen Mobilfunkanbieter wurde die Methode der Strategic Dynamics eingesetzt, um die Interaktionen zwischen Kunden, Klienten, Wettbewerbern und regulierenden Behörden zu simulieren. Durch diese Erstellung einer Landkarte des Unternehmenssystems verschaffte sich die Unternehmensleitung einen tieferen Einblick in die fundamentalen Strukturen und Verbindungen. Bis dahin war nicht viel über deren Einfluß auf die Zukunft der Branche bekannt gewesen. Mit Hilfe der Methode der Strategic Dynamics wurde die Strategie des Unternehmens wesentlich verändert, und die Investitionsausgaben wurden in mehr Einzelschritte aufgeteilt als ursprünglich geplant. Zudem wurde auch neues Potential zur Einsparung von Kosten entdeckt, das das Unternehmen vor dem Prozeß der Strategic Dynamics nicht erkannt hatte.

Gleichen Sie konkurrierende Triebkräfte aus, um die Mitarbeiter zu überzeugen

Ihre Strategie muß die drei konkurrierenden Triebkräfte innerhalb Ihres Unternehmens berücksichtigen und sie ausgleichen (siehe Abbildung 4.6). Schafft eine Strategie diesen Ausgleich nicht, muß sie verbessert werden. Investoren, Ressourcen und Kunden sind die drei Grundpfeiler eines Unternehmens, und Sie müssen für alle drei Parteien Wert erzeugen. Alle drei brauchen einen Grund, warum sie sich ausgerechnet für Ihr Unternehmen einsetzen sollen, sonst suchen sie sich ein anderes Unternehmen, das ihre Bedürfnisse besser erfüllt.

- *Wettbewerb um Investitionen:* Sie müssen den Eigentümern Wert bieten, indem Sie sicherstellen, daß ihre Portfolios insgesamt mehr wert sind als die Summe der einzelnen Bestandteile.
- *Wettbewerb um Ressourcen:* Sie müssen die Ressourcen Ihren Zielen angleichen, indem Sie genug Wert bieten, um hochqualifizierte Mitarbeiter, Zulieferer und Technologien anzuwerben und zu halten.
- *Wettbewerb um Kunden:* Sie müssen einen Wettbewerbsvorteil erringen, indem Sie den Kunden überlegene Werte bieten.

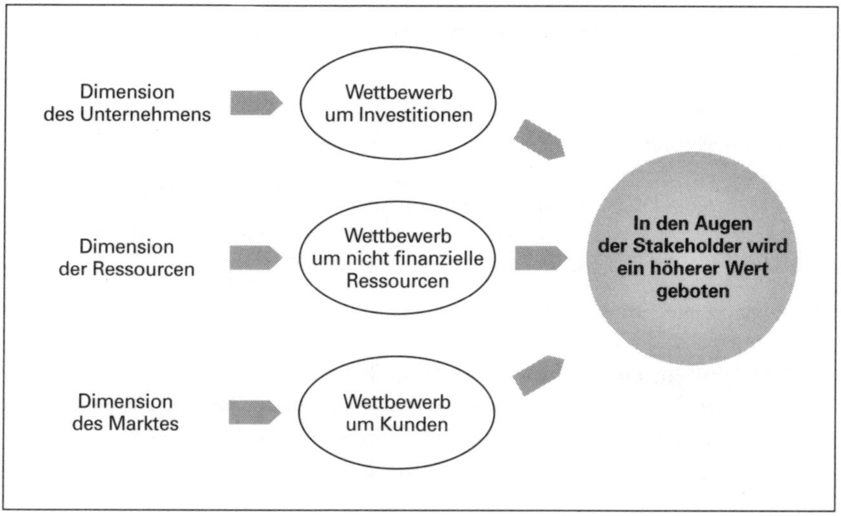

Abbildung 4.6: Triebkräfte des Wettbewerbs

Saatchi & Saatchi

Als die Eigentümer von Saatchi & Saatchi in den 80er Jahren mit ihrem Unternehmen nicht zufrieden waren, leiteten sie die nötigen Schritte ein, um sich mehr Kontrolle über das Geschäft zu verschaffen. Dabei wurden die bisherigen Leiter des Unternehmens zu Managern degradiert, so daß wichtige Personen verärgert wurden und einige von ihnen das Unternehmen verließen. Die Klienten der Agentur bemerkten, daß das Unternehmen nun stärker im Interesse der Eigentümer und weniger in ihrem Interesse geführt wurde, und wechselten zu anderen Werbeagenturen, unter anderem zu einer Agentur, die einige der früheren Leiter von Saatchi neu gegründet hatten. Als Folge davon brach der Aktienkurs ein, und eine Reihe von Ereignissen, die von den unzufriedenen Eigentümern ausgelöst worden waren, riefen unter den Stakeholdern und Klienten ein solches Maß an Unzufriedenheit hervor, daß ein wesentlicher Teil des Eigentumswertes vernichtet wurde.

Erfolgreicher Balanceakt

Der Hersteller von Automobilteilen, den wir in der zweiten Fallstudie in diesem Kapitel beschrieben haben, hat dagegen einen erfolgreichen Balanceakt ausgeführt. Seine Strategie führte zu einem besseren Gesamtergebnis für die Investoren, zu niedrigeren Kosten und höherer Fokussierung für die Kunden und erzeugte ein neues Wachstum, das sowohl für die Zulieferer als auch für die Mitarbeiter attraktiv war.

Im Anschluß an eine Fusion sind diese Themen sogar noch drängender. Wie können Sie dafür sorgen, daß die wichtigsten Mitarbeiter bei dem aus dem Merger hervorgegangenen Unternehmen bleiben? Und welche Auswirkungen hat der Merger auf Ihre Fähigkeit, gute Dienstleistungen zu liefern?

Falsche Informationen und Verwirrung

Die vor kurzem vollzogene Übernahme eines Herstellers von Aufklebeetiketten durch ein viel größeres Unternehmen, das im Ausland in demselben Geschäftsbereich tätig ist, war in einen Schleier aus falschen Informationen und Verwirrung gehüllt. Die Mitarbeiter des übernommenen Unternehmens wurden völlig im Dunkeln gehalten. Viele von ihnen hatten bald genug davon und verließen das Unternehmen, was den neuen Eigentümern sehr recht war, weil sie davon überzeugt waren, daß sie alles fest unter Kontrolle hatten und die alten Mitarbeiter nicht mehr brauchten. Die neue Muttergesellschaft befand sich bald in der peinlichen Lage, nur noch einen, noch dazu ziemlich unzufriedenen Vertriebsmitarbeiter zu besitzen, der mit den hauptsächlich deutsch-, französisch- und niederländischsprechenden Kunden in deren Muttersprache kommunizieren konnte. Absatz und Motivation sind inzwischen stetig weiter gesunken, und es ist nicht klar, ob das fremde Unternehmen in der Lage sein wird, die Vorteile zu realisieren, die es sich von der Übernahme erwartet hatte.

Aktivierung eines Sensorensystems

Ein Sensorensystem, das den Horizont laufend nach drohenden Gefahren und Möglichkeiten absucht, ist bei der Planung strategischer Optionen eine unbezahlbare Informationsquelle. Es ist sehr wichtig, daß Sie mit Ihrer Umgebung in Kontakt bleiben und daß Sie die Folgen von Veränderungen in dieser Umgebung für Ihr Unternehmen einschätzen können. In dem heutigen Wirtschaftsklima, in dem die Häufigkeit und Intensität der Veränderungen immer stärker zunehmen, kann das Fehlen von Frühwarnsystemen fatale Folgen haben. Ein Unternehmen sollte laufend neue Visionen und neue Perspektiven ausprobieren. Führen Ihre Pläne Sie immer noch zu einer differenzierten Wettbewerbsposition, oder wird es Zeit, die Richtung zu ändern? Das Sensorensystem in seiner Funktion als stetige Quelle von Markt-, Wirtschafts- und internen Informationen liefert den Fokus für die Diskussionen über die Strategie, denn es zeigt genau die Themen auf, die von der Strategie erfaßt werden müssen. Wodurch können Ihre Pläne aus dem Gleis geworfen werden? Tun sich außerhalb Ihres Unternehmens bestimmte Dinge, an die Sie sich anpassen müssen? Wie sieht es innerhalb des Unternehmens aus?

Marktführer

Ein regionaler Marktführer für Schneepflüge und Planierraupen hatte die Resultate jeder Vertriebsaktion sorgfältig aufgezeichnet, indem er jeweils mitverfolgte, wer die Wettbewerber waren und welches Angebot letztendlich angenommen wurde. Darüber hinaus wurden die Abstände zwischen den Einkäufen der einzelnen Kunden aufgezeichnet, so daß man genau wußte, wann wieder eine Verkaufsgelegenheit nahte. Der prozentuale Anteil der erfolgreichen Angebote sank zur gleichen Zeit, als einer der Wettbewerber anfing, laufend Aufträge zu gewinnen, und genau zu einem Zeitpunkt, als zahlreiche Verkaufsgelegenheiten fällig waren. Als Reaktion startete das Unternehmen sofort eine unabhängige Untersuchung des Kaufprozesses der Kunden und eine Aktion zur Bewertung der hauptsächlichen Wettbewerber auf dem Markt durch die Kunden. Die Ergebnisse führten dazu, daß das Unternehmen seinen Verkaufsprozeß neu orientierte und seine Produkte verbesserte und somit die Position des Marktführers zurückgewann.

Ein wirksames Sensorensystem besteht aus Mitarbeitern auf allen Ebenen der Organisation – weder nur aus Mitgliedern des Topmanagements noch rein aus Frontkämpfern. Außerdem besitzt ein effektives Sensorensystem einen Kontrollturm: Es muß eine Stelle geben, an der alle gesammelten Informationen zusammenlaufen, und die Informationen dürfen nicht nur abgelegt, sondern müssen tatsächlich verwertet werden.

Die Synthese der Informationen ist ein entscheidender Bestandteil einer erfolgreichen Strategieentwicklung.

Dieser Hersteller von Planierraupen nutzte die Informationen seines Sensorensystems zur Revision der Strategie, mit der er die Marktführerschaft erhalten wollte. Er hatte erfahren, daß seine Kunden inzwischen einen formalisierteren Verkaufsprozeß und besser an ihre Anforderungen angepaßte Geräte erwarteten als früher. Anstatt auf den Jahres- oder Quartalsbericht zu warten, wurden die Informationen gesammelt, analysiert und als Grundlage neuer Maßnahmen verwendet, sobald sie verfügbar wurden.

Viele Unternehmen sind mit komplizierten MIS- und anderen Informationssystemen auf dem Stand der Technik ausgestattet, aber das allein genügt nicht. Die Vorteile eines Sensorensystems kommen nur denjenigen zugute, die die Informationen auch wirklich nutzen. Unsere Erfahrung zeigt, daß viele Unternehmen nicht über das Stadium der Sammlung von Informationen hinausgelangen, und wenn sie es tun, dann versäumen sie es, nach den neuen Erkenntnissen zu handeln. Oft besteht die stille Hoffnung, daß die Probleme von selbst verschwinden, wenn man sie nur lange genug ignoriert.

Anstatt den Kopf in den Sand zu stecken, sollten Sie anhand der gewonnenen Informationen Ihre Aktionen neu planen. Wie stark werden die Auswirkungen der erkannten Gefahren oder Gelegenheiten sein? Wie wahrscheinlich ist es, daß sie eintreten? Nach der Beantwortung dieser Fragen sollten Sie in der Lage sein, sich auf die Probleme zu konzentrieren, die mit hoher Wahrscheinlichkeit eintreten und große Wirkung entfalten. Die Synthese der Informationen ist ein entscheidender Bestandteil einer erfolgreichen Strategieentwicklung.

ZUSAMMENFASSUNG

Strategie

- Die Restrukturierung eines Unternehmens darf in Zukunft nicht mehr nur als Notfallmaßnahme unter Druck ausgeführt werden. Die Unternehmen sollten freiwillige und geplante Restrukturierungen durchführen, dabei zukünftige Entwicklungen voraussehen und insgesamt strategisch denken.
- Um zu vermeiden, daß Methoden wie Benchmarking, Reengineering und reine Kostenreduzierungen als Ersatz für eine echte Strategie dienen, müssen Entscheidungen getroffen werden. Unabhängig von der gewählten Strategie wird jedoch Kostensenkung immer ein Thema bleiben.

Kapitel 5

Auf die Umsetzung kommt es an

Die Verwandlung der Strategie in Wirklichkeit

Setzen Sie die *Spearheader* als Vorkämpfer ein

Kommunizieren Sie mit den Stakeholdern

Dirigieren Sie einen schnellen Takt

Legen Sie eine Kadenz der Restrukturierungen fest, und erhalten Sie sie aufrecht

Bleiben Sie am Ball

„Das größte Hindernis unserer Restrukturierung bestand in Führungsschwäche während der Umsetzung."

„Widersprüche und Verzögerungen hemmten die Implementierung unserer Restrukturierung."

„Eine neue Kultur braucht Zeit – wir hatten nicht genug Zeit für die Implementierung."

„Verzögerungen bei der Entscheidungsfindung haben unserer Restrukturierung geschadet."

Sobald ein Unternehmen seine Strategie und die dafür erforderliche Restrukturierung definiert hat, wird nunmehr die Umsetzung der Veränderungen, die zu dem neuen, besseren Unternehmen führen sollen, zur wichtigsten Herausforderung. Die harte Statistik der fehlgeschlagenen Restrukturierungen zeigt jedoch, daß es nicht einfach ist, das Alte abzulegen und das Neue sich formen zu lassen. Es ist wichtig, sich zunächst darüber klar zu werden, daß eine Restrukturierung notwendig ist. Und es ist entscheidend, sich zu überlegen, welcher Plan den Wert Ihres Unternehmens am wahrscheinlichsten steigern wird.

Es ist entscheidend, sich zu überlegen, welcher Plan den Wert Ihres Unternehmens am wahrscheinlichsten steigern wird.

Diese beiden Schritte werden jedoch bedeutungslos, wenn Sie sie nicht umsetzen können, und dies scheint für viele Unternehmen ein großes Problem zu sein.

Um eine Restrukturierung durchführen zu können, müssen Sie ein ganzes Netzwerk von zusammenhängenden Faktoren und Beziehungen verstehen. Sie brauchen dazu den Überblick über die Gesamtzusammenhänge, aber gleichzeitig müssen Sie Ihre Aufmerksamkeit auf einzelne Details richten (siehe Abbildung 5.1). Die erforderlichen Eigenschaften sind Erfahrung, Sensibilität und Entschlossenheit. Restrukturierungen müssen während ihres Verlaufs immer wieder leicht korrigiert werden – und dabei müssen Sie immer die Endziele im Auge behalten.

Wenn Sie die Strategie in Wirklichkeit verwandeln wollen, müssen Sie Ihren Ausgangspunkt klar bewerten und festlegen, was zur Bewältigung der Aufgabe erforderlich ist. In diese Bewertung müssen alle internen und externen Stakeholder sowie das Team einbezogen werden, das Ihre Restrukturierung zum Erfolg führen soll. Wieviel Ressourcen – menschliche und andere – benötigen Sie? Wen müssen Sie von der Notwendigkeit der Restrukturierung überzeugen, und welche Vorteile können diese Personen aus der Restrukturierung gewinnen?

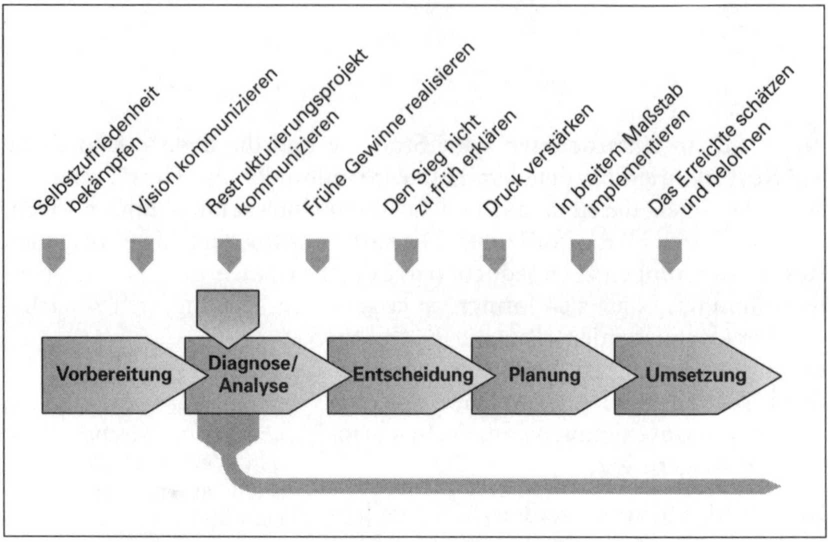

Abbildung 5.1: Die Durchführung einer Restrukturierung verlangt ungeteilte Aufmerksamkeit

Setzen Sie die *Spearheader* als Vorkämpfer ein

Die erste Aufgabe der *Spearheader* besteht darin, die Einstellung innerhalb des gesamten Unternehmens zu verändern. Im Verlauf der Restrukturierung sind sie jedoch ebenso wichtig für die eher operationalen und langwierigen Aufgaben, die zur Implementierung einer Restrukturierung durchgeführt werden müssen.

Die *Spearheader* sollten nicht nur in der Lage sein, die (oft) selbstzufriedene Haltung der Mitarbeiter aktiv zu beeinflussen, sondern sie spielen auch bei der Implementierung eine aktive Rolle. Sie sind die Macher. Wenn wir hier feststellen, daß es entscheidend ist, daß alle Stakeholder über die Restrukturierung informiert und orientiert werden, so ist es die Aufgabe der *Spearheader*, dies zu erreichen. Sie müssen mit allen Ebenen innerhalb und auch außerhalb des Unternehmens über die Probleme und ihre möglichen Lösungen sprechen. Wenn eine der sofortigen Lösungen nicht praktikabel ist, müssen sie dies erneut mit allen Beteiligten diskutieren. Daraus entwickelt sich ein konstanter Prozeß aus Information und Feedback. Wenn Sie die richtigen Leute einsetzen (siehe Kapitel 3), wird die Wahrscheinlichkeit eines Fehlschlags der Restrukturierung bedeutend verringert. Denken Sie jedoch daran, daß es sich um außergewöhnliche Menschen handeln muß. Sie müssen energiegeladen und motiviert sein und sowohl mit neuem Wissen als auch mit Menschen umgehen können.

Kümmern Sie sich um all diese Dinge, bevor Sie sich endgültig auf einen Plan zur Restrukturierung festlegen. Es ist wichtig zu ergründen, ob sich der Plan unter idealen Bedingungen dazu eignet, ein Unternehmen mit höherem Wert hervorzubringen, aber genauso wichtig ist es, dafür zu sorgen, daß Ihr Unternehmen fähig ist, den Plan auszuführen. Sie müssen vorher feststellen, welche Fähigkeiten zunächst für die Transformation des Unternehmens entscheidend sind und welche Fähigkeiten Sie später zur Führung des Unternehmens in seinem neuen, verwandelten Zustand benötigen.

Eine von den Führungskräften und von den *Spearheadern* gut orchestrierte Restrukturierung kann schnell durchgeführt werden und hinterläßt das Unternehmen und seine Mitarbeiter in gutem Zustand, bereit für das Tagesgeschäft und weitere Restrukturierungen. Es hängt alles davon ab, wie gut es gelingt, die Menschen und Prozesse miteinander zu verknüpfen, und wie genau alle darüber informiert sind, was zu jedem Zeitpunkt der Restrukturierung zu tun ist. Sie können nicht einfach zu Beginn eine starre Reihenfolge von Schritten planen. Eine Restrukturierung ist ein fließender, dynamischer Prozeß, der sich während seines Ablaufs an veränderte Situationen anpaßt und dabei nie seine Endziele aus den Augen verlieren darf.

Kommunizieren Sie mit den Stakeholdern

Wir haben bereits erwähnt, wie wichtig es ist, bei der Entwicklung der Strategie einen Ausgleich für die widerstreitenden Interessen der Stakeholder zu finden. Sie müssen sie jedoch auch während der Restrukturierung immer im Blick behalten. Daher müssen Sie zuerst feststellen, welche Stakeholder ein Interesse an der Restrukturierung haben. Dabei sollten Sie vor allem drei Gruppen berücksichtigen:

- Wer ist für den Erfolg des Unternehmens entscheidend?
- Wer kann dem Unternehmen wesentlich behilflich sein?
- Wer ist nicht direkt beteiligt, sollte aber informiert werden?

Mit dieser Klassifizierung der Stakeholder sparen Sie während der Restrukturierung viel Zeit und Energie. Wenn Sie von vornherein wissen, wessen Sorgen und Bedenken am wichtigsten sind, können Sie die Restrukturierung daraufhin ausrichten. Sie müssen nicht laufend allen Stakeholdern die gleiche hohe Aufmerksamkeit widmen, sondern Sie können je nach Situation entscheiden, um welche Stakeholder Sie sich im Augenblick besonders kümmern müssen.

Siemens

Während des größten Teils ihrer Firmengeschichte hat die Siemens AG ihre Aktionäre einfach ignoriert, weil alle Aktivitäten durch Bankkredite und einbehaltene Gewinne finanziert werden konnten. Profit schien nicht wichtig zu sein. Dies, kombiniert mit der Tatsache, daß das Unternehmen der größte Arbeitgeber in Deutschland war, veranlaßte Jack Welch, den CEO von General Electric, Siemens eher als Arbeitsbeschaffungsorganisation denn als Unternehmen abzutun. Heute reichen die traditionellen Finanzierungsquellen von Siemens jedoch nicht mehr aus, um die globale Wettbewerbsfähigkeit zu erhalten. Das Unternehmen muß auf den Aktienmarkt zurückgreifen und daher seine Rentabilität beweisen. Siemens hat seine Stakeholder neu bewertet und erkannt, daß die Aktionäre und Kapitalmärkte in Zukunft einen größeren Einfluß auf das Handlungsvermögen des Unternehmens ausüben werden. Nun wird die Strategie an diese Erkenntnis angepaßt, indem die Gewinne stärker in den Vordergrund gerückt werden. Wie bereits weiter vorne festgestellt wurde, wird diese neue Betonung des Gewinns auch durch die überarbeiteten Leistungsbewertungssysteme unterstützt.

In der Automobilindustrie geht beispielsweise die Tendenz viel stärker hin zur Beachtung und zum Management der Zulieferer als bei den Finanzdienstleistern. Durch diesen Unterschied wird deutlich, daß Partnerschaften und Allianzen mit Zulieferern in der Automobilindustrie eine äußerst wichtige Rolle spielen.

Die Menschen im Unternehmen und die Kunden sind meist die Stakeholder, denen am meisten Aufmerksamkeit zuteil wird. Im Gegensatz zu ihnen werden die Regierung, die Gläubiger und die umgebende Gemeinde nur wenig beachtet. Wir wollen Ihnen an dieser Stelle jedoch nahelegen, immer gut zu überlegen, *welche* Stakeholder Sie ansprechen müssen. Die im allgemeinen als weniger wichtig betrachteten Stakeholder können bei einer bestimmten Restrukturierung plötzlich von großer Bedeutung sein. Ein Unternehmen, das kurz vor dem finanziellen Zusammenbruch steht, würde beispielsweise wahrscheinlich die Gläubiger und die Aktionäre in den Status der wichtigsten Stakeholder erheben. In aller Regel sind jedoch die internen Stakeholder immer von höchster Bedeutung – die Frage ist nur, wer in diese Gruppe aufgenommen wird.

Versuchen Sie zuerst, die Ziele der Stakeholder zu verstehen. Denken Sie darüber nach, was sie sich von Ihrer Organisation erwarten, wie sie messen, ob ihre Erwartungen erfüllt wurden oder nicht, und in welchem Zeitrahmen sie handeln. Vergessen Sie nicht, daß auch die Kunden und Zulieferer wichtige Stakeholder sein können, und beschränken Sie sich nicht nur auf die bestehenden Stakeholder, sondern denken Sie auch über die wechselnde Zusammensetzung dieser Gruppe nach.

Wenn Sie die Ziele der Stakeholder kennen, werden Sie auch besser beurteilen können, wie Ihr Plan zur Restrukturierung von ihnen aufgenommen wird:

- Wie wird sich ihre Reaktion auswirken?
- Ist der Plan für sie akzeptabel? (Paßt er zu ihren Zielen)
- Glauben sie an die Realisierbarkeit des Plans?
- Wie werden sie voraussichtlich reagieren?

Wenn Sie wissen wollen, worüber sich die Stakeholder Sorgen machen, dann sprechen Sie sie direkt darauf an. Denken Sie darüber nach, wie sich ihre Reaktion auf Ihre Maßnahmen auswirken könnte. Wenn dadurch möglicherweise die gesamte Restrukturierung vereitelt werden kann, muß der Plan überarbeitet werden. Wenn Sie mit den wichtigsten Stakeholdern schon früh zu verhandeln beginnen, können Sie das Risiko, das die Restrukturierung birgt, vermindern oder zumindest genauer einschätzen.

Verhandlungen mit Stakeholdern

Bei Fusionen von spezialisierten Dienstleistungsunternehmen gilt es hauptsächlich zu verhindern, daß äußerst mobile Vermögenswerte im Wert von mehreren Millionen ECU abwandern, bevor überhaupt genügend Zeit verstreicht, um den Erfolg oder Mißerfolg festzustellen. Im Vorfeld einer solchen Fusion waren die wichtigsten Partner in allen Teilen der Welt als die wichtigsten Stakeholder identifiziert worden. Es wurde festgelegt, daß mindestens 90 Prozent von ihnen für die Fusion stimmen mußten, damit sie zustande kommen konnte. Nach Meinung der maßgeblichen Entscheider wäre ein Unzufriedenheitsanteil von mehr als 10 Prozent bereits genug gewesen, um die Fusion zu gefährden.

In diesem Fall wurde durch die frühe Identifizierung des Risikos und die Einbeziehung der wichtigsten Stakeholder sichergestellt, daß in einer Situation hohen Risikos mit dem maximalen Einsatz der Beteiligten gerechnet werden konnte.

Beteiligen Sie die internen Stakeholder schon früh an dem Prozeß

Jeder, den Sie fragen, wird mit der Ansicht übereinstimmen, daß die Mitarbeiter die wichtigste Ressource sind. Auch im Hinblick auf Restrukturierungen ändert sich daran nichts. Doch obwohl die Beteiligung und der Einsatz des Topmanagements und aller Mitarbeiter sehr oft als entscheidende Erfolgsfaktoren genannt werden, betrachten wir die Praxis dieser Angelegenheit etwas skeptisch. Die Mitarbeiter sind zwar wichtig, doch anscheinend oft nicht wichtig genug, um sie in den Prozeß der Restrukturierung mit einzubeziehen. Die Unternehmensleiter berichten von *„Verwirrung und Feindseligkeit bei Managern und Mitarbeitern, weil sie nicht beteiligt wurden"*, und davon, daß *„die Mitarbeiter nicht genügend Einsatz zeigten, weil sie erst in späten Phasen des Projekts einbezogen wurden."*

Diese Reaktionen bestätigen unsere täglichen Beobachtungen. Es wird zwar behauptet, daß die Mitarbeiter wichtig seien, doch die Unternehmensleitungen setzen diese Worte nicht in die Tat um.

Welcher neue strategische Plan?

Ein europäischer Hersteller von Konsumgütern hielt sein jährliches Seminar für die beiden obersten Managementebenen aller Länder ab. Im Zuge dieses Meetings wurde der Vorstandsvorsitzende vorgestellt, der begeistert von dem neuen strategischen Plan des Unternehmens zu sprechen begann. Die Zuhörer sahen ihm eine Weile recht verblüfft zu. Welcher neue strategische Plan? Nach und nach wurden Fragen laut, und der Vorstandsvorsitzende mußte erkennen, daß er die Strategie zusammen mit einem kleinen Team entwickelt und dabei die anwesenden Manager niemals um Input gebeten hatte. Der Plan war ihnen noch nicht einmal erklärt worden.

Es waren nicht viel Gedanken darauf verwendet worden, wie man die Ländermanager in die Strategieentwicklung einbeziehen und mit ihnen kommunizieren könnte – das Potential ihres Inputs wurde ignoriert. Wenn Sie den Vorsitzenden fragen, wie er die Bedeutung der Mitarbeiter vor diesem Meeting verstanden hatte und wie er dieses Konzept jetzt nach dem Meeting betrachtet, werden Sie einen ziemlichen Unterschied feststellen. Das Stattfinden des Seminars zeigt immerhin, daß man die Einbeziehung der Mitarbeiter nicht vollkommen vergessen hatte, aber diese vollzog sich hier in Gestalt eines seltenen Ereignisses. In seinen täglichen Arbeitsgewohnheiten hatte sich der Vorstandsvorsitzende nicht im geringsten auf eine Beteiligung der Mitarbeiter eingestellt.

Unser Affinity Council führte eine lebhafte Debatte darüber, wann und wie die Mitarbeiter am besten zu beteiligen seien, aber unsere Untersuchungen zeigten ein klares Ergebnis: Die schnellen Restrukturierer beteiligten ihre Mitarbeiter in großem Ausmaß schon in frühen Stadien des Prozesses. An den Entscheidungen waren die Mitarbeiter dann nur minimal beteiligt, während sie in die Umsetzung wieder sehr stark einbezogen wurden. Bei den langsamen Restrukturierern wurde dagegen bis nach der Entscheidung oder sogar bis zur Implementierung gewartet, bis man die Mitarbeiter einbezog.

Mitarbeiter, die bei der Identifizierung von Problemen helfen, setzen sich in der Regel auch für deren Lösung ein. Sie leben gerne in dem Bewußtsein, daß die Unternehmensleitung und die *Spearheader* sie nach ihren Ideen fragen und ihre Meinung respektieren. Wenn die Mitarbeiter von

Anfang an von der Restrukturierung überzeugt sind, haben die Projektleiter später den Vorteil, die besten Kräfte zur Implementierung auswählen zu können. Sie stehen dann nicht mehr so stark unter dem Druck, zu viele Leute zur Umsetzung überreden zu müssen, weil die Unterstützung bereits vorhanden ist.

Ausschluß der mittleren Managementebene

Die Leitung eines Finanzinstituts beschrieb ihre Restrukturierung: der gesamte Prozeß der Analyse, Strategieentwicklung und Entscheidung fand absichtlich hinter geschlossenen Türen statt. Das Ergebnis: Fehlschlag, weil das mittlere Management vollkommen entfremdet war und sich weigerte, zur Implementierung des Projekts beizutragen.

Wenn Sie versuchen, die Mitarbeiter in eine Implementierung mit einzubeziehen, sie aber nicht an dem Gedankenprozeß beteiligt waren, der dazu geführt hat, wird der Prozeß der Restrukturierung erschwert.

Die nötigen Fähigkeiten und Ressourcen müssen vorhanden sein

Für die Mitarbeiter gibt es nichts Frustrierenderes, als ein Projekt durchführen zu müssen, für das nicht genügend oder nicht die richtigen Ressourcen und Fähigkeiten und auch nicht die geeignete Infrastruktur zur Verfügung stehen. Die *Spearheader* müssen daher schon früh während der Planung der Restrukturierung die Fähigkeiten analysieren, die für die angestrebte Verwandlung des Unternehmens und für den Geschäftsbetrieb des neugestalteten Unternehmens unerläßlich sind. Bei der Beurteilung der im Unternehmen vorhandenen Fähigkeiten müssen folgende Punkte berücksichtigt werden:

- Wieviel Erfahrung haben das Unternehmen und die einzelnen Personen mit der Art von Veränderungen, die jetzt geplant sind? Wodurch wurden in der Vergangenheit Erfolge und Mißerfolge verursacht?
- Wieviel Erfahrung haben das Unternehmen und sein Personal mit der Art von Geschäftsbetrieb, die in der neuen Situation erforderlich

sein wird? Wodurch wurden in der Vergangenheit Erfolge und Mißerfolge verursacht?

- Wie erfolgreich haben sich die Mitarbeiter bisher neue Fähigkeiten und neue Arbeitsweisen angeeignet und wie anpassungsfähig sind sie?

Ein Problem besteht darin, herauszufinden, wozu die Mitarbeiter eigentlich fähig sind. In den meisten Fällen können sie mehr als sie bisher im Unternehmen gezeigt haben. Die *Spearheader* müssen genau wissen, wie sie eine Einstellung fördern können, die garantiert, daß alle relevanten Fähigkeiten im Unternehmen auch wirklich in die Restrukturierung eingebracht werden. Einer der oft übersehenen Vorteile, die dabei bedacht werden müssen, ist die Glaubwürdigkeit, die vorhandene Mitarbeiter im Gegensatz zu Neueinsteigern häufig besitzen. Diese Glaubwürdigkeit innerhalb der Organisation überwiegt manchmal bestimmte Mängel an spezifischen Erfahrungen.

Besonders eine Analyse der früheren Erfolge und Mißerfolge trägt dazu bei, herauszufinden, wie die vorhandenen Ressourcen am besten eingesetzt werden sollten.

Besonders eine Analyse der früheren Erfolge und Mißerfolge trägt dazu bei, herauszufinden, wie die vorhandenen Ressourcen am besten eingesetzt werden sollten. Sobald Sie wissen, was die Leute erreichen können, die Sie bereits zur Verfügung haben, wissen Sie auch, welche weiteren Ressourcen Sie benötigen.

Fähigkeiten überprüfen

Das Engineering-Unternehmen für Stahlwerke, das bereits in Kapitel 3 beschrieben wurde, bewertete sowohl den Markt als auch die eigenen Fähigkeiten und erkannte, daß seine herausragenden Vorteile in den sehr gut ausgebildeten Mitarbeitern lagen. Das Unternehmen beschloß, in Zukunft eine Angebotspalette aus umfassendem technischen Wissen und Designfähigkeiten sowie Bauverwaltung anzubieten. Bei einem Vergleich dieser Strategie mit den vorhandenen Fähigkeiten ergab sich ein Mangel an Fähigkeiten im Projektmanagement. Das Unternehmen startete ein Programm zu Ausbildung dieser Fähigkeiten, damit es seine Strategie verwirklichen konnte.

Das Unternehmen nahm die Lücke in Angriff, die zwischen den vorhandenen Mitarbeitern und den zur Verwirklichung der Strategie benötigten Mitarbeitern klaffte, und identifizierte die Fähigkeiten und Kenntnisse, die noch entwickelt werden mußten, damit es die gewünschten Operationen durchführen konnte. Denken Sie also zwar zunächst über den Prozeß der Veränderung nach und darüber, was Sie zu seiner Verwirklichung benötigen, aber blicken Sie auch noch weiter in die Zukunft. Kurzfristig ist es natürlich wichtig, daß das Unternehmen die Restrukturierung bewältigen kann, aber sofort im Anschluß daran stellen sich auch neue Anforderungen bei der Weiterführung des verwandelten Unternehmens. Wenn Ihnen nicht die richtigen Leute zur Verfügung stehen, müssen Sie sich dies auch eingestehen.

Die Vertriebsmannschaft beurteilen

Ein europäischer Hersteller von GSM-Mobiltelefonen hatte die Auswirkungen des neuen internationalen GSM-Standards sehr schnell begriffen: neue riesige Wettbewerber wie Motorola, Nokia und Ericsson und eine starke Veränderung der Kundenbasis. In Zukunft würden die besten Kunden des Herstellers große und hochentwickelte Dienstleister sein, die ihrerseits wiederum als Full-Service-Berater und Lieferanten für die Endbenutzer fungierten. Man würde also nicht mehr hauptsächlich an kleine und mittelgroße Einzelhändler verkaufen. Daraus ergab sich die Notwendigkeit, daß sich die Vertriebsmitarbeiter auf die professionellen Einkäufer einstellen mußten, die die Massenmärkte bedienen, und nicht mehr auf die Bedürfnisse des kleinen Mannes. In dieser neuen, wettbewerbsintensiven Umgebung führten die leitenden Manager eine schnelle Bewertung der vorhandenen Fähigkeiten im Unternehmen durch und kamen zu dem Schluß, daß neue Fähigkeiten im Vertrieb für den Erfolg entscheidend waren und daß nicht genügend Zeit blieb, diese Fähigkeiten ausschließlich intern heranzubilden. Sie beurteilten anschließend die Vertriebsmitarbeiter und behielten diejenigen von ihnen, die sich wahrscheinlich am leichtesten an die neue Kundenbasis anpassen würden. Zudem stellten sie neue Vertriebsmitarbeiter ein, die Erfahrung im Umgang mit professionellen Dienstleistern vorweisen konnten. Sie hatten ganz richtig erkannt, daß es keinen Sinn hatte, eine neue Absatzstrategie zu entwickeln, wenn sie nicht gleichzeitig dafür Sorge trugen, daß im Unternehmen auch die geeigneten Mitarbeiter vorhanden waren, die in der Lage waren, die Strategie umzusetzen.

Wir haben schon oft beobachtet, daß Restrukturierungsprojekte fehlschlagen, weil sich das Restrukturierungsteam aus Mitarbeitern zusammensetzt, die von der Unternehmensleitung schon immer bevorzugt wurden, die aber eigentlich nicht für diese Aufgabe geeignet sind. Die Organisation interpretiert dies als Zeichen dafür, daß sich nichts wirklich verändert hat. Der zweite Fehler, den wir oft beobachten, besteht darin, Leute mit der Restrukturierung zu betrauen, die im Tagesgeschäft nicht mehr nützlich sind. Oberflächlich gesehen ist dies eine ideale Lösung, aber es ergibt keinen Sinn, die Verantwortung für Veränderungen in die Hände von Personen zu legen, deren stärkstes Interesse in der Erhaltung des Status quo besteht.

Das neue Unternehmen, das am Ende der Restrukturierung entsteht, ist darauf ausgerichtet, in der erwarteten Marktsituation hervorragende Leistungen zu erzielen. Einer der schwierigsten Aspekte bei der Entwicklung dieser zukünftigen Struktur ist die Bestimmung des Ausgangspunktes. Dazu müssen Sie tief forschen. Natürlich können Sie die formale Hierarchiestruktur und den Befehlsweg dem Organisationsdiagramm entnehmen, aber *wie funktionieren die Abläufe wirklich*?

Durch eine Bewertung der tatsächlichen Struktur im Lichte des Restrukturierungsplans und des neu entworfenen Unternehmens stellt sich heraus, wo Veränderungen erforderlich sind. Im allgemeinen müssen die Unternehmen ihre Strukturen so ausrichten, daß sich das Hauptgewicht auf die dem Markt zugewandte Seite des Unternehmens verlagert. Bisher wurde jedoch der internen Kostenseite viel Aufmerksamkeit gewidmet. Die Strukturen zur Absicherung der Kostenkontrolle, der Produktionseffizienz und der Logistik dürfen nun nicht zugunsten der vom Markt beeinflußten Strukturen geopfert werden, sondern müssen in die neue Gesamtstruktur einbezogen werden. Bei der Entwicklung einer Organisationsstruktur wird meist viel Wert auf die Teilung der Pflichten gelegt. Ebenso wichtig ist jedoch die Koordination der Verantwortungsbereiche. Die neue Organisationsstruktur sollte die effektive gemeinsame Ausübung von Verantwortung und die gemeinsame Nutzung von Informationen fördern.

Halten Sie wichtige Stakeholder auf dem laufenden: Kommunikation

Wir haben die Bedeutung, die der Kommunikation zukommt, bereits deutlich gemacht – besonders die Wichtigkeit der Kommunikation mit den internen Stakeholdern wie den Mitarbeitern und dem mittleren Management. Ohne diese Kommunikation und ohne den ehrlichen Versuch, diese Personen für die Restrukturierung zu begeistern und sie darin einzubeziehen, ist es unwahrscheinlich, daß sie die veränderungsbereite Einstellung entwickeln, die so wichtig für Ihre Restrukturierung ist. Sie sollten bei Ihren Bestrebungen, die Leute an Bord zu holen, jedoch auch die externen Stakeholder nicht vergessen. Überlegen Sie, welche Informationen sie brauchen und wünschen, und denken Sie auch darüber nach, wann sie sie brauchen. Ihr Interesse erlischt nicht mit der Ankündigung des Projekts, im Gegenteil – sie sind an den Fortschritten und Ergebnissen genauso stark interessiert wie Sie selbst. Je nach Situation kann die gesamte Restrukturierung aus dem Gleis geworfen werden, wenn Sie es versäumen, beispielsweise den Betriebsrat oder einen Gläubiger in einer entscheidenden Phase mit einzubeziehen.

Häufigkeit und Art der Kommunikation werden durch die Segmentierung der Stakeholder bestimmt. Wer muß aktiv an dem Prozeß beteiligt werden, und wer benötigt lediglich Fortschrittsberichte? In der Regel ist mehr meist besser als weniger, und wenn Sie es schaffen, eine beidseitige Kommunikation aufrechtzuerhalten, ergeben sich daraus für Sie ebenso viele Vorteile wie für die Stakeholder. Deren Feedback über die Fortschritte ist ein wichtiger Input für die Entwicklung der Restrukturierung. Für jeden, dessen Unterstützung Sie für den Erfolg der Restrukturierung benötigen, sind zu viele Informationen meist besser als zu wenige. Wenn Sie beispielsweise mit einem Vertreter des Betriebsrates oder einer Gewerkschaft sprechen, ist für diesen bereits im voraus klar, daß er später alle möglichen Fragen der Mitarbeiter beantworten können muß. Ihr Ziel sollte es sein, dieser Person so viele Informationen zu geben, daß sie diese Aufgabe ohne Probleme erfüllen kann. Und auch andere externe Stakeholder haben einen Einfluß auf die Fähigkeit eines Unternehmens, eine Restrukturierung durchzuführen. Europäische Unternehmen müssen sich oft mit Regierungen auseinandersetzen, die verlangen, daß ihre Bedürfnisse erfüllt werden, bevor sie bei Privatisierungsprogrammen und anderen Restrukturierungen kooperieren, die die „staatlichen" Industriesektoren betreffen. In einigen, nicht lange zurückliegenden Fällen hat beispielsweise die französische Regierung Druck auf Unternehmen ausgeübt, damit sie sich so verhalten, wie es die Regierung im Interesse der Bevölkerung für richtig hielt, obwohl die Unternehmen selbst es vorgezogen hätten, ihre Restrukturierungen fortzusetzen.

Druck von seiten der Regierung

Ein nicht lange zurückliegendes Beispiel für den Druck, der von seiten der Regierung ausgeübt werden kann, zeigt sich in der Entscheidung von Christian Blanc, seinen Posten als Vorsitzender von Air France aufzugeben. Blanc hat sich während seiner Amtszeit häufig gegen die Regierung gestellt, doch schließlich gab er auf, als er erkannte, daß die Regierung der Privatisierung eines Mehrheitsanteils der Fluggesellschaft auf keinen Fall zustimmen würde. „In dem rücksichtslosen Konkurrenzkampf unter den Fluggesellschaften der Welt ticken die Uhren immer weiter. Man darf keine Zeit verlieren. Genau in diesem entscheidenden Punkt, der Geschwindigkeit unserer Entwicklung, erreichen wir keine Übereinstimmung mit unserem Aktionär."[25]

Im Fall von Air France bedeutete diese fehlende Übereinstimmung mit dem Aktionär, daß die Fluggesellschaft die gewünschte Restrukturierung nicht durchführen konnte, und infolgedessen warf der Vorsitzende das Handtuch. Dies zeigt, wieviel Macht die externen Stakeholder über das Schicksal eines Unternehmens haben können. Die Situation hätte sich durch zwei Dinge verbessern lassen. Hätte Air France stärkere Argumente für die Vorteile der Privatisierung vorbringen können, hätte man es vielleicht geschafft, den entscheidenden Stakeholder – die Regierung – an Bord zu holen. Dafür befindet sich Air France nach dem Wahlsieg der Sozialisten allerdings in einer ungünstigen Ausgangssituation. Die andere Veränderung müßte auf Seiten der Aktionäre stattfinden: Langsam, aber sicher werden immer mehr Regierungen von den Vorteilen der Privatisierung überzeugt, aber der Weg dorthin ist noch lang und mit zahlreichen Hindernissen übersät.

Die Regeln für die Kommunikation gelten unabhängig davon, was Sie mitteilen müssen. Schlechte Nachrichten verschwinden nicht von selbst. Die Versuchung ist groß, schlechte Neuigkeiten über eine Restrukturierung verborgen zu halten und zu hoffen, daß der Prozeß sich selbst korrigiert und das schmutzige Geheimnis niemals ans Tageslicht gelangen wird. Dies ist jedoch eine gefährliche Taktik, denn die Erfahrung zeigt, daß die Stakeholder eher geneigt sind, eine Restrukturierung weiter zu unterstützen, wenn sie so früh wie möglich über Abweichungen vom Plan informiert werden, den sie geprüft und für gut befunden haben. Dies gilt besonders dann, wenn der Bericht auch gleich eine Methode aufzeigt, mit der die Abweichung korrigiert und die Restrukturierung wieder zurück auf das alte Gleis gebracht werden kann.

Wenn Sie auf die formellen und informellen Kanäle lauschen, werden Sie erfahren, ob die Stakeholder auf die von Ihnen erwartete Weise auf die Nachrichten reagieren. Analysieren Sie ihre Reaktionen und verwenden Sie diese Informationen, um entweder den Plan zur Restrukturierung zu ändern oder Möglichkeiten zu finden, die Bedenken der Stakeholder aus der Welt zu schaffen. Dabei müssen Sie unbedingt unterscheiden, ob die Reaktionen durch eine falsche Interpretation der übermittelten Informationen oder durch den Inhalt der Botschaft selbst hervorgerufen wurden.

Dirigieren Sie einen schnellen Takt

Es besteht der falsche Eindruck, daß eine Beschleunigung der Restrukturierung auf Kosten der Ergebnisse geht. Wir stimmen damit nicht überein. Sie müssen nicht zwischen beidem wählen, ja – Sie dürfen es nicht tun. Die beste Art, eine Restrukturierung durchzuführen, ist, sie zu beschleunigen, während Sie gleichzeitig auf die Resultate achten. Die Unternehmen mit den besten Leistungen brauchten für eine Restrukturierung 30 Prozent weniger Zeit als die anderen, und dies ist ein starker Beweis dafür, daß schnelle Restrukturierungen angesagt sind (siehe Abbildung 5.2).

Warum ist es so wichtig, die Restrukturierung schnell durchzuführen? Je schneller Sie die Restrukturierung abschließen, desto eher profitieren Sie von den verbesserten Ergebnissen. Betrachen Sie im folgenden das Beispiel zweier Telekommunikationsunternehmen, die anfangs von ähnlichen Voraussetzungen ausgingen.

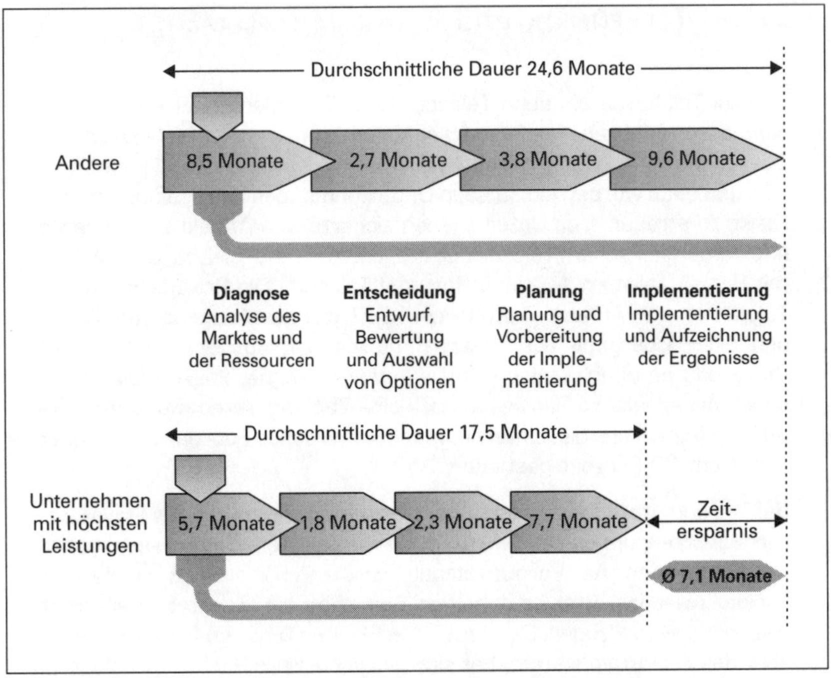

Abbildung 5.2: Die Unternehmen mit den besten Leistungen brauchen für eine Restrukturierung 30 Prozent weniger Zeit

Wenn Sie es schaffen, schneller zu restrukturieren als Ihre Wettbewerber, dann gewinnen Sie dadurch Zeit und Energie, um sich einen noch größeren Vorsprung zu verschaffen. Telefónica befindet sich in einer deutlich besseren Position, um neue Chancen auszunutzen, als Telecom Italia. Außerdem weisen die Leiter von Unternehmen, die eine Restrukturierung durchgeführt haben, auch auf die wirtschaftliche Umgebung als einen weiteren Grund hin, den Vorgang zu beschleunigen:

„Die Welt wird sich weiterhin sehr schnell verändern, und die Unternehmen müssen sich dieser Tatsache bewußt und darauf vorbereitet sein, sich an diese veränderliche Umgebung anzupassen.“

Die schnelle Entwicklung der Technologie und des Preis-Leistungs-Verhältnisses bedeutet, daß die Zeitspanne zwischen dem Erkennen der Aktionen der Wettbewerber und deren Umsetzung immer kürzer wird.

TELEFÓNICA und TELECOM ITALIA/STET

Sowohl Telefónica als auch Telecom Italia/Stet planten, eine Privatisierung durchzuführen. Telefónica ging dabei schnell und entschlossen vor. Zuerst wurde ein wenig rationalisiert, um die Kostenbasis zu konsolidieren, und dann wurden einige neue Unternehmungen hinzugefügt, um das Risiko zu streuen. Das Unternehmen sicherte sich Anteile an mehreren lateinamerikanischen Telekom-Gesellschaften und bildete eine Allianz mit British Telecom, MCI und Portugal Telecom. Die Privatisierung von Telefónica war Anfang des Jahres 1997 mit der Ausgabe von Aktien und einer Übergabe der Unternehmensleitung aus den Händen der Regierung an unabhängige Handlungsträger abgeschlossen (allerdings behält die spanische Regierung noch eine Zeitlang bestimmte Vetorechte). Der Aktienkurs des Unternehmens ist zwischen Februar und August 1997 um 25 Prozent gestiegen.

Bei Telecom Italia funktionierte der Vorgang nicht so gut. Die Privatisierungsanstrengungen wurden aufgrund von politischen Interessenkonflikten aufgehalten. Als Voraussetzung für die Privatisierung wurde eine Fusion zwischen Stet und seiner operationalen Tochtergesellschaft Telecom Italia vollzogen. Der Anteil des Staates liegt nun bei 45 Prozent, aber das Finanzministerium hat sich einige spezielle Rechte vorbehalten, unter anderem das Vetorecht für Privatisierungspläne. Es gibt überhaupt noch keine rechtliche Grundlage für eine Privatisierung. Bürokratie und politische Verzögerungen lassen es unklar erscheinen, wann die Privatisierung endlich vollständig durchgeführt werden kann.

Indem Sie sich enge Fristen setzen, sorgen Sie dafür, daß die Restrukturierung ihren Schwung nicht verliert. Meist gehört zum Ankurbeln einer Restrukturierung eine gehörige Portion Anstrengung, insbesondere die Zeit und Energie, die auf die Überzeugung der Mitarbeiter verwendet werden muß. Wenn Sie das Projekt entschlossen vorantreiben, bleibt die Begeisterung dieser Menschen erhalten, denn sie können sehr schnell Fortschritte beobachten. Dadurch verstärkt sich ihr Glaube in ihre eigenen Fähigkeiten und auch in die Fähigkeit des Unternehmens, Erfolg zu haben. Im Gegensatz dazu verliert eine Restrukturierung, in der es immer wieder zu Verzögerungen und Zweifeln kommt, sehr schnell ihre Unterstützung. Die Teilnehmer unserer Umfrage wiesen darauf hin, daß das Nachlassen des Schwungs den Erfolg einer Restrukturierung einschränkt:

„Wenn die Restrukturierung nur teilweise durchgeführt wird und irgendwo auf halber Strecke endet, richtet sie ernsthaften Schaden an."

und:

„Es war schwierig, den Schwung und die Geschwindigkeit aufrechtzuerhalten – das Management versuchte, die Implementierung zu verlangsamen."

Stellen Sie sich die Restrukturierung wie den Start eines Flugzeugs vor – man benötigt sehr viel Energie zum Abheben und muß ständig Treibstoff nachliefern, um das „Flugzeug" in der Luft zu halten. Wenn die Treibstoffzufuhr unterbrochen wird, stürzt das Flugzeug ab. Die Anstrengung, es in der Luft zu halten, ist gegenüber der Katastrophe nach einem Absturz vollkommen vernachlässigbar. Und die eingesparte Zeit läßt sich unter dem Strich in verbesserte Ergebnisse verwandeln.

Geschwindigkeit und Schwung gewinnen mit zunehmender Kraft der Veränderungen immer stärker an Bedeutung. Restrukturierungspläne gründen sich auf die Markt- und Wettbewerbsbedingungen, denen das Unternehmen gegenübersteht. Wenn die Restrukturierung zu lange dauert oder an Schwung verliert, ist das Projekt möglicherweise schon veraltet, bevor es überhaupt abgeschlossen ist. Es lohnt sich also, schnell zu arbeiten, die Früchte der Restrukturierung schneller zu ernten und sicherzustellen, daß die Restrukturierung relevant bleibt.

In einigen Branchen hat sich diese Erkenntnis stärker durchgesetzt als in anderen: In der Automobilindustrie dauerte eine Restrukturierung durchschnittlich nur 17 Monate, während die Hersteller von Investitionsgütern 29 Monate brauchten.

Entscheidung statt Verzögerung

Die Entscheidung, eine Restrukturierung durchzuführen, und die Entscheidung über die beste Möglichkeit, deren Ziele zu erreichen, bilden nur die Spitze des Eisbergs.

Während der Implementierung der Pläne fallen noch unzählige weitere Entscheidungen an. Da diese innerhalb der klar definierten Strategie des Unternehmens getroffen werden können, sollten sie eigentlich keine Verzögerungen bewirken. In der Praxis haben wir jedoch festgestellt, daß während der Restrukturierung häufig eine Art Lähmung eintritt. Das

Management ist nicht in der Lage, die erforderlichen Entscheidungen zu treffen, die das Unternehmen von einer Phase in die nächste voranbringen würden.

Verzögerung

In einem Maschinenbauunternehmen wurde der Nutzen eines vorgeschlagenen Restrukturierungsprojekts diskutiert. Selbst nachdem deutlich gemacht worden war, daß jeder Tag, an dem die Entscheidung für die Restrukturierung weiter verzögert wurde, das Unternehmen circa 130 000 ECU kostete, konnte man sich fast zwei Monate lang nicht zum Vorantreiben der Pläne entschließen. Schließlich fiel die Entscheidung für die Restrukturierung, doch die Ergebnisse waren offensichtlich nicht so gut wie geplant, weil das Unternehmen den durch die Verzögerung erlittenen Geldverlust nicht wieder wettmachen konnte.

Dieses Zurückschrecken vor Entscheidungen ist uns bei unserer Arbeit im Zusammenhang mit Restrukturierungen häufig begegnet. Wir haben die Teilnehmer des Restructuring Affinity Councils um eine Erklärung gebeten (siehe Abbildung 5.3). 60 Prozent der Teilnehmer gaben indirekt zu, Angst vor Entscheidungen zu haben: „Unsicherheit aufgrund der Furcht vor den Folgen“ und „das Bedürfnis, eine sichere Grundlage zu schaffen“. Entweder konnten sie die Folgen der Restrukturierung nicht sicher vorhersagen, oder sie wollten erst ihre eigenen Positionen absichern, bevor sie den Prozeß vorantrieben. Sie gestanden also im Endeffekt den Mangel an Mut ein, den wir weiter vorne bereits als Erfolgshindernis identifiziert haben. Nichts zu tun ist jedoch ebenfalls eine Entscheidung und noch dazu oft eine gefährliche, weil Sie in diesem Fall die Konsequenzen eigentlich überhaupt nicht durchdacht haben. Wenn Sie sich einmal zu einer Restrukturierung entschlossen haben, dann lassen Sie sie nicht einfach dahinwelken, nur weil Sie plötzlich unter einem Anfall von Unsicherheit leiden.

In den sehr frühen Planungsstadien einer Restrukturierung muß primär überlegt werden, ob die Restrukturierung überhaupt notwendig ist. Dabei versuchen die meisten, die voraussichtlichen Ergebnisse eines Verharrens im Status quo mit den erwarteten Ergebnissen der Restrukturierung zu vergleichen.

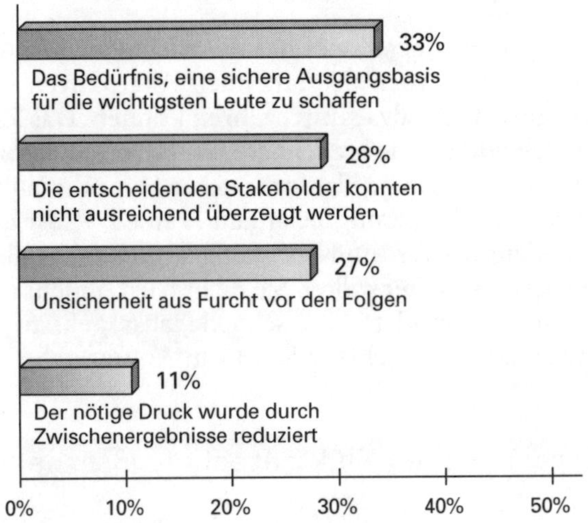

Quelle: Restructuring Affinity Council

Abbildung 5.3: Warum wird für die Entscheidungen zwischen den Phasen einer Restrukturierung zuviel Zeit verschwendet?

Wird es dem Unternehmen gelingen, seine Wettbewerbsposition durch eine Restrukturierung zu verbessern und so mehr Wert zu erwirtschaften? Gibt es Bedrohungen oder Chancen, die nicht ignoriert werden dürfen, wenn Sie die Maximierung des Wertes Ihres Unternehmens im Sinn haben? Überlagert werden diese Aspekte von dem optimalen Zeitpunkt für die Restrukturierung. Ist es am besten, sofort zu beginnen, oder könnte noch mehr Wert erzeugt werden, wenn Sie noch auf eine Veränderung bestimmter Bedingungen warten? Wenn Sie dann während der Restrukturierung von Unsicherheit überfallen werden, greifen Sie auf diese Analyse zurück. Wenn es keine überzeugenden Argumente für die Restrukturierung gegeben hätte, würde sie schließlich überhaupt nicht stattfinden.

Ist es am besten, sofort zu beginnen, oder könnte noch mehr Wert erzeugt werden, wenn Sie noch auf eine Veränderung bestimmter Bedingungen warten?

Analysieren Sie gründlich und schnell

Zu Beginn müssen Sie überlegen, welches die wichtigsten Antriebskräfte und Probleme für die zur Auswahl stehenden Alternativen sind, damit Sie eine effektive, gezielte Analyse durchführen können. Das Ziel besteht darin, für jede Entscheidung eine brauchbare Grundlage an Informationen zu haben, anhand derer Sie einige klar formulierte Hypothesen testen und zu einer schnellen Schlußfolgerung gelangen können. Es ist unmöglich, alle Faktoren zu identifizieren und sorgfältig abzuwägen, gleichgültig, wieviel Arbeit Sie leisten. Daher sollten Sie nicht nach ohnehin unerreichbarer Perfektion streben, sondern eine schnelle, aussagekräftige Analyse durchführen und sofort den nächsten Schritt in Angriff nehmen.

Ein österreichisches Elektrotechnikunternehmen

Bei einem österreichischen Elektrotechnikunternehmen wurden sieben Monate damit verbracht, die Synergien einer geplanten Fusion mit einem Wettbewerber zu untersuchen. Die ausführliche Analyse förderte so viele Unsicherheiten zutage und erzeugte so viele Zweifel, daß die Teams auf beiden Seiten das Interesse an dem Merger verloren. Der Vorstand, der die Fusion immer noch für eine gute Idee hielt, rief Verstärkung von außen zu Hilfe, um den Prozeß wieder in Gang zu bringen. Innerhalb von acht Wochen erarbeitete das kombinierte Team die wichtigsten Synergien und legte somit eine solide Grundlage für die Durchführung der Fusion. Innerhalb der gesamten Organisation herrschte wieder zunehmende Begeisterung für den Merger.

Dieses Beispiel zeigt deutlich den Preis, den Sie bezahlen müssen, wenn die Analyse nicht vorankommt. Darunter leiden Zeit, Begeisterung und Ergebnisse. Percy Barnevik formuliert dieselben Gedanken:

> *„Ich sage meinen Leuten immer, daß es gut genug ist, wenn sich 70 von 100 Entscheidungen als richtig erweisen. Ich habe lieber ungefähr recht und komme dafür schnell vorwärts, als daß ich vollkommen recht habe, aber nur sehr langsam bin ... Warum man die Geschwindigkeit auf Kosten der Präzision betonen sollte? Weil die Kosten einer Verzögerung sehr viel höher sind als die Kosten von gelegentlichen Fehlern."*[26]

Gewöhnen Sie sich an, alles nur einmal zu analysieren und sich dann an diese Analyse zu halten, bis sie durch eine sehr wesentliche Tatsache ihre Gültigkeit verliert. Vereinfachen Sie den Prozeß dadurch, daß Sie die bisherigen Analysen aufzeichnen und aufschreiben, warum Sie sich gegen bestimmte Handlungsalternativen entschieden haben. So sparen Sie viel Zeit, wenn jemand versucht, eine bereits verworfene Idee erneut in Betracht zu ziehen. Sie haben dann die Argumente zur Hand, mit denen Sie die Diskussion schnell beenden und weitermachen können.

Abkürzungen für Entscheidungswege

Kein erfolgreiches Unternehmen kommt um Entscheidungen herum, seien es leichte oder schwere. Entscheidungen müssen getroffen und bekanntgegeben werden. In einem Restrukturierungsplan müssen die Entscheidungen nicht nur implizit, sondern explizit enthalten sein. Dazu sollten Sie zuerst so genau wie möglich untersuchen, welche Entscheidungen zu welchem Zeitpunkt anfallen, und dann müssen Sie dafür sorgen, daß zu diesen Zeitpunkten die nötigen Informationen verfügbar sind, damit es keine Entschuldigung für Verzögerungen gibt.

Betrachten Sie auch die Art und Weise, wie frühere Entscheidungen in Ihrem Unternehmen getroffen wurden. Welche Arten von Entscheidungen dauern im allgemeinen sehr lange? Welche Prozesse werden als zu kompliziert angesehen? Gibt es Bereiche, in denen Entscheidungen oft ohne genügend Überlegungen getroffen werden? Wenn Sie bestimmte Problempunkte schon im voraus erkennen, können Sie während der Implementierung besonders auf sie achten.

Der wichtigste Aspekt, der bei einer Abkürzung der Entscheidungswege bedacht werden muß, ist der Zugang zum Topmanagement. Die Unternehmensleitung muß ihre Türen für die wichtigsten Mitglieder des Restrukturierungsteams offenhalten und darauf vorbereitet sein, Entscheidungen auf der Grundlage nur der wichtigsten Informationen zu treffen. Es dürfen keine langen und formellen Briefings gefordert werden. Auf der Führungsebene muß eine Atmosphäre offenen Zugangs herrschen, vollkommen außerhalb der regulären Unternehmensstruktur und ohne jede Bürokratie. In vielen Unternehmen wird zu diesem Zweck ein regelmäßiges, beispielsweise wöchentliches Meeting zwischen der Unternehmensleitung und dem Restrukturierungsteam vereinbart, doch selbst dies ist zu inflexibel. Wenn eine Entscheidung heute anfällt, muß es eine Möglichkeit geben, sie sofort zu erhalten. Effektive Entscheidungsmechanismen sind für den Erfolg einer Restrukturierung unerläßlich.

Legen Sie eine Kadenz der Restrukturierungen fest, und erhalten Sie sie aufrecht

Die Aussicht auf wiederholte Restrukturierungen hat mehrere Implikationen. Als erstes ergibt sich daraus die Herausforderung, die Restrukturierung und das Tagesgeschäft gleichzeitig zu bewältigen. Es handelt sich dabei um zwei vollkommen verschiedene Tätigkeiten, denen die Unternehmensleitung gleichzeitig ihre Aufmerksamkeit widmen muß. Zweitens wird ein Projekt ohne Atempause auf das andere folgen, wenn die Restrukturierungen wirklich kontinuierlich durchgeführt werden sollen. Das bedeutet, daß auch das Problem des Restrukturierungs-Burnout oder der Restrukturierungsmüdigkeit, das bei unserer Umfrage zutage getreten ist (siehe Kapitel 2), immer stärker auftritt. Personen, die bereits an mehreren Restrukturierungen beteiligt waren, weisen darauf hin, daß es bei jeder neuen Restrukturierung immer schwieriger wurde, die Mitarbeiter zu motivieren:

> *„Dies ist die zweite derartige Erfahrung, die wir hinter uns gebracht haben – bei der ersten war die Einstellung der Mitarbeiter viel besser."*

Mitarbeiter beklagen sich über:

> *„zu viele Restrukturierungsprogramme"*

und stellten die Frage:

> *„Ist dies jetzt die Restrukturierung, oder steht uns gleich danach noch eine weitere bevor?"*

Ein Teil dieser Haltung ist die Folge von vergangenen „Kahlschlag"-Aktionen und Fehlschlägen. Es besteht für die Mitarbeiter wenig Anreiz, eine weitere Restrukturierung zu unterstützen, wenn ihnen als Ergebnis der Verlust des Arbeitsplatzes droht oder wenn bereits absehbar ist, daß die Restrukturierung nicht wirklich zu einer Verbesserung der Zukunftsaussichten des Unternehmens führt. Darüber hinaus zeigt diese Haltung,

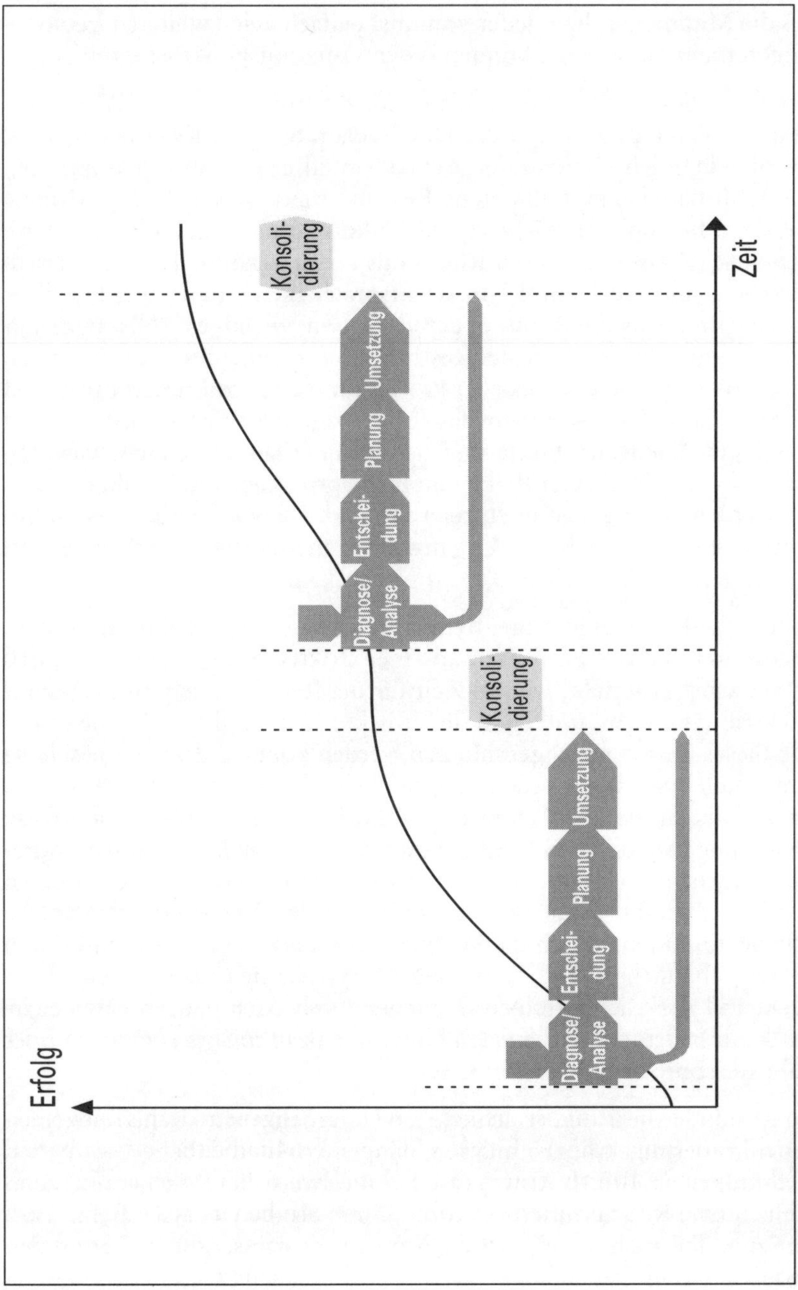

Abbildung 5.4: Die Kadenz schafft Raum für die Konsolidierung

daß die Mitarbeiter (bzw. jeder von uns) einfach keine weiteren Veränderungen mehr aufnehmen können – der Sättigungspunkt ist erreicht.

Durch die Festlegung einer Kadenz der Restrukturierungen lassen sich diese Probleme eventuell lösen. Die Etablierung einer Kadenz bedeutet, daß Sie einen Rhythmus oder Zyklus einführen (siehe Abbildung 5.4). Alle *x* Monate beginnt eine neue Restrukturierung, die dann *y* Monate vor dem Beginn der nächsten Restrukturierung abgeschlossen wird. Wenn alle Mitarbeiter diesen Rhythmus kennen, können sie sich darauf einstellen, und die Pläne können entsprechend gestaltet werden. Eine Kadenz ist ebenso wie die *Spearheader* ein wichtiges Hilfsmittel zur gleichzeitigen Bewältigung der Restrukturierung und des Tagesgeschäfts. Sie ist so etwas wie ein spezieller Prozeß für die Restrukturierungen, und mit Hilfe dieses Prozesses kann das Topmanagement die Doppelbelastung bewältigen. Die Restrukturierung – auch innerhalb der Geschäftseinheiten – wird damit zu einer Reihe von Einzelprojekten, die alle abgeschlossen werden, solange sie noch relevant sind. Dazwischen gibt es Atempausen, in denen sich die Organisation an die neuen Arbeitsweisen gewöhnen und die nächste Aktion planen kann.

Kadenz bedeutet eine neue Betrachtungsweise der Restrukturierung. Theoretisch hat das Festhalten an einer strikten Kadenz zur Folge, daß Sie zunächst ermitteln, wieviel Zeit für die Restrukturierung insgesamt zur Verfügung steht, und dann die Projekte so auswählen, daß sie innerhalb dieses Zeitraums abgeschlossen werden können. Zuerst müssen Sie herausfinden, wie lange es dauert, grundlegende Änderungen einzuführen (dabei müssen Sie auch ermitteln, wie schnell das Unternehmen diese Änderungen assimilieren kann). Dieser Zeitraum bildet die Restrukturierungskadenz des Unternehmens. Die Restrukturierungsprojekte müssen in diesen Zeitrahmen eingepaßt werden. In der Praxis wird eine solche festgelegte Kadenz durch die Veränderungen auf dem Markt und durch die wirtschaftlichen Anforderungen erschwert; dennoch sollten Sie in jedem Fall das Ziel verfolgen, zwischendurch Atempausen einzulegen. Das kann bedeuten, daß Sie den Umfang eines Projekts verändern oder mehr Ressourcen einplanen müssen.

Die Abstände, die in den verschiedenen Unternehmen zwischen einzelnen Restrukturierungen liegen müssen, hängen von den dabei gesammelten Erfahrungen ab. British Airways ist beispielsweise beweglicher und kann häufiger eine Restrukturierung durchführen als die Deutsche Bahn. Dies liegt zum Teil auch daran, daß die Mitarbeiter sich schon stärker an den Prozeß gewöhnt haben.

Kvaerner

Der bereits im ersten Kapitel erwähnte norwegische Schiffsbau- und Baukonzern Kvaerner hat das Konzept der Kadenz in seine Restrukturierungsmethoden einbezogen. Die verschiedenen Unternehmen des Konzerns bewerten laufend neue Möglichkeiten für Übernahmen. Auf jede Übernahme folgt dann eine Restrukturierung, die darauf ausgerichtet ist, das neue Unternehmen zu integrieren und die Synergien einzufangen, die durch die Zusammenführung der Unternehmen freigesetzt werden. Die Unternehmen achten sorgfältig darauf, daß sie zwischen den Restrukturierungen wieder Raum zum Atemschöpfen erhalten. Auf diese Weise können die Veränderungen Fuß fassen, und es können neue Chancen abgewogen werden.

Bleiben Sie am Ball

Greifbare, nachhaltige Resultate sind das Ziel jeder Restrukturierung. Es gibt zahlreiche Dinge, die Sie tun können, um dieses Ziel zu verwirklichen.

Legen Sie zuerst eine weitgefaßte Gesamtfrist fest, innerhalb der die hauptsächlichen Ziele erreicht werden sollen. Bei einer Fusion wird die Frist zum Beispiel durch das Datum vorgegeben, an dem die neue, verschmolzene Unternehmenseinheit den Betrieb aufnehmen soll. Dieses abgesteckte Ziel stellt auch das Gesamtziel des Unternehmens dar.

Innerhalb des Rahmens dieser weiten Frist und noch vor Beginn der Restrukturierung müssen Sie sicherstellen, daß Sie für jedes Projekt die wichtigsten meßbaren Ergebnisse festgelegt haben. Eines der hauptsächlichen Hindernisse für eine erfolgreiche Umsetzung, die zusätzlichen Wert erzeugt, liegt darin, daß vor Beginn des Prozesses keine meßbaren Ausgaben festgelegt wurden. Konzentrieren Sie sich dabei aber auf einige wenige wichtige Ergebnisse. Nehmen Sie sich die Zeit herauszufinden, welches das wichtigste Resultat eines jeden Projekts ist.

Innerhalb dieses Rahmens aus greifbaren Ergebnissen müssen Sie Etappenziele festlegen, anhand derer Sie messen können, ob die Restrukturierung sich noch auf dem richtigen Weg in Richtung des Gesamtziels befindet. Etappenziele sind aus zwei Gründen wichtig. Erstens stellen Sie ein Ziel für die Aktivitäten des Projektteams dar, und zweitens ermöglichen sie es interessierten Beobachtern, die Fortschritte zu verfolgen. Etappenziele und Ergebnisse müssen klar definiert werden, damit leicht zu erkennen ist, ob sie erreicht wurden oder nicht. Außerdem müssen sie dicht genug aufeinanderfolgen – beispielsweise monatlich oder vierteljährlich –, damit es regelmäßig Beweise für den Fortschritt gibt und damit die Restrukturierung niemals zu stark vom Kurs abweichen kann, ohne daß jemand darauf aufmerksam wird. Sorgen Sie dafür, daß die Etappenziele klare Fortschrittsindikatoren sind. Nicht geeignet ist zum Beispiel der Vergleich der Ausgaben mit dem Budget. Wenn Sie zuviel ausgeben, wird möglicherweise der Eindruck erweckt, daß das Projekt schneller als geplant durchgeführt wird, obwohl es in Wirklichkeit zu langsam vorankommt und statt dessen das Budget überschritten wird.

Vergessen Sie auch nicht, die Etappenziele und Ergebnisse der neuen Aktivitäten festzulegen. Die neue Werbekampagne wurde gestartet, aber was soll damit erreicht werden? Woher wissen Sie, ob Sie die erwünschten und erforderlichen Ergebnisse erhalten? Sie müssen sich klar darüber sein, daß es zwei Ebenen gibt: die Restrukturierung selbst und die neuen Operationen, die sich daraus ergeben.

Schwung entsteht durch Prioritäten

Eine Restrukturierung besteht aus einer Reihe von Teilprojekten, und die Reihenfolge dieser Teilprojekte kann sich wesentlich auf den Erfolg und die Geschwindigkeit der gesamten Restrukturierung auswirken (siehe Abbildung 5.5). Beim ersten Blick auf die Prioritätenfolge sollten Sie drei Bereiche berücksichtigen: Die Wirkung des Projekts auf den Wert der Restrukturierung, den Zeithorizont dieser Wirkung und die Anforderungen des Projekts an Kosten und Ressourcen. Die höchste Priorität genießen diejenigen Projekte, die gleichzeitig die größte wertsteigernde Wirkung und den kürzesten Zeithorizont besitzen. Unter diesen Projekten sollten Sie wiederum diejenigen mit den geringsten Investitionen vorziehen. Anhand dieser Bestimmung der Prioritäten lassen sich auch Projekte mit geringem Wert aussondern. Projekte mit wenig wertsteigernden Auswirkungen und sehr langem Zeitrahmen sind nur von sehr geringem Interesse. Bei ihnen sollten Sie sich überlegen, ob Sie sie überhaupt durchführen wollen.

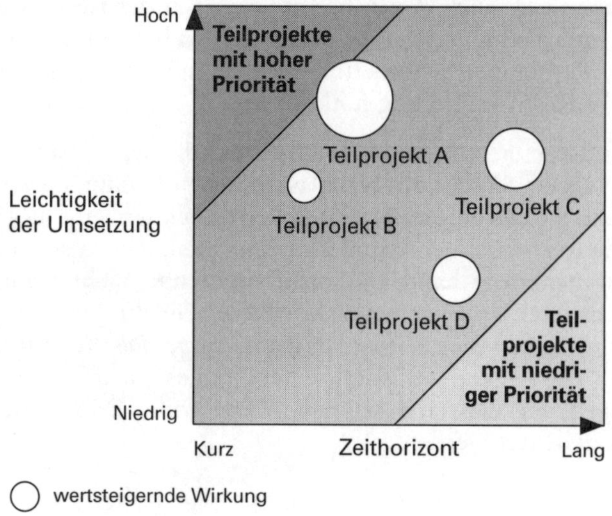

Abbildung 5.5: Ermittlung der Prioritätenfolge von Projekten

Darüber hinaus sollten Sie bei der Festlegung der Priorität von Restrukturierungsprojekten noch bedenken, mit welchen von ihnen sich schnelle Erfolge realisieren lassen. Aufgrund der schlechten Erfahrungen mit Restrukturierungen und aufgrund der zahlreichen bisherigen Fehlschläge gibt es viele offene und verborgene Skeptiker. Wenn Sie ein oder zwei frühe Erfolge vorweisen können, trägt dies stark dazu bei, die Unterstützung zu festigen und den Zweiflern zu beweisen, daß die Restrukturierung tatsächlich durchführbar und wertvoll ist. Stellen Sie also diese Frage noch zusätzlich, nachdem Sie bereits die erste Prioritätenfolge festgelegt haben: Welches Projekt ist am leichtesten durchführbar? Und denken Sie auch noch einmal an die Analyse der Stakeholder. Welche Stakeholder müssen Sie am dringendsten für sich gewinnen? Dadurch gelangen Sie zu den Projekten, mit denen Sie die positive Einstellung der Stakeholder gegenüber der Restrukturierung festigen können.

Als erstes müssen Sie sich hier um die Mitarbeiter kümmern. Frühe Erfolge im Restrukturierungsprozeß tragen sehr dazu bei, die Mitarbeiter davon zu überzeugen, daß der Restrukturierungsplan gut ausgearbeitet ist und daß sie selbst und der Rest des Unternehmens alle Fähigkeiten besitzen, um die Aufgabe zu bewältigen. Durch diesen ersten Erfolgsbeweis verstärken sich auch die während und nach der Restrukturierung neu erworbenen Verhaltensweisen. Wenn der Aufbau der neuen Arbeitsweisen im Unternehmen schon erfolgreich beginnt, so ist das ein Beweis dafür, daß die Restrukturierung funktioniert.

Allerdings müssen diese frühen Erfolge vorsichtig eingesetzt werden. Sie dürfen nicht als ein Signal zum Nachlassen der Bemühungen verstanden werden. Wenn Sie das ehrgeizige Endziel erreichen wollen, ist es wichtig, den Druck aufrechtzuerhalten und klarzumachen, daß es sich um einen frühen Zwischenerfolg handelt – nicht mehr und nicht weniger. Die Teilnehmer unserer Umfrage haben vor dieser Gefahr gewarnt: „*Sobald sich erste Ergebnisse zeigen, besteht die Gefahr, daß die Entwicklung stehenbleibt.*" Die folgende Fallstudie einer Fluggesellschaft ist ein Beispiel für die Folgen, die eintreten können, wenn frühe Erfolge bereits als Gesamtsieg gedeutet werden.

Kompromiß

Eine europäische Fluglinie verlor sowohl an Geld als auch an Boden, besonders gegenüber dem größten Wettbewerber in ihrem Heimatland. Bei einer Untersuchung der Möglichkeiten zur Kostensenkung entdeckte man, daß die Piloten viel höhere Gehälter bezogen als bei anderen Fluglinien. Die leitenden Manager erkannten, daß eine Herabsetzung der Gehälter sehr schwierig sein würde, und sie stießen auch tatsächlich auf ernsthaften Widerstand. Es wurde ein Kompromiß zwischen dem Management und den Arbeitskräften geschlossen, bei dem die Gehälter nicht so stark gesenkt wurden, wie es zur Erringung der Wettbewerbsfähigkeit erforderlich gewesen wäre. Beide Seiten empfanden den Kompromiß jedoch als Erfolg und betrachteten diesen schnellen Sieg als Zeichen dafür, daß die Probleme des Unternehmens gelöst waren. Die Restrukturierung wurde angehalten, doch das Unternehmen fiel im Wettbewerb bald wieder zurück, so daß es gezwungen war, eine erneute Restrukturierung zu beginnen, nachdem es seine Schwierigkeiten bereits für beendet erklärt hatte.

Betrachten Sie einen frühen Erfolg als Grund für ein noch ambitionierteres Vorgehen, anstatt ihn als Signal zur Verringerung der Anstrengungen zu deuten. Wenn Sie einmal bewiesen haben, was Ihr Team erreichen kann, dann bauen Sie darauf auf, um in Zukunft noch mehr zu leisten. Ein europäisches Baukonglomerat entwickelte eine interessante Methode, um auf frühen Erfolgen aufzubauen:

Sprungbrett

Es handelt sich um ein Full-Service-Bauunternehmen für die Planung, für den Bau und für die Verwaltung von Immobilien. Dieses Unternehmen suchte nach einer Möglichkeit, die Immobilien- und Vermögensverwaltung zu restrukturieren, weil es mehr Verantwortung für die Verwaltung des Gesamtwerts eines Vermögenswerts übernehmen und nicht mehr nur die Hausverwaltung und den Einzug der Miete durchführen wollte. Dies bedeutete eine sehr große Veränderung der Arbeit, die für jede Immobilie geleistet werden mußte. Um dabei hervorragende Leistungen zu erzielen, mußte das Unternehmen dazu übergehen, vermehrt Informationen zwischen den verschiedenen Standorten auszutauschen und nicht mehr jeden Standort unabhängig zu verwalten. Das Unternehmen erzeugte das nötige Vertrauen in die Restrukturierung, indem es sie zunächst nur an einem Standort implementierte. Dabei wurden die letzten Fehler aufgedeckt und beseitigt, und der erste Standort wurde zu einem Modell und Bezugspunkt für die anderen Standorte. Die Projektmanager sahen mit eigenen Augen, daß das System funktionierte und daß man damit greifbare Vorteile erwirtschaften konnte. Und das Beispiel für Informationsaustausch, das an dem Modellstandort seinen Ausgang nahm, diente als Sprungbrett für noch mehr und noch bessere Kommunikation zwischen den Standorten.

Berücksichtigen Sie gegenseitige Abhängigkeiten

Es ist ein seltener Luxus, nur ein Projekt zur Zeit am Laufen zu haben. Oft treten bei Aktivitäten Koordinationsprobleme zwischen verschiedenen Geschäftseinheiten oder auch zwischen einzelnen Gruppen innerhalb bestimmter Geschäftseinheiten auf.

Geschwindigkeit und Erfolg der Restrukturierung werden durch mangelnde Koordination der Projekte behindert

„Starre Strukturen an den Schnittstellen zu anderen Geschäftsbereichen des Unternehmens erschweren Veränderungen."

„Die Restrukturierung in anderen Geschäftseinheiten wirkte sich auf unsere Restrukturierung aus, und wir hatten zu wenig Kenntnisse über die Interaktion unserer Geschäftseinheit mit den anderen Einheiten des Unternehmens."

Wenn Sie die Prioritäten der Restrukturierungsaktivitäten festlegen, dürfen Sie die gegenseitigen Abhängigkeiten nicht außer acht lassen. Abhängigkeiten gibt es zwischen verschiedenen Restrukturierungsprojekten und zwischen den Restrukturierungsprojekten und dem Tagesgeschäft des Unternehmens. Entwerfen Sie einen Plan, in dem diese Abhängigkeiten genau beschrieben werden: Welche Projekte müssen beendet werden, bevor andere beginnen können? Dazu genügt es nicht zu ermitteln, ob die Ergebnisse des einen Projekts möglicherweise als Input des anderen gebraucht werden. Es ist auch sehr wichtig, daß Sie die Verteilung knapper Ressourcen bedenken. Manchmal kann Projekt B nicht nur aus dem Grund noch nicht gestartet werden, weil dazu die Ausgaben von Projekt A erforderlich sind, sondern auch, weil die für Projekt B wichtigste Person im Augenblick vollkommen mit Projekt A beschäftigt ist. Bei dieser Analyse erkennen Sie erstens die Personen, die in Ihrem Unternehmen die Hauptrollen spielen, und zweitens wird ersichtlich, ob die an diese Personen gestellten Anforderungen realistisch sind oder nicht. Möglicherweise müssen Sie zusätzliche Ressourcen von außerhalb einsetzen.

Diese Koordinationsaktivitäten müssen während des gesamten Restrukturierungsprozesses aufrechterhalten werden. Seien Sie von vornherein darauf gefaßt, daß sich Probleme ergeben werden, und stellen Sie fest, ob die gegenseitige Abhängigkeit gewisser Projekte bei der Umsetzung der Restrukturierung zu Verzögerungen führt. Jede Projektgruppe neigt dazu, die eigenen Ziele als besonders wichtig zu betrachten, daher müssen die *Spearheader* unbedingt für einen Ausgleich sorgen. Überprüfen Sie während der Restrukturierung immer wieder die Prioritäten, damit der Fokus zu jedem Zeitpunkt auf dem richtigen Projekt liegt. Manchmal müssen die Prioritäten neu geordnet werden, weil sich die externen Bedingungen oder auch der normale Geschäftsbetrieb des Unternehmens ändern.

Solche Änderungen führen oft dazu, daß die ursprüngliche Reihenfolge entweder nicht mehr geeignet oder nicht mehr praktikabel ist. Dies ist aber auf keinen Fall ein Grund, die Restrukturierung zu beenden – sie muß nur anders durchgeführt werden. Betrachten Sie das folgende Beispiel von Rover.

Änderung der Prioritätenfolge

Rover befand sich gerade mitten in einem komplizierten Restrukturierungsprozeß, als das Unternehmen von BMW übernommen wurde. Die Übernahme hatte zur Folge, daß alle Restrukturierungspläne überprüft und neue Prioritäten festgelegt werden mußten, aber sie bedeutete keineswegs das Ende der Restrukturierung. Statt dessen wurde BMW an dem Prozeß beteiligt und brachte neues Fachwissen und eine unabhängige Perspektive in das Team von Rover ein.

Die *Spearheader* müssen immer ein Auge auf die Prioritäten richten und darauf, wie sie zwischen der Restrukturierung und dem Tagesgeschäft, zwischen verschiedenen Restrukturierungsprojekten und zwischen einer Geschäftseinheit und den anderen Teilen des Unternehmens verteilt sind. Allerdings werden die Prioritäten oft auch durch andere an der Restrukturierung mitwirkende Personen verändert. Dies ist ein positives Zeichen für die problemlösende, einsatzbereite Einstellung, die bei den Mitarbeitern gefördert werden soll. Die *Spearheader* sollten dies alles genau beobachten, ohne ihren Einfluß so deutlich spürbar werden zu lassen, daß sie Projekte einschränken. Die Mitarbeiter müssen das Gefühl haben, daß sie ihr Schicksal selbst in der Hand haben und daß sie wirklich die Verantwortung für ihre Aktionen tragen. Ein gut ausgearbeitetes System zur Leistungsbewertung trägt dazu bei, die Prioritäten innerhalb der ganzen Gruppe zu festigen. Dieser Aspekt wird noch ausführlicher behandelt.

Wenn Sie die Priorität der Projekte festlegen, dann denken Sie daran, was Sie von Ihren Leuten verlangen.

Wenn Sie die Priorität der Projekte festlegen, dann denken Sie daran, was Sie von Ihren Leuten verlangen. Die *Spearheader* müssen in der Lage sein, sich in die Situation der Mitarbeiter zu versetzen, damit sie erkennen, welche Kombination von Projekten zu den höchsten Leistungen anspornt und die größte Unterstützung erhalten wird.

- Lassen Sie dem frühen Erfolg ein schwierigeres Projekt folgen – wechseln Sie immer zwischen anstrengenden und weniger anstrengenden Projekten ab. Dabei sollte sich die Schwierigkeit der anspruchsvollen Projekte langsam steigern.
- Führen Sie nie zwei Teilprojekte gleichzeitig durch, da die Mitarbeiter sonst rebellieren.
- Sorgen Sie für eine klare Kommunikation.
- Geben Sie den Mitarbeitern die Möglichkeit, Entscheidungen zu treffen.

Verwenden Sie den frühen Erfolg als erste Stufe, mit der Sie dem Team beweisen, daß es die Fähigkeit hat, noch mehr zu leisten. Fordern Sie die Mitarbeiter anschließend mit einer etwas schwierigeren Aufgabe, um ihr Selbstvertrauen weiter zu stärken. Wir haben festgestellt, daß manche Menschen erschrecken, wenn sie plötzlich ihr ganzes Potential erkennen, und daß sie dann vorübergehend übervorsichtig reagieren oder sich an gar keine Aufgabe mehr heranwagen.

Hüten Sie sich vor zu großem Ehrgeiz. Dieser zeigt sich am häufigsten darin, daß radikal versucht wird, Kosten zu sparen, während gleichzeitig der Service ebenso radikal verbessert werden soll. Dies ist ein sicheres Rezept für Überlastung. Führen Sie solche großen Schritte lieber nacheinander durch. Wenn die Kosten dringend reduziert werden müssen, beginnen Sie damit, und arbeiten Sie sich langsam zu einer Verbesserung des Service vor. Sie müssen sich immer fragen, welche Aktivität für das Überleben des Unternehmens am wichtigsten ist, und diese müssen Sie dann verstärkt vorantreiben.

Iberia Airlines und Alitalia

Vor kurzem begonnene Restrukturierungen bei Iberia Airlines und Alitalia gelangten zum Stillstand, weil die beiden Aktivitäten der Kostenreduzierung und der Verbesserung des Service gleichzeitig durchgeführt werden sollten. Dadurch entstand eine Überbelastung, und keines der Ziele wurde so gut verwirklicht, wie es möglich gewesen wäre.

Bis hierher wurden mehrere Aspekte des Themas der Prioritätenfolge beleuchtet. Wie passen sie nun alle zusammen? Das Ziel besteht darin, die Resultate einer Reihe von Aktivitäten zu maximieren. Überlegen Sie, welche Reihenfolge zu den besten Ergebnissen führt – sowohl absolut betrachtet als auch im Hinblick auf die Erfolgswahrscheinlichkeit. Dies ist eine der wichtigsten Aufgaben der *Spearheader*.

Entscheiden Sie sich für eine Implementierungsreihenfolge, durch die:

- die Vorteile am schnellsten zur Geltung kommen;
- zusätzliche Finanzierungsmittel auf ein Minimum begrenzt werden;
- Ressourcenkonflikte möglichst vermieden werden;
- möglichst wenig gegenseitige Abhängigkeiten zwischen den Projekten entstehen;
- bei den Stakeholdern, besonders bei den Mitarbeitern, Vertrauen und Begeisterung hervorgerufen wird.

Die Aktivitäten werden durch Leistungsmaßstäbe gesteuert

Wenn Sie die Mitarbeiter dazu anhalten wollen, sich auf ein Ziel zu konzentrieren und an denjenigen Aktivitäten zu arbeiten, die für die Ziele des Unternehmens wichtig sind, dann spielen dabei die Maßstäbe zur Leistungsbewertung eine entscheidende Rolle. Wir betonen erneut, daß diese Maßstäbe zur Bewertung der Leistungen an den gewünschten Ergebnissen ausgerichtet sein *müssen*, wenn sie wirksam sein sollen. Wenn es beispielsweise entscheidend darauf ankommt, daß die verschiedenen Restrukturierungsteams zusammenarbeiten und gegenseitig von ihren Inputs profitieren, dann müssen Sie das Belohnungssystem zum Teil von Gesamtergebnissen abhängig machen, die nur durch eine solche Kooperation erzielt werden können. Darüber hinaus sollte es möglichst einfach sein. Solche Systeme sollen dazu beitragen, die Aufmerksamkeit der Mitarbeiter zu fokussieren. Wenn sie zu kompliziert sind, wird dieses Ziel verfehlt.

Siemens

Siemens ist ein gutes Beispiel für ein Unternehmen, das es geschafft hat, seine Leistungsbewertungssysteme an den abgesteckten Ziele auszurichten. Da das Unternehmen in der Lage sein muß, Beteiligungsfinanzierung aufzutreiben, wird dort heute sehr großer Wert auf Gewinn gelegt. Dies zeigt sich auch auf verschiedene Weise in den Leistungsbewertungssystemen. Erstens können die obersten 150 Manager bei Siemens ihr Einkommen durch die Leistung der von ihnen geleiteten Geschäftsbereiche verdoppeln. Zweitens wird bei Siemens die Rentabilität in den offiziellen Berichten nach Unternehmenssegmenten gegliedert veröffentlicht. So wird der Druck auf die leistungsschwachen Geschäftsbereiche erhöht. Drittens schließlich werden die Unternehmenssegmente danach gemessen, wieviel Wert sie erzeugen – das bedeutet eine echte Veränderung bei Siemens, wo früher das Absatzwachstum viel stärker beachtet wurde als das Ertragswachstum.

Ein anderes Unternehmen wurde durch Erfahrung klug:

Dienstleistungsunternehmen

Ein Dienstleistungsunternehmen, dessen oberstes Ziel schnelles Wachstum lautete, verwickelte sich selbst in einen Kampf um Einsparungen, der jedes Wachstum im Keim erstickte und dazu führte, daß die Wachstumsziele jahrelang verfehlt wurden. Ein neuer leitender Controller entdeckte, daß das Management nicht anhand des Wachstums, sondern anhand seines Beitrags zu den Einsparungen beurteilt wurde. Diese Regel wurde geändert, es wurden Etappenziele für das Wachstum bekanntgegeben, und daraufhin schaffte es das Unternehmen, sein Wachstum zu beschleunigen.

Laufende Beobachtung des Sensorensystems

Wir haben bereits erwähnt, daß ein gutes Sensorensystem dazu beitragen kann, ein Unternehmen zu einer geeigneten Strategie hinzuführen, und daß es auf notwendige Veränderungen in der Strategie hinweisen kann (siehe Kapitel 4). Die zweite Funktion des Sensorensystems besteht darin, während der Implementierung der Restrukturierung Widersprüche aufzuspüren und zu beobachten, ob alles nach Plan verläuft. Das Sensorensystem hält nach unerwarteten Entwicklungen Ausschau. Es sucht nach Unstimmigkeiten zwischen Strategie und Handlungen, zwischen Leistungsmaßstäben und den Aktionen, mit denen die gewünschten Resultate erreicht werden sollen, zwischen den Erwartungen der Unternehmensleitung und deren Interpretation durch die Mitarbeiter. Unternehmen müssen aktuelle und relevante Informationen sammeln, damit entstehende Probleme sofort erkannt werden.

Informationssystem

Ein europäischer Hersteller mit globaler Interessensphäre richtete ein Informationssystem ein, das ihm einen Wettbewerbsvorsprung verschaffte. An seinem Schreibtisch in Europa konnte der Produktionsleiter Informationen aus aller Welt überprüfen: die Produktivität in Osteuropa, den Absatz im Fernen Osten und die Transporte nach Mexiko.

Wenn Sie die Möglichkeit haben, die Geschäftsdaten des vorigen Tages jederzeit abzurufen, statt einen Monat darauf zu warten, können Sie dringende Probleme schnell und effektiv erkennen.

Die Wirksamkeit eines Sensorensystems wird durch gute Kommunikation noch verstärkt. Mitarbeiter, die genau wissen, was erwartet wird, können besser auf Diskrepanzen zwischen diesen Erwartungen und der Wirklichkeit hinweisen. Die Kommunikation in der anderen Richtung hat jedoch oft noch stärkere Wirkungen. Wir haben den Verdacht, daß der Teil des Informationssystems, der die Informationen sammelt, in den meisten Unternehmen bereits existiert. Fragen Sie doch einmal einen beliebigen Mitarbeiter, was in dem Unternehmen gut oder schlecht funktioniert, und er wird Ihnen meist eine relevante Antwort geben können. Die Mitarbeiter teilen Ihnen etwas mit, was Sie nicht wußten, aber hätten wissen sollen. Es ist Ihre Aufgabe, nach diesen Informationen zu suchen.

ZUSAMMENFASSUNG

Orchestrierung

- Die *Spearheader*, die als Gruppe alle Attribute einer Führungskraft besitzen, treiben die Implementierung voran und sorgen dafür, daß die Mitarbeiter sich daran beteiligen.
- Der Weg zur Marktdominanz führt über die Festlegung eines geeigneten Rhythmus für wiederholte Restrukturierungen. Sie müssen eine individuelle Kadenz entwickeln, die es den Führungskräften und den *Spearheadern* erlaubt, sich zwischendurch zurückzulehnen und kreativ über neue Möglichkeiten nachzudenken.

Kapitel 6

Ein Blick nach vorn

Europas Unternehmen haben Zukunft!

Selbstzufriedenheit ist ein hartes Wort, aber es charakterisiert Europa in seinem aktuellen Zustand besser als jeder andere Begriff. Nicht nur Unternehmen auf allen Ebenen leiden darunter – auch auf politischer Ebene ist sie überall anzutreffen. Die europäische Selbstzufriedenheit ist ungebrochen und kaum zu übersehen:

- *Selbstzufriedene Behauptung Nummer 1:*
  Der Export ist und bleibt unsere Stärke.
  Aber: Wird sich daran auch angesichts der Krisen in Asien und Rußland nichts ändern? Werden wir in nächster Zukunft weiter wichtiges Kundenpotential verlieren? Und wird dies nicht zu noch stärkerem Wettbewerbsdruck führen?

- *Selbstzufriedene Behauptung Nummer 2:*
  In den Ländern Europas gibt es wieder Wirtschaftswachstum, und die bevorstehende Einführung des ECU wird belebende Wirkung haben.
  Aber: Solange sich im Steuer- und Arbeitsrecht nichts ändert, wird die wirtschaftspolitische Wende in Ländern wie Deutschland, Frankreich und Italien auf sich warten lassen.

- *Selbstzufriedene Behauptung Nummer 3:*
  Die Liberalisierung, beispielsweise in der Telekommunikationsbranche, tut uns gut. Sie führt zu mehr Wettbewerb und dynamischeren Unternehmen.
  Aber: Mehr Wettbewerb wird die Zyklen der Restrukturierungen weiter beschleunigen und intensivieren, dies führt bei zuviel Selbstzufriedenheit der Unternehmen nicht nur zu Shake-outs und Konzentrationen, sondern letztendlich zum Aufbau neuer Monopole.

Obwohl also einzelne visionäre Unternehmer, wie dieses Buch an vielen Einzelfällen immer wieder demonstriert hat, das Gebot der Stunde erkennen, hat Europa als Ganzes die Verschiebungen, die in der Wirtschaft im Augenblick stattfinden und noch anstehen, noch nicht wirklich verinnerlicht. Europa hat einfach noch keine passende Vorstellung von seiner Rolle im 21. Jahrhundert entworfen.

Man kann die Situation natürlich auch grundsätzlich anders sehen. Es gibt Stimmen, die auf die bisherigen europäischen Errungenschaften hinweisen und nicht geringzuschätzen sind: Während der letzten Jahre ist die Idee eines vereinigten Europa mehr und mehr zur Realität geworden, weil die Menschen und Regierungen endlich erkannt haben, daß man seine nationale Identität keineswegs aufzugeben braucht, um ein Europäer zu werden. Dieser Status quo könnte zu einer Stärke im Kampf gegen die amerikanischen und asiatischen Wettbewerber werden. Die kulturelle Vielfalt und der Pluralismus in Europa machen sicherlich stark, und gleichzeitig erweist sich das Wirtschaftssystem als vergleichsweise stabil und relativ harmonisch. All dies ist das Ergebnis gegenseitiger Annäherung und zunehmender Kooperation, und es sendet Signale an diejenigen Länder, die hinsichtlich des demokratischen Systems und kompromißfähiger politischer Entscheidungsprozesse noch hinterherhinken – nicht nur im Balkan, sondern auch in Asien.

Welche Betrachtungsweise man auch einnehmen möchte: Die Lage ist nicht schlecht, aber sie könnte besser sein. Europa sollte die Anstrengungen auf eine prosperierende Wirtschaft richten, ähnlich der US-amerikanischen, die von uns so häufig mit Neid betrachtet wird. Dort wurde die Arbeitslosigkeit auf ein Niveau zurückgedrängt, das uns nur noch aus der Geschichte bekannt ist, die Wachstumsraten sind erstaunlich, und der Präsident, der diese Wendung bewirkt hat, genießt offensichtlich weitreichendere Freiheiten als alle seine Vorgänger.

In Europa diskutieren die Politiker das drückende Problem der Schaffung neuer und der Sicherung bestehender Arbeitsplätze, ohne erkennen zu wollen, daß sie in einem Teufelskreis stecken. Solange die Steuern nicht gesenkt werden, ist die Einstellung neuer Arbeitskräfte für kleine und mittlere Unternehmen keine leichte Entscheidung (statt dessen leisten die vorhandenen Mitarbeiter unzählige Überstunden). Und solange die Menschen nicht bereit sind, für weniger Geld zu arbeiten (was manchmal zumutbar wäre); besteht kein Anreiz, von der gängigen Praxis der Überstunden abzurücken. Im Lichte der hohen Arbeitslosengelder spiegelt einzig und allein der dunkelgraue Markt der vielen Hunderttausend Handwerker, Haushälterinnen, Babysitter und Innenausstatter usw. das wahre Gleichgewicht aus Angebot und Nachfrage wider.

Nur langsam werden sich die Fachleute der Tatsache bewußt, daß es von entscheidender Bedeutung ist, diesen Teufelskreis endlich zu durchbrechen. Das bedeutet, daß der strukturelle Ursprung der Arbeitslosigkeit in Europa beseitigt werden muß. Bisher hat Europa dieses Problem nicht gelöst, aber es gibt ersten Anlaß zur Hoffnung: In den Niederlanden wurde die Wirtschaft heimlich, still und leise, aber mit durchschlagendem Erfolg ähnlich wie in den USA so umgewandelt, daß auf solider Basis neue Arbeitsplätze entstanden sind. Selbst nachdem die Arbeitslosenrate nun auf etwa fünf Prozent gesunken ist – im Vergleich zu den meisten anderen europäischen Ländern ein sensationeller Wert – wird nun an Steuersenkungen gearbeitet, die die Situation der Wirtschaft weiter verbessern sollen. Einer der Schwerpunkte liegt auf einer bedeutenden Senkung der Umsatzsteuer für arbeitsintensive Dienstleistungen, was den Schwarzmarkt reduzieren dürfte. Zudem wird dadurch nach Annahme niederländischer Politiker die Entwicklung einer stärker auf Dienstleistungen basierenden Wirtschaft ausgelöst, ähnlich wie in den USA.

Für die Politik gäbe es auch in anderen europäischen Ländern mehrere Möglichkeiten positiver Einflußnahme:

- Erleichterung der Arbeitnehmermobilität durch Abschaffung der Steuern auf die Umzugsbeihilfe als geldwerte Leistung
- Erleichterung der Steuerlast für kleine und mittlere Unternehmen
- Förderung von Initiativen zum Erwerb neuer, besserer Qualifikationen für Arbeitnehmer
- Reorganisation politischer Entscheidungsprozesse, damit sowohl die Marktwirtschaft als auch ihr sozialer Aspekt bewahrt wird.

Die Zurücknahme des staatlichen Einflusses auf die Wirtschaft hat sich in zahlreichen Ländern weltweit als vorteilhaft erwiesen. Europa sollte sich dies zum Vorbild nehmen. Nur so können Unternehmen wie die Sieger wachsen, mit Auswirkungen auf die gesamte europäische Wirtschaft.

Die Zahlen von 1998 geben Anlaß für Optimismus. Großbritannien und die Niederlande haben niedrige Arbeitslosenziffern erreicht, ohne daß auf der anderen Seite die Inflation in die Höhe getrieben wurde.

Für Länder mit weniger flexibler Politik ist Wachstum – mit all seinen möglichen Folgen – die einzige Alternative. Daher bleibt abzuwarten, welche wirtschaftlichen Auswirkungen der Regierungswechsel in Deutschland haben wird.

Für die Unternehmen und Arbeitnehmer in ganz Europa allerdings steht ein Credo auf jeden Fall fest: Schluß mit der Selbstzufriedenheit, nicht mehr zurücklehnen und warten, bis der Staat oder die Europäische Union bessere Bedingungen schafft. Die Topmanager sollten sich statt dessen die Lektionen zu Herzen nehmen, die sie von erfolgreichen Unternehmen lernen können – und die zum großen Teil in diesem Buch vermittelt werden. Es genügt nicht, nur Controller zu sein – sie müssen im wahrsten Sinn des Wortes wieder Unternehmer werden, sich zu Pionieren in einem Umfeld entwickeln, das Pioniergeist auf den ersten Blick nicht unbedingt nahelegt.

Literaturnachweis

Alle Zitate übersetzt aus:

1 Thomas R. Horton: *The CEO Paradox. The Privilege and Accountability of Leadership*. 1991, S. 129.
2 Noel M. Tichy und Mary Anne Devanna: *The Transformational Leader.* 1986, S. 77.
3 Richard House: „Philippe Jaffré's un-French revolution". *Institutional Investor,* Juli 1997, S. 60–66.
4 The Economist Intelligence Unit: *Developing Leadership for the 21st Century.* 1996.
5 Roger Cohen: „A somber France, racked by doubt". *International Herald Tribune,* 1997.
6 Edward Carr: „A fortress against change". *The Economist,* 23. November 1996.
7 Eli Cohen und Noel M. Tichy: „How leaders develop leaders". *Training and Development,* Mai 1997, S. 65.
8 Siehe Querverweis 6.
9 „Furnishing the world". *The Economist,* 19. November 1994, S. 83.
10 William Taylor: „The logic of global business: an interview with ABB's Percy Barnevik". *Leaders on Leadership,* 1992, S. 67–90.
11 Siehe Querverweis 6.
12 Siehe Querverweis 10.
13 Charles Heckscher: *White-Collar Blues. Management Loyalties in an Age of Corporate Restructuring.* 1995.
14 Dr. R. Morgan Gould: *Revolution at Oticon A/S.* IMD-Fallstudie OB235, 1994.
15 „Corporate surveys can't find a productivity revolution either". *Challenge,* Nov.–Dez. 1995, S. 31.
16 A. Bennett: „Management: downsizing does not necessarily bring an upswing corporate profitability". *Wall Street Journal,* 6. Juni 1991, S. 13.
17 Hermann Simon: *Hidden Champions: Lessons from 500 of the World's Best Companies.* 1996, S. 53–54.
18 Matthew J. Kieman: *Set Innovative or Sethead.* 1995, S. 160–163.
19 Prof. Tom Vollmann und Prof. Carlos Cordon, Jussi Heikkila: *Skanska and Rockwool: Making the Supply Chain Partnership work.* IMD-Fallstudie POM 184, 1996.
20 W. Chan Kim und Renee Mauborgne: „Opportunity beckons". *Financial Times,* 18. August 1997.

21 Thomas Hout, Michael E. Porter und Eileen Rudden: „How global companies win out“. *Global Strategies,* 1994, S. 35–36.
22 Siehe Querverweis 19.
23 Kees van der Heijden: *Scenario Building.* 1996, S. 15–22.
24 Greg Steinmetz: „Siemens discovers a new raison d'être: to make profits“. *Wall Street Journal,* 19. Februar 1998.
25 David Owen: „French sell-offs back on track“. *Financial Times,* 6. September 1997.
26 Siehe Querverweis 10.

Die Autoren

Dr. Fritz Kröger ist seit über 20 Jahren Unternehmensberater und leitete Projekte in Europa, USA und Japan. Seine Kernkompetenzen liegen in den Bereichen Strategieentwicklung und Restrukturierung. Als Vice President von A.T. Kearney in Deutschland ist er unter anderem verantwortlich für die Global Strategy Initiative von A.T. Kearney.

Dr. Michael Träm ist ebenfalls Vice President von A.T. Kearney in Deutschland. Er ist Jurist und hat sich auf die Bereiche Strategieentwicklung und Restrukturierung konzentriert, in denen er aufgrund einer Vielzahl von Beratungsprojekten in ganz Europa intensive Erfahrungen hat.

Marianne Vandenbosch war die Projektleiterin der gemeinsamen Studie von A.T. Kearney und dem International Institute for Management Development IMD über die Zukunft der Restrukturierung. Bevor sie sich IMD anschloß, war sie Dozentin an der Richard Ivey School of Business (University of Western Ontario) in Kanada.